les
tisanes
qui font merveille

Couverture

- Conception graphique:
  Violette Vaillancourt
- Photographie:
  Maryse Raymond
- Stylisme:
  Sandra Lirette

Nous remercions la Boutique Médecines Douces
pour son aimable collaboration.

DISTRIBUTEURS EXCLUSIFS:

- Pour le Canada et les États-Unis:
  LES MESSAGERIES ADP*
  955, rue Amherst, Montréal H2L 3K4
  Tél.: (514) 523-1182
  Télécopieur: (514) 521-4434
  * Filiale de Sogides Ltée

- Pour la Belgique et le Luxembourg:
  PRESSES DE BELGIQUE
  96, rue Gray, 1040 Bruxelles
  Tél.: (32-2) 640-5881
  Télécopieur: (32-2) 647-0237
  Télex: PREBEL 23087

- Pour la Suisse:
  TRANSAT S.A.
  Route du Grand-Lancy, 2, C.P. 125, 1211 Genève 26
  Tél.: (41-22) 42-77-40
  Télécopieur: (41-22) 43-46-46

- Pour la France et les autres pays:
  INTER FORUM
  13, rue de la Glacière, 75624 Paris Cédex 13
  Tél.: (33.1) 43.37.11.80
  Télécopieur: (33.1) 43.31.88.15
  Télex: 250055 Forum Paris

Dr Leonhard Hochenegg
et
Anita Höhne

Une invitation à la santé toute en douceur...

Traduit de l'allemand
par Marlyse Dussault

Données de catalogage avant publication (Canada)

Höhne, Anita

Les tisanes qui font merveille

Traduction de: Heiltees die Wunder wirken.

ISBN 2-7619-0863-5

1. Tisanes. 2. Herbes — Emploi en thérapeutique.
I. Titre.

RM666.H33H6414 1990 615'.321 C90-096042-6

Édition originale: *Heiltees die Wunder wirken*
Ariston Verlag, Genf
(ISBN 3-7205-1399-8)

Bibliothèque nationale du Québec
Dépôt légal — 1er trimestre 1990

ISBN 2-7619-0863-5

Les miracles quotidiens du Dr Hochenegg

Le jeune homme n'osa pas me donner la main. Il ne fit que me la montrer. Le dos de celle-ci n'était qu'une plaie suppurante. «Réactions allergiques», tel avait été le diagnostic établi. Ce jeune homme, un étudiant de 22 ans, avait reçu, entre autres, des injections de cortisone. Mais en vain: la plaie était devenue de plus en plus grande.

Quelque temps après je le revis, et, cette fois, il me tendit les deux mains en souriant. Ses plaies étaient guéries. Il me parla d'un certain Dr Hochenegg et d'une tisane miraculeuse.

Puis je rencontrai une jeune Yougoslave qui me parla des gros soucis que lui causait son fils de trois ans. Celui-ci semblait muet, mais la jeune femme avait tout de même l'impression qu'il comprenait ce qu'on lui disait.

J'ai sur mon bureau une lettre dans laquelle elle m'informe que le petit lui parle maintenant en allemand et en serbo-croate. Selon elle, il s'agit d'un «miracle»: des médicaments naturels ont provoqué sa guérison.

L'étudiant et la jeune femme mentionnent tous deux le même thérapeute, le Dr Leonhard Hochenegg, déjà surnommé «le guérisseur miracle du Tyrol». J'en entendis aussi parler par un ancien alcoolique, puis une autre fois encore par une voisine, à Munich, qui souffrait de paralysie. «Ma paralysie a disparu comme par enchantement», me dit-elle.

Intriguée par cet homme qui, en prescrivant des tisanes et des extraits de plantes, obtient ces résultats étonnants, je lui rendis visite à Hall, petite ville près d'Innsbruck, en Autriche. Sur la plaque de sa porte, on peut lire: Dr Leonhard Hochenegg, neurologue et psychiatre.

Le Dr Hochenegg a 43 ans. Autrichien distingué, il donne une impression de timidité. Il est issu d'une famille d'universitaires: son grand-oncle, professeur en chirurgie, fut médecin de l'empereur François-Joseph, à Vienne; son grand-père enseigna la philosophie et la psychologie et son père fut historien.

À Innsbruck, il s'inscrivit d'abord en pharmacologie et, dès cette époque, ses travaux sur les effets des médicaments sur les humains et les animaux furent publiés dans des revues internationales. Il fit ensuite des études de médecine, devint généraliste, puis se spécialisa ensuite en psychologie et en psychiatrie.

Il passa quelques années à l'étranger, dans le canton de Saint-Galles et à la clinique universitaire de Zurich, puis il retourna à Innsbruck où il fut nommé médecin chef d'une clinique.

Comment un tel homme en arriva-t-il à abandonner une situation aussi prometteuse pour devenir «guérisseur miracle»? Que fit-il de si miraculeux?

On m'autorisa à voir comment les choses se passent. Dans une salle d'attente trop petite, deux assistantes s'occupent des nombreux clients. Dans le bureau de consultation s'accumulent des piles de livres, des tables remplies de papier, des montagnes de plantes, des appareils électriques et des ordinateurs.

À ma demande, un collègue accepta de passer en consultation: prise de tension, analyse de sang et questions. «Parole, plante, bistouri, voilà les étapes que suit la médecine depuis 3 000 ans, dit le Dr Hochenegg. Cela signifie qu'il faut d'abord que je vérifie si un bon conseil ne suffit pas. La chirurgie ne s'imposera que si les médicaments sont inefficaces.»

Pour établir le diagnostic, le Dr Hochenegg utilise une vieille méthode chinoise assistée par ordinateur. Avec un crayon de métal relié à un appareil de contrôle à affichage numérique, il cherche certains points d'acupuncture au bout des doigts et à l'oreille pour mesurer la conductibilité de la peau.

La personne ne sent rien, mais les points, au doigt ou à l'oreille, indiquent clairement les «faiblesses» du corps. On peut maintenant lire le chiffre 80. «C'est la rate, tout est en ordre, une valeur basse», dit le médecin. Il glisse alors le crayon vers un autre endroit et soudain, l'appareil s'agite, les chiffres montent à 500, à 800, puis à 1 500. «Quant aux poumons, dit le Dr Hochenegg, vous n'avez aucun souci à vous faire; chez les grands fumeurs, les chiffres grimpent à 5 000. Le vôtre atteint 1 500; il est évident que vous avez cessé de fumer depuis quelques années, le corps se défait encore de ses «charges». Mais il faut dire aussi que vous n'avez jamais beaucoup fumé, tout au plus 20 cigarettes par jour.

«Les chiffres révèlent toutefois un taux de cholestérol supérieur à la normale.» — Or, mon collègue lors d'une récente visite chez son médecin de famille avait obtenu les mêmes résultats.

Le Dr Hochenegg explore aussi les points d'acupuncture au rayon laser, pour mesurer les courants du cerveau. Dans beaucoup de cas, il pourrait renoncer aux appareils, mais ils lui permettent de confirmer son diagnostic. «Très souvent, je sens les carences du patient dès qu'il se présente», me dit-il. Chaque être humain possède une aura, une radiation personnelle et le Dr Hochenegg a le don de les voir.

Comment guérit-il? Parfois, simplement avec les mains. «Je me sentais comme traversé par un courant», raconte un ancien alcoolique. Le Dr Hochenegg n'avait qu'effleuré ses tempes avec ses doigts. Ce témoignage est corroboré par beaucoup d'autres: ainsi, celui de cette Munichoise, arrivée en boitant. Le Dr Hochenegg lui a simplement passé la main le long du dos sans la toucher. Les symptômes de paralysie ont par la suite régressé considérablement.

Le Dr Hochenegg ne peut pas expliquer cette force qui l'habite. Hypnose, suggestion? Certainement les deux à la fois. Les patients m'ont appris que, lors des traitements, le Dr Hochenegg entrait en transe. C'est aussi ce que confirme l'étudiant qui souffrait des mains. Dès son jeune âge, le Dr Hochenegg a découvert cette singulière faculté de guérir. Ce don existe vraiment. Les douleurs disparaissent par la simple imposition de ses mains.

Mais l'imposition des mains n'est qu'une de ses méthodes de guérison. Les mélanges de plantes ont aussi une grande importance. Comment en est-il venu à prescrire des tisanes thérapeutiques?

La rencontre avec Luis Gaiser, célèbre herboriste et guérisseur, lui fit connaître les plantes médicinales du Tyrol et ce fut le point de départ. «Les différentes variétés et espèces se différencient par leurs effets. Ainsi, il existe quatre ou cinq sortes d'achillées des montagnes, mais seulement deux sont efficaces pour soigner les maladies cardiaques et rénales. Ou encore, la camomille. Tout le monde connaît sans doute la camomille sans odeur, sans éclat, et la camomille romaine, mais il y a des centaines de dérivés aux effets très différents. Malgré notre vaste connaissance des plantes, nous faisons toujours de nouvelles découvertes. Nous n'avons constaté que tout récemment les effets étonnants de l'alchémille et nous savons maintenant qu'elle augmente notre résistance à certaines maladies malignes.»

Plus il soignait par les plantes médicinales, plus le Dr Hochenegg était convaincu de leur efficacité: «Chaque fois que le cas le permet, j'utilise la médecine naturelle plutôt que les médicaments usuels, me dit-il. En qualité de médecin, j'ai le choix des moyens, pourvu qu'ils conviennent au patient.» Et il rappelle la raison qui le motiva à abandonner sa pratique à l'hôpital. «Là-bas, j'étais toujours lié aux médicaments et aux méthodes préconisés par le directeur.» Le Dr Hochenegg voulait concilier la nature et la médecine. «L'organisme supporte mieux les plantes que les produits industriels, parce que la plupart des préparations synthétiques sont des dérivés du benzol, qui peuvent affecter le sang. Les médicaments à base de plantes n'ont absolument aucun effet secondaire nocif.

Au cours d'un séjour aux Philippines, le Dr Hochenegg rencontra des guérisseurs locaux — sa femme est la fille de l'un d'eux — et fit la connaissance de Gaudioso Rendon, dont la réputation dépasse les limites de l'Asie. Par lui, il apprit à connaître les plantes tropicales et il élargit encore ses connaissances. Il entendit aussi parler d'une tribu dont les habitants atteignaient un grand âge: ils utilisaient une certaine plante qu'ils infusaient et mangeaient. Il examina la plante, *Centella asiatica minor,* et découvrit qu'elle renforce effectivement la résistance humaine et animale. Il constata que les Philippins utilisent non seulement les plantes pour des infusions, mais aussi pour des teintures. Le Dr Hochenegg les employa immédiatement après en avoir constaté les bienfaits.

Les Philippins croient beaucoup à la guérison par les incantations magiques qui, dit-on, augmentent l'efficacité des plantes. Le Dr Hochenegg s'est donc intéressé à cette magie. «Il s'agit de vers en sanskrit, comparables à nos hexamètres.» Bien sûr, la suggestion joue un grand rôle, mais le médecin refuse de considérer ces formules magiques comme des superstitions. De temps à autre, il se surprend lui-même à donner une formule magique à un médicament.

Autorisé à pratiquer dans les villes et les villages, le Dr Hochenegg a beaucoup appris avec les guérisseurs. Lorsqu'on lui a demandé de comparer les plantes asiatiques et nos plantes, il a répondu: «Les plantes tropicales absorbent plus d'énergie solaire et agissent plus rapidement que les plantes des zones tempérées qui ont besoin d'une plus longue période de démarrage. On peut évidemment combiner les deux. Si, par exemple, on souhaite prolonger les effets des plantes, il faut penser aux mélanges.» Le Dr Hochenegg emploie quelque 1 000 plantes dont 400 à 500 viennent d'Europe et les autres, d'Asie.

«Les meilleurs mélanges ont été réalisés par ordinateur, grâce à toutes les permutations possibles», me dit-il. Il montre encore une fois le crayon de métal qui détecte les points faibles dans le corps. «N'importe qui pourrait ensuite évaluer les résultats, mais comme médecin, je suis obligé de vérifier chaque mélange et de tenir compte de la saveur.» Il faut prévoir l'amertume et y remédier en ajoutant du miel, mais jamais de sucre ni d'édulcorant.

* * *

Mille plantes différentes! Le Dr Hochenegg les mélange-t-il lui-même, selon les indications de l'ordinateur? Comment le client obtient-il le mélange de plantes qui lui est destiné?

Le patient reçoit la plupart du temps une ordonnance contenant des données sur les plantes et leurs qualités; presque toutes sont vendues dans les grandes pharmacies.

La guérison complète requiert quelquefois différents mélanges de tisanes. L'effet se produit dans les deux premières semaines d'absorption, mais il y a accoutumance et il faut ensuite passer à un autre mélange. Le Dr Hochenegg déconseille de se soigner de son propre chef avec les mélanges décrits dans ce livre sans avoir d'abord consulté un médecin. Ses recettes ne doivent en aucun cas remplacer le spécialiste. Les infusions ne peuvent pas être nocives, mais il est dangereux de ne pas savoir reconnaître une maladie et de la traiter avec un mélange inapproprié. La personne traitée par des médicaments chimiques devrait absolument consulter un médecin si elle veut prendre, en complément, des infusions de plantes. Il est toutefois préférable de trouver un médecin qui connaît la médecine naturelle et qui adapte l'ordonnance en conséquence. Le poids, la constitution et le sexe du patient jouent un rôle, mais aussi le rythme biologique et le moment où les plantes ont été cueillies.

La méthode du Dr Hochenegg est-elle compatible avec les progrès médicaux? «Vous le remarquez, dit-il, la chimie se trouve dans une impasse. Partout, y compris dans les pays socialistes, on utilise de plus en plus d'agents à base de plantes parce qu'ils sont moins nocifs que les préparations chimiques. Aussi, au congrès de thérapie à Kaislube, parle-t-on plus de phytothérapie, traitement des maladies par les plantes, que par le passé. Ces traitements ont longtemps été négligés, et ils reconquièrent actuellement la place qui leur revient. Il ne s'agit pas d'un recul, mais d'un progrès. La médecine naturelle est positive; celui qui l'utilise est amené à vivre plus sagement en ce qui concerne la nourriture, l'alcool et la nicotine.»

Après l'entrevue, je suis encore restée quelques heures à Hall et j'ai discuté avec les patients. Ceux-ci sont parfois effrayés à la vue des appareils et des tonnes de matériel qui envahissent le bureau du Dr Hochenegg. Ce dernier a une attitude silencieuse, presque timide, qui déconcerte ses clients, mais ils apprécient la patience, le calme et la force qui émanent de lui. Et, au moment de la guérison, la confiance se transforme en admiration; je l'ai constaté des dizaines de fois.

On me demande quelquefois: «Que pensez-vous de ce guérisseur miracle?» Après ce que j'ai vu, je ne puis que répéter franchement ce que tous les patients m'ont dit: «Je lui fais confiance», même si le docteur lui-même ne peut pas expliquer ses succès.

Dans ces pages, le Dr Hochenegg révèle pour la première fois les recettes de ses mélanges de tisanes. Je suppose qu'il m'a donné ses recettes parce qu'il est médecin, parce qu'il connaît le scepticisme de ses confrères et parce que cela le dérange d'être considéré comme un prodige dont personne ne connaît les actes. C'est pourquoi il a décidé de les présenter au public et aux médecins.

Anita Höhne
Munich, été 1986

Remarques importantes

Si aucune indication ne figure sous la recette d'une tisane, il faut s'en tenir aux instructions générales.

Les plantes ne doivent pas être bouillies, mais simplement ébouillantées. L'infusion dure dix minutes; il faut ensuite filtrer la tisane et la boire chaude pour empêcher la perte des huiles curatives essentielles et des agents volatils. Deux cuillerées à thé de mélange d'herbes par tasse garantissent un effet curatif optimal. Il est recommandé de boire une infusion trois fois par jour, pendant les repas, lentement, gorgée par gorgée. Il est important que l'infusion soit toujours fraîche, pour éviter que ses principes actifs s'évaporent et perdent leur effet thérapeutique. Il est fortement conseillé, et nous insistons sur ce point, de ne pas employer de sucre ni d'édulcorant, mais du miel ou du sucre de canne pur.

Une vie saine, c'est-à-dire sans alcool, sans nicotine et avec un régime végétarien ou lactovégétarien, est un facteur important dans le succès d'un traitement par les plantes.

Il est important d'insister une fois de plus sur le fait qu'un autotraitement par un profane est à déconseiller. La science de la guérison par les plantes est un domaine complexe et l'ignorance peut facilement conduire à un emploi incorrect et dangereux des plantes curatives. Pour chaque plante, l'origine, la composition du sol et la période de la culture et de la récolte sont d'une importance telle que le succès ou l'échec de la thérapie en dépendent.

Il faut même tenir compte des phases lunaires pendant la récolte. Aussi faut-il connaître la classification des espèces et les sous-groupes des plantes et leur efficacité individuelle. Le botaniste profane peut identifier l'une ou l'autre sous-espèce, mais seul le médecin spécialiste des herbes médicinales possède les connaissances nécessaires en ce qui concerne les vertus curatives des diverses plantes.

Avant chaque traitement, le médecin doit établir un diagnostic sûr. Conçu spécifiquement dans ce but, l'ordinateur du Dr Hochenegg mesure les charges électromagnétiques d'une trentaine de points d'acupuncture, évalue l'efficacité médicinale des tisanes et présente les recettes qui conviennent le mieux à chacun.

Les recettes du Dr Hochenegg se distinguent par leur mélange de trois ou quatre plantes autochtones avec une plante tropicale qui renforce leur effet curatif. Les plantes européennes sont désignées en français et les plantes asiatiques en latin.

Sauf avis contraire, les recettes s'adressent à des personnes entre 30 et 60 ans, pesant entre 60 et 70 kg; elles sont mesurées individuellement par ordinateur, en tenant compte de la constitution, du sexe et du rythme biologique de la personne.

Plusieurs mélanges sont présentés pour chaque maladie. Puisque leur effet ne dure que 2 à 3 semaines il faut ensuite changer de mélange.

1.

Symptômes généraux

L'inappétence

Symptômes et causes

Le manque d'appétit est souvent un symptôme de différents troubles organiques et psychiques. S'il se déclare subitement, cela peut révéler une infection naissante ou une autre maladie aiguë. Un manque d'appétit continuel peut relever de diverses causes comme l'abus de nicotine ou d'alcool, l'épuisement nerveux, le catarrhe de l'estomac, l'ulcère de l'estomac, la constipation chronique ou les troubles hormonaux.

Certains états d'âme font disparaître la sensation de la faim. Ainsi, le désir de paraître belle et svelte peut bloquer l'appétit normal et provoquer une obsession de la maigreur. On observe souvent ce phénomène chez les jeunes filles.

Outre la diminution du tissu adipeux et de la masse musculaire, l'anorexie engendre des carences vitaminiques qui se manifestent par des brûlures de la langue, l'ouverture des commissures des lèvres, des douleurs musculaires et nerveuses et une faiblesse généralisée. S'y ajoutent apathie et oubli, dépression et sensation de froid et quelquefois des vomissements si on oblige les personnes à manger. Il y a danger de mort si le poids descend au-dessous de 35 kg.

Le cas

Susi V. de Kassel, 18 ans, éprouvait un sentiment de dégoût avant chaque repas. Quand elle devait manger, elle vomissait ou ingurgitait en douce de puissants laxatifs. Finalement, Susi maigrit jusqu'à peser 41 kg. Elle mesurait 1 m 61! Tous les traitements psychothérapiques échouèrent. Elle devint de plus en plus faible et dut abandonner ses études. Mais grâce aux infusions de plantes curatives, le mal a pu être enrayé. Après six à huit semaines, Susi mangeait de nouveau normalement et six mois plus tard elle passa son baccalauréat avec distinction. Entre temps, elle avait repris son poids idéal de 50 kg.

L'inappétence

Recette 1

Camomille	30 g
Achillée	30 g
Petite centaurée	30 g

3 fois par jour.

Recette 2

Trigonelle	30 g
Camomille	30 g
Achillée	30 g
Petite centaurée	30 g

1 tasse 3 fois par jour.

Recette 3

Trigonelle
Racine d'orchis
Délayer une pointe de couteau dans un peu de lait; boire 2 fois par jour.

Recette 4

Racine d'orchis	45 g
Trigonelle	15 g
Absinthe	15 g
Verveine	15 g
Gentiane	15 g
Quinquina	15 g
Pied-de-loup	15 g

Mélanger le tout, en faire macérer 35 g dans 1 litre de vin rouge, faire bouillir, laisser infuser pendant 10 minutes, filtrer; prendre 1 c. à soupe 5 à 6 fois par jour.

Recette 5

Alchémille	15 g
Épervière	15 g
Trigonelle	30 g
Sanguinaire	15 g
Gentiane	25 g
Achillée	15 g
Consoude	25 g
Pied-de-loup	15 g

Préparer et utiliser comme dans la recette 4.

Recette 6

Absinthe	25 g
Sauge	25 g
Grains de moutarde	15 g

Mélanger le tout, 1 c. à thé par tasse, avec 1 c. de miel et de jus de citron; boire environ 1 heure avant les repas.

Recette 7

Fleurs d'absinthe 25 g
Racine de gentiane 25 g
Mélanger avec 40 g d'écorce de pamplemousse non traitée, 1 c. à soupe par litre d'eau; boire 15 minutes avant les repas.

Recette 8

Varech ordinaire 15 g
Faire bouillir avec 1 litre de lait, sucrer avec du miel; boire 500 ml par jour.

Recette 9

Acore 15 g
Cresson des fontaines 20 g
Euphrasia 20 g
Marjolaine 25 g
Cochléaria 25 g
Absinthe 25 g
1 tasse 2 à 3 fois par jour.

Recette 10

Pointes de houblon (séché) 25 g
Faire bouillir dans un litre d'eau; boire 2 fois par jour, entre les repas.

Recette 11

Fleurs de mélisse 30 g
Absinthe 30 g
Petite centaurée 30 g
Achillée 30 g
1 tasse une demi-heure avant les repas.

Recette 12

Armoise 25 g
Galéopsis 25 g
Pulmonaire 25 g
Achillée 25 g
Feuilles de mûres sauvages 25 g
1 tasse 1 à 3 fois par jour en petites gorgées.

Recette 13

Fraises des bois 25 g
Menthe frisée 25 g
Camomille 25 g
Petite centaurée 25 g
Menthe 25 g
1 c. à thé pour 250 ml d'eau; prendre 1 tasse 2 fois par jour avant les repas.

Recette 14

Quinquina 25 g
Racine de gentiane 25 g
Écorce de bigaradier 15 g
1/2 tasse 3 fois par jour.

Recette 15

Trèfle 15 g
Chardon bénit 15 g
Écorce de bigaradier 15 g
Petite centaurée 15 g
Absinthe 15 g
1 tasse 3 fois par jour.

Recette 16

Quinquina 15 g
Racine de gentiane 15 g
Menthe 25 g
Petite centaurée 15 g
1 tasse 3 fois par jour.

Recette 17

Racine d'angélique 15 g
Racine d'acore 10 g
Cumin 15 g
Achillée 25 g
Écorce de cannelle 10 g
1 tasse 3 fois par jour.

Recette 18

Racine d'angélique 15 g
Racine de gentiane 15 g
Camomille 25 g
Petite centaurée 15 g
1 tasse 3 fois par jour.

Recette 19

Camomille 25 g
Cumin 10 g
Mousse d'Islande 20 g
Marjolaine 15 g
1 tasse 3 fois par jour.

Recette 20

Racine de gentiane	15 g
Racine d'acore	15 g
Écorce de bigaradier	15 g
Petite centaurée	25 g
Absinthe	15 g
Écorce de cannelle	15 g

1 tasse 3 fois par jour.

Recette 21

Trèfle d'eau	15 g
Chardon bénit	15 g
Menthe	15 g
Écorce de bigaradier	15 g
Petite centaurée	20 g
Absinthe	10 g

1 tasse 3 fois par jour.

Recette 22

Trèfle d'eau	25 g
Petite centaurée	25 g
Absinthe	25 g
Menthe	45 g

1 tasse avant les repas.

Recette 23

Racine d'inula	25 g
Millepertuis	25 g
Racine de chicorée sauvage	25 g
Mousse d'Islande	25 g
Racine de pissenlit	25 g

1 tasse 2 fois par jour.

Recette 24

Trèfle d'eau	25 g
Absinthe	25 g
Petite centaurée	25 g
Feuilles de menthe	25 g

1 tasse avant les repas.

Recette 25

Marrube	25 g
Feuilles d'ortie	25 g
Millepertuis	25 g
Petite centaurée	10 g
Semences de pied-de-loup	25 g
Absinthe	15 g
Écorce de sureau	15 g

1/2 tasse avant les repas.

Recette 26

Absinthe	25 g
Véronique	35 g
Baies de genévrier	35 g
Petite centaurée	15 g
Trèfle d'eau	15 g

Faire macérer dans 1 litre de vin rouge pendant 10 jours, extraire et prendre 1 c. 4 fois par jour.

Recette 27

Alchémille	35 g
Absinthe	25 g
Racine d'acore	15 g
Trèfle d'eau	25 g
Gentiane	25 g

Préparer et employer comme dans la recette 26.

L'inappétence et la faiblesse dues à l'âge

Recette 28

Gentiane	25 g
Tanaisie	25 g
Menthe	25 g
Angélique	25 g
Baies de genévrier	15 g
Racine de galanya	15 g

Faire macérer dans 1 litre de vin blanc, extraire, 5 à 6 c. par jour.

Inappétence chez les enfants

Recette 29

Véronique	25 g
Camomille	25 g
Mélisse	25 g
Alchémille	25 g
Baies de genévrier	15 g
Racine d'orchis	15 g

1 tasse avec du miel pour sucrer, 2 fois par jour.

Recette 30

Racine d'angélique	25 g
Achillée	25 g
Camomille	25 g
Mousse d'Islande	25 g

Trèfle d'eau	25 g

1 tasse 3 fois par jour.

Recette 31

Véronique	25 g
Alchémille	25 g
Thym	25 g
Baies de genévrier	5 g

Employer comme dans la recette 30.

Recette 32

Tanaisie	25 g
Alchémille	25 g
Camomille	30 g
Menthe	25 g

Employer comme dans la recette 30.

Recette 33

Achilles millefolium	25 g
Capparis horrida	15 g
Brassica integrifolia	25 g
Durio zibethinus	25 g
Ixora coccinea	15 g

Employer comme dans la recette 30.

Recette 34

Valériane	35 g
Racine de chardon bénit	25 g
Anaphalide	15 g
Véronique	25 g
Thym	25 g

2 c. à soupe par litre d'eau; prendre 1 tasse plusieurs fois par jour.

Inappétence due à la faiblesse stomacale

Recette 35

Tanaisie	25 g
Gentiane	25 g
Menthe	25 g
Alchémille	25 g
Véronique	25 g

1 tasse 2 fois par jour.

L'inappétence due à la faiblesse nerveuse

Recette 36

Camomille	10 g
Mélisse	25 g
Véronique	25 g
Gentiane	15 g
Écorce de chêne	10 g
Valériane	10 g
Alchémille	10 g
Thym	15 g
Baies de genévrier	10 g
Angélique	10 g

1 tasse plusieurs fois par jour.

L'épuisement

Symptômes et causes

Un état d'épuisement ou de grande fatigue est caractérisé par de la lassitude, un manque d'ardeur au travail, un état dépressif, un sentiment d'oppression et un manque de décision dans les petites choses quotidiennes. On entend: «Je n'ai pas le courage de faire quelque chose», ou encore: «Je suis toujours tellement fatigué.» Il s'agit d'un malaise général que la personne ne peut pas très souvent expliquer clairement. Non seulement le malade souffre-t-il — et ici il faut absolument parler de maladie — mais aussi son entourage immédiat.

Le cas

Georges K., 38 ans, directeur d'une firme technique, était en bonne santé, sans trouble organique. Il se plaignait cependant de faiblesse, de fatigue et d'abrutissement. Il manquait d'énergie, d'élan et souffrait d'impuissance sexuelle. Après s'être souvent endormi à son bureau, il rendit visite au Dr Hochenegg. Il avoua au médecin qu'il y avait belle lurette qu'il n'arrivait plus à poursuivre ses activités.

Après une phytothérapie de trois semaines, Georges K. était transformé; il se tenait droit, parlait de nouveaux projets, privés et professionnels, et il avait repris ses promenades en forêt. Il disait: «J'ai retrouvé mon énergie d'antan.»

L'épuisement

Recette 1

Aspérule odorante	30 g
Violette parfumée	25 g
Alchémille des Alpes	25 g
Racine de gentiane	15 g

Boire 2 à 3 tasses par jour jusqu'à ce qu'il y ait amélioration.

Recette 2

Thym	25 g
Ginseng	40 g
Épervière	10 g
Alchémille	25 g
Racine d'orchis	15 g

Recette 3

Racine de chardon bénit	30 g
Aspérule odorante	25 g
Aspérule odorante (racine)	25 g
Fo Ti Tieng	30 g

Recette 4

Centella asiatica	25 g
Ginseng Radix	25 g
Desmodium heterocarpum	25 g

La fièvre

Symptômes et causes

La température du corps varie chaque jour. Si elle dépasse constamment 37,5 °C, c'est généralement le signe d'une maladie infectieuse, d'une inflammation du bassin rénal ou d'une autre inflammation. Encéphalite et pneumonie débutent aussi par une forte fièvre. Certains souffrent d'hyperthermie — température élevée —, suite par exemple à une insolation, ou plus rarement à cause de troubles du métabolisme, ou après absorption de médicaments.

L'hypothalamus, dans l'encéphale intermédiaire, règle la température du corps et l'équilibre entre la production et l'évacuation de chaleur. Or certaines substances, comme les bactéries, le sérum ou d'autres composés sanguins, perturbent cet équilibre.

Un accès de fièvre provoque des sensations de chaleur, des frissons, des maux de tête, des douleurs musculaires et articulaires, une respiration plus courte, des malaises et des vertiges. Le pouls s'accélère, sauf dans le cas du typhus et de tumeur au cerveau, où le pouls est extrêmement lent malgré la fièvre.

Le cas

Gisela K., de Kiel, était très prise par son travail de comptable, mais elle ne pouvait s'expliquer les accès de fièvre dont elle souffrait régulièrement. Toutes les analyses n'indiquaient rien d'anormal et on n'arrivait pas à déceler une cause physique à ce mal. Les traitements de différents spécialistes n'eurent aucun résultat; mais son état s'améliora tout d'un coup lorsque Gisela K. commença à prendre des infusions de plantes. La température baissa d'un jour à l'autre, et elle n'eut plus ces accès de fièvre.

La fièvre

Recette 1

Aspérule odorante (racine)	25 g
Millepertuis	25 g
Fleurs de tilleul	25 g
Caesalinia sepiaria	10 g

Recette 2

Sida acuta	25 g
Emilia sonchifolia	15 g
Momordica charantia	15 g
Camomille	25 g
Fleurs de tilleul	25 g

Recette 3		*Recette 4*	
Pimprenelle	25 g	*Alchemilla alpina*	25 g
Absinthe	15 g	Alchémille	25 g
Pissenlit	25 g	Petite centaurée	25 g
Lansium domesticum	1 g	Reine des prés	25 g
		Chiendent rampant	15 g
		Toddalia asiatica	15 g
		Pluchea indica	15 g

Les tremblements

Symptômes et causes

Les tremblements sont des mouvements involontaires des membres provoqués par des causes diverses, d'origine organique ou psychique comme la crainte, l'énervement ou l'hystérie. Le tremblement est typique du syndrome de Parkinson, dérangement chronique du système nerveux caractérisé par une faiblesse générale et une lenteur des mouvements. Le faciès du malade est figé, ses yeux sont généralement grands ouverts et presque sans expression. Le tremblement qui caractérise cette maladie débute souvent dans les mains, le plus souvent dans les doigts. Le tremblement s'accentue lorsque le corps est au repos, lors d'énervement ou de fatigue, et disparaît pendant le sommeil.

Le cas

Gerhard L., de Lüneburg, est un opticien réputé. De temps à autre, lors de travaux compliqués, ses mouvements ralentissaient et ses mains commencaient à trembler. Il avait d'abord espéré que ces tremblements soient passagers, mais au contraire, ils augmentaient. Il remarqua en outre que son visage restait immobile et qu'il marchait à pas de plus en plus petits. Finalement, il se rendit chez le médecin qui lui prescrivit différents médicaments. La maladie sembla s'améliorer quelque temps, mais les effets secondaires des médicaments devenaient désagréables. Ayant entendu parler des mélanges de plantes et des remèdes naturels, il se fit préparer un mélange qu'il ingurgita trois fois par jour en infusion. Après quelques semaines, le tremblement diminua, la faiblesse disparut et quatre mois plus tard, il était guéri.

Les tremblements

Recette 1

Millepertuis	35 g
Lavande	35 g
Thym	30 g

1 tasse 3 fois par jour.

Recette 2

Fleurs de la passion	40 g
Camomille	50 g
Millepertuis	30 g

1 tasse 3 fois par jour.

L'insomnie

Symptômes et causes

Lors de troubles du sommeil, il faut consulter un spécialiste, car plusieurs maladies et troubles psychologiques peuvent en être à l'origine. Ainsi, l'insomnie peut être provoquée par un hyperfonctionnement de la thyroïde, par des troubles cardiaques et par des états dépressifs.

Les sentiments de crainte ou de culpabilité peuvent aussi provoquer l'insomnie. Douleurs, inflammation des nerfs, atrophies musculaires et manque de vitamines comptent parmi les autres causes, outre le stress, le surmenage et le manque d'exercice. Chaque cas requiert diverses analyses. L'insomniaque a peur de ne pas avoir assez de sommeil et cette anxiété l'empêche justement de s'endormir. Il s'ensuit généralement un mauvais rendement de travail durant la journée.

Il est faux de croire que les somnifères apportent un sommeil naturel; les produits pharmaceutiques provoquent plutôt une narcose, avec tous les effets désagréables qui s'y rattachent. Des recherches poussées prouvent qu'ils diminuent le sommeil plutôt que l'augmenter. La suppression des somnifères produit souvent des réactions graves qui peuvent aller jusqu'au délire.

Le cas

Henry V., de Sydney, avait chaque soir de la difficulté à s'endormir. Certaines nuits, il ne pouvait même pas fermer l'œil. Lors d'un séjour en Europe, il rencontra le Dr Hochenegg dont les infusions, après deux semaines, l'aidèrent à dormir d'un sommeil profond et reposant pendant au moins sept heures. Soulagé d'avoir trouvé un sommeil naturel, il put renoncer aux dangereux somnifères chimiques.

L'insomnie

Recette 1

Alchémille	25 g
Gentiane	25 g
Achillée	25 g
Abutilon indicum	25 g

Recette 2

Aspérule odorante	15 g
Violette	25 g
Anacycle	15 g
Sida acuta	15 g
Melastoma malabathricum	10 g
Portulaca oleracea	15 g

Recette 3

Thym	15 g
Camomille	25 g
Achillée	25 g
Feuilles d'oranger	25 g
Solanum nigrum	15 g

Recette 4

Valériane	30 g
Camomille	30 g
Fleurs de la passion	25 g
Acorus calamus	15 g
Argemone mexicana	25 g

Recette 5

Thym	15 g
Camomille	25 g
Menthe	25 g
Racine de valériane	25 g
Streblus asper	15 g
Nelumbium nelumbo	15 g

La faiblesse (asthénie)

Symptômes et causes

Les états de faiblesse indiquent que le corps est attaqué par des agents pathogènes ou que la personne souffre de malnutrition ou de dépression. Lors de la maladie, le système immunitaire devient surchargé et le corps n'a plus d'énergie. Le malade alité pendant quelques jours connaît bien cette sensation de faiblesse au début de sa convalescence. Il manque d'endurance et doit se reposer souvent. Le surmenage provoque des états de faiblesse qui peuvent durer longtemps. Même chez des personnes fortes et en bonne santé, le moindre petit effort peut provoquer une abondante transpiration.

Le cas

Irmgard W., de Heidelberg, contracta, au cours de l'hiver, une forte grippe, suivie d'asthénie quelques mois après. Elle fut longtemps malade et dut interrompre son travail à plusieurs reprises. Au bout d'un certain temps, elle consulta un médecin qui ne décela aucune cause organique à son mal. Sur sa recommandation, elle absorba des préparations de vitamines pendant un bon moment, mais celles-ci n'eurent aucun effet sur ses accès de faiblesse.

Une amie lui raconta alors que la phytothérapie l'avait soulagée de ses migraines. Mme W. fut auscultée par le Dr Hochenegg, qui lui composa alors un mélange de plantes. À peine un mois plus tard, elle avait repris des forces. Elle continua à boire les tisanes et recouvra une santé parfaite.

Les infusions suivantes renforcent le système immunitaire et accélèrent la convalescence.

Pour prendre des forces

Recette 1

Racine d'angélica	15 g
Petite centaurée	15 g
Myrtilles	15 g
Achillée	20 g
Absinthe	10 g
Héraclum des prés	10 g
Citronnelle	25 g
Baies de genévrier	15 g
Gentiane	15 g
Rhubarbe	20 g

Mélanger le tout, macérer dans 1,5 litre d'alcool pendant 2 semaines, filtrer; prendre 1 à 2 c. à soupe par jour.

Recette 2

Arnica	35 g
Camomille	20 g
Sureau	15 g
Acore	20 g
Fleurs de foin	35 g

Mélanger le tout, macérer 50 g dans 3 litres d'eau froide, faire bouillir 5 minutes, laisser infuser 15 minutes; employer la décoction dans le bain, mais il faut absolument se rincer à l'eau froide immédiatement après pour refermer les pores de la peau.

Recette 3

Lavande	25 g
Mélisse	25 g
Menthe Pouliot	25 g
Cumin	15 g
Thym	35 g
Romarin	15 g

Préparer et utiliser comme dans la recette 2.

Recette 4

Trigonelle	30 g
Camomille	25 g
Chardon bénit	30 g
Achillée	25 g
Petite centaurée	20 g
Stenolobium stans	20 g

Recette 5

Baies de genévrier	25 g
Romarin	20 g
Alchémille	20 g
Alchémille des Alpes	30 g
Oseille	20 g
Camomille	30 g
Sesamum orientale	20 g

Recette 6

Pied-de-loup	30 g
Gingembre	40 g
Ginseng	40 g
Orchis	30 g
Samadera indica	30 g

La faiblesse

Recette 7

Violettes	25 g
Épervière	20 g
Gingembre	30 g
Petite centaurée	40 g
Scorpus grossus	25 g

Recette 8

Aspérule odorante	30 g
Alchémille	30 g
Racine d'aspérule	40 g
Ginseng	25 g
Portulaca oleraces	25 g

Recette 9

Ortie	30 g
Primevères	25 g
Racine d'inula	25 g
Gingembre	15 g
Salix tetrasperma	25 g

Recette 10

Hysope	30 g
Gingembre	25 g
Camomille	22 g
Thym	25 g
Absinthe	5 g
Rhizophora mucronata	25 g

Recette 11

Achillée	25 g
Ortie	20 g
Alchémille	25 g
Alchémille des Alpes	20 g
Quisqualis indica	15 g

Recette 12

Racine d'inula	25 g
Absinthe	5 g
Camomille	40 g
Thym	30 g
Rumex crispus	20 g

Recette 13

Baies de genévrier	20 g
Ginseng	20 g
Gingembre	20 g
Philanthus niruri	20 g

Pour renforcer le système immunitaire

Recette 14

Ortie	30 g
Trigonelle	30 g
Achillée	30 g
Genévrier	25 g
Millepertuis	25 g
Fruits de l'aubépine	30 g

1 tasse 3 fois par jour.

Comme fortifiant après une grave maladie

Recette 15

Trigonelle	100 g

1 tasse 3 fois par jour.

Recette 16

Chardon bénit	100 g

1 tasse 3 fois par jour.

Recette 17

Fleurs de tilleul	25 g
Achillée	25 g
Valériane	15 g
Basilic	15 g
Gentiane	15 g
Mélisse	25 g
Chicorée sauvage	15 g

3 c. par litre d'eau, laisser infuser, boire durant la journée par petites gorgées.

Recette 18

Petite centaurée	15 g
Racine d'orchis	45 g
Trigonelle	25 g
Achillée	25 g
Chardon bénit	15 g

Préparer et utiliser comme dans la recette 17.

Recette 19

Baies de genévrier	25 g
Réglisse	25 g
Gentiane	25 g
Feuilles de noyer	25 g
Valériane	20 g

Préparer et utiliser comme dans la recette 17.

Pour la faiblesse nerveuse

Recette 20

Anaphalide	15 g
Racine d'arum	15 g
Ortie	25 g
Fleurs de foin	25 g
Aiguilles d'épicéa	25 g
Camomille	25 g

Mélanger le tout, mettre 50 g dans 3 l d'eau, faire bouillir 5 minutes, laisser infuser 15 minutes, employer la décoction pour le bain et se rincer à l'eau froide immédiatement.

Recette 21

Thym	35 g
Basilic	15 g
Menthe poivrée	15 g
Alchémille	25 g
Serpolet	35 g

Préparer et utiliser comme dans la recette 17.

Recette 22

Écorce de chêne	25 g
Aiguilles d'épicéa	35 g
Thym	25 g
Aiguilles de pin	15 g
Genévrier	25 g

Préparer et utiliser comme dans la recette 17.

Recette 23

Camomille	35 g
Lavande	35 g
Romarin	15 g
Alchémille des Alpes	15 g

Préparer et utiliser comme dans la recette 17.

Recette 24

Renouée	45 g
Écorce de chêne	15 g
Lavande	15 g
Aiguilles d'épicéa	25 g
Aiguilles de pin	25 g

Préparer et utiliser comme dans la recette 17.

Le vertige

Symptômes et causes

Le vertige est un trouble de l'équilibre relié aussi à une mauvaise irrigation du sang dans le cerveau. Les causes sont diverses et varient des troubles de l'oreille interne à la tumeur au cerveau. Le vertige est une impression, fausse, de voir les objets tourner autour de soi et dans l'espace.

Le vertige provoque une série de sensations désagréables: bourdonnement, insécurité quand on est debout ou qu'on marche, sensation d'évanouissement. Les causes sont multiples: troubles circulatoires, maladies de l'estomac ou de l'intestin, empoisonnement, anémie, tumeur, la peur, les dépressions, les névroses, les affections oculaires, la sclérose en plaques, les effets nocifs des antibiotiques, les traumatismes au cerveau et au front, les maladies des artères dues à l'âge, les troubles du métabolisme, de la colonne vertébrale et même l'hypertension. Les symptômes diffèrent selon les causes et doivent être examinés à fond.

Le cas

Siegfried E., de Vienne, était routier. Il n'avait jamais eu de problèmes à rouler pendant des journées, voire des semaines jusqu'au moment où il eut des accès de vertige de plus en plus nombreux et accentués. Il eut ensuite une série d'accidents qui, sans le blesser, le rendirent anxieux. Il avait le vertige sur les routes mouillées et paniquait à l'idée du moindre trajet. Il songea donc à abandonner son métier, mais on lui parla du Dr Hochenegg. Siegfried le consulta et, après quelques semaines, il constata que ses vertiges avaient disparu.

Le vertige

Recette 1

Mélisse	15 g
Camomille	20 g
Lavande	20 g
Aglaia odorata	10 g

Recette 2

Racine de chardon bénit	20 g
Valériane	20 g
Romarin	10 g
Abutilon indicum	15 g

Recette 3

Alchémille des Alpes	15 g
Véronique	15 g
Rue de jardin	15 g
Camomille	25 g
Alstonia scholaris	15 g

Recette 4

Sauge	20 g
Achillée	25 g
Violette odorante	20 g
Racine de chardon bénit	20 g
Achras sapota	15 g
Andropogon citratus	15 g

Recette 5

Thym 30 g
Racine d'angélique 15 g
Sauge 10 g
Benincasa hispida 15 g

Recette 6

Rue de jardin 45 g
Serpolet 35 g
Mélisse 55 g
Millepertuis 35 g

Recette 7

Racine de pivoine 35 g
Violette odorante 25 g
Racine d'aspérule 25 g
Gui 25 g
Camomille 35 g
Areca catechu 15 g

Recette 8

Fleurs d'arnica 25 g
Achillée 35 g
Achillée de montagne 25 g
Millepertuis 35 g
Camomille 45 g

Recette 9

Fleurs de la passion 25 g
Feuilles de saule 25 g
Agripaume 25 g
Alchémille 30 g
Vitex trifolia 25 g

Recette 10

Serpolet 35 g
Mélisse 45 g
Rue 20 g
1 c. à thé par litre d'eau; 1 tasse 1 fois par jour.

Recette 11

Achillée 30 g
Arnica 10 g
Millepertuis 25 g
Préparer et utiliser comme dans la recette 10.

Recette 12

Lavande 15 g
Racine de chardon bénit 15 g
Mélisse 10 g
Romarin 15 g
Absinthe 10 g
Rue 10 g
Violette 15 g
Thym 10 g
Alchémille des Alpes 15 g
Pivoine 15 g
Faire macérer avec 1 litre d'alcool à 94 p. 100 pendant 2 semaines, filtrer, pressurer; prendre environ 25 gouttes, 4 à 5 fois par jour.

Recette 13

Racine d'aspérule 25 g
Ail 25 g
Sauge 25 g
Violette 25 g
Gui 20 g
Préparer et utiliser comme dans la recette 12.

Recette 14

Sauge 25 g
Gentiane 10 g
Armoise 25 g
Achillée 15 g
Angélique 15 g
Alchémille des Alpes 40 g
Préparer et utiliser comme dans la recette 12.

Recette 15

Feuilles de citronnier 35 g
Faire bouillir avec 1 litre d'eau, laisser infuser 10 minutes; boire aussi chaud que possible durant la journée.

Recette 16

Mélisse 15 g
Camomille 25 g
Lavande 25 g
Aglaia odorata 10 g
1 tasse 2 à 3 fois par jour.

Recette 17

Racine de chardon bénit 25 g
Valériane 25 g
Romarin 10 g
Abutilon indicum 15 g
Employer comme dans la recette 16.

Recette 18

Alchémille des Alpes	15 g
Véronique	15 g
Rue de jardin	15 g
Camomille	25 g
Alstonia scholaris	25 g

Employer comme dans la recette 16.

Recette 19

Sauge	25 g
Achillée	25 g
Violette	25 g
Racine de chardon bénit	25 g
Achras sapota	15 g
Valériane	15 g
Andropogon citratus	15 g

Employer comme dans la recette 16.

Recette 20

Thym	25 g
Angélique	15 g
Sauge	10 g
Benincasa hispida	15 g

Employer comme dans la recette 16.

2.

Les maladies du sang et des vaisseaux sanguins

L'artériosclérose

Symptômes et causes

Dans les pays industrialisés, l'artériosclérose est, après le cancer, la principale cause de décès. L'artériosclérose frappe surtout les personnes d'un certain âge, mais elle peut aussi être provoquée par un stress continu. Les vaisseaux sanguins sont bloqués par des dépôts qui empêchent leur irrigation. L'artériosclérose est surtout provoquée par l'hypertension, l'encrassement du sang par le gras, le diabète, l'abus de nicotine, l'embonpoint, le manque d'exercice ainsi que des facteurs génétiques et individuels.

Le cas

Comment un homme dans les meilleures années de sa vie peut-il souffrir d'artérioclérose? L'exemple de Hermann W., de Hambourg, nous le montre. Il se souvient: «Je suis soudainement devenu désemparé, distrait. En tant que commerçant industriel, c'était impossible.» Hermann W. s'adressa à une clinique de l'Université de Hambourg. Une tomographie révéla une sclérose avancée des vaisseaux cérébraux. «Mon état devint si grave que je dus me rendre dans une maison de soins. Les moindres petits travaux furent pour moi un supplice. Finalement, un ami me força à boire un mélange de tisanes. Rapidement, je repris ma forme et mon travail. Une nouvelle tomographie n'indiqua plus aucune trace de dépôts de calcaire ou de cholestérol.»

L'artériosclérose

Recette 1

Pariétaire	15 g
Fumeterre	20 g
Bugrane	15 g
Feuilles de gui	25 g
Feuilles de rue	10 g

1 tasse 2 à 3 fois par jour.

Recette 2

Bourse-à-pasteur	15 g
Gui	30 g
Feuilles de rue	30 g
Aubépine	25 g
Prêle des champs	25 g

1 tasse 2 à 3 fois par jour.

Recette 3

Valériane	10 g
Cumin	10 g
Mélisse	15 g
Gui	25 g
Aubépine	15 g

1 tasse 3 fois par jour.

Recette 4

Fucus	10 g
Cresson de fontaine	15 g
Racine d'angélique	15 g
Racine de bugrane	15 g
Gui	15 g
Écorce de sassafras	10 g
Achillée	20 g
Aubépine	15 g
Prêle des champs	20 g

1 tasse 2 à 3 fois par jour.

Recette 5

Racine de valériane	25 g
Millepertuis	15 g
Camomille	25 g
Gui	15 g
Feuilles de romarin	20 g
Plantain lancéolé	30 g

1 tasse 2 à 3 fois par jour.

Recette 6

Racine de valériane	25 g
Feuilles de mûres sauvages	25 g
Véronique	25 g
Feuilles de framboisier	15 g
Chardon à foulon	15 g
Fleurs de lavande	15 g
Feuilles de rue	25 g
Petite centaurée	15 g

1 tasse 2 à 3 fois par jour.

Recette 7

Fleurs d'aubépine	30 g
Ail	30 g
Prêle des prés	30 g
Gui	30 g

2 c. pour 250 ml d'eau; boire avant le repas.

Recette 8

Fleurs d'aubépine	25 g
Camomille	25 g
Feuilles d'olivier	25 g
Gui	25 g
Ail	25 g

2 c. pour 250 ml d'eau; boire avant le repas.

Recette 9

Drosère	15 g
Gui	15 g
Bourdaine	15 g
Réglisse	15 g

2 c. à soupe pour 500 ml d'eau, laisser reposer une nuit et boire le lendemain 3 fois.

Recette 10

Racine d'aspérule	30 g
Fleurs de prunellier	30 g
Alchémille des Alpes	25 g
Potentille rampante	15 g
Gui	25 g

1 c. à thé par tasse. Ce mélange peut être adouci avec du sucre.

Recette 11

Racine d'aspérule	35 g
Drosère	25 g
Fleurs de lavande	15 g
Gui	35 g
Écorce de bourdaine	15 g

1 tasse 3 à 4 fois par jour.

Recette 12

Racine d'aspérule	35 g
Alchémille des Alpes	25 g
Racine d'herbe	15 g
Fleurs de lavande	15 g
Gui	35 g

1 c. à thé par tasse; boire par petites gorgées.

Recette 13

Gui	35 g
Écorce de bourdaine	15 g
Racine d'aspérule	35 g
Violette	20 g
Alchémille des Alpes	20 g
Ail	55 g

1 c. à soupe pour 250 ml de cidre; boire par petites gorgées.

Recette 14

Prèle	45 g
Feuilles de bouleau	45 g
Gui	25 g

3 à 4 fois par jour.

Recette 15

Fleurs d'aubépine	20 g
Fruits d'aubépine	20 g
Prèle	20 g
Gui	20 g
Ail	20 g
Fleurs d'arnica	10 g
Achillée	100 g

1 tasse 2 fois par jour.

Recette 16

Fleurs d'aubépine	25 g
Gui	25 g
Prèle	15 g
Racine de valériane	15 g

1 tasse 3 à 4 fois par jour.

Recette 17

Fleurs d'aubépine	55 g
Écorce de bourdaine	25 g
Drosère	25 g
Réglisse	15 g
Feuilles de fraisier	15 g

1 tasse 3 à 4 fois par jour.

Recette 18

Rue de jardin	15 g
Arabis	15 g
Gui	20 g
Achillée	35 g
Prèle	35 g

1 tasse 2 à 3 fois par jour.

Recette 19

Feuilles de bouleau	100 g

Sucrer avec du miel; prendre 1 tasse 3 fois par jour.

Recette 20

Cumin	15 g
Rue de jardin	15 g
Valériane	20 g
Mélisse	20 g
Fleurs d'aubépine	25 g
Gui	35 g

Pour 1 tasse: 1 c. à thé, laisser reposer durant la nuit; boire 1 tasse 3 fois par jour.

Recette 21

Arnica	15 g
Gui	35 g

Mélisse	35 g
Millepertuis	35 g

1 tasse 3 fois par jour.

Recette 22

Prèle	45 g
Feuilles de bouleau	45 g
Gui	25 g

1 tasse plusieurs fois par jour.

Recette 23

Fleurs d'aubépine	25 g
Gui	25 g
Prèle	15 g
Racine de valériane	15 g

1 tasse 3 à 4 fois par jour.

Recette 24

Prèle des champs	25 g
Rue de jardin	30 g
Bourse-à-pasteur	15 g
Gui	30 g
Aubépine	25 g

1 c. à soupe pour 250 ml d'eau; prendre 1 tasse 3 fois par jour.

Recette 25

Gui	30 g
Pensée	20 g
Réglisse	20 g
Feuilles de groseilles noires	15 g
Aubépine	10 g
Drosère	5 g
Fucus	10 g

1 tasse par petites gorgées 3 fois par jour.

Recette 26

Racine d'aspérule	25 g
Lavande	25 g
Gui	25 g
Bourdaine	15 g
Alchémille des Alpes	15 g

Employer comme dans la recette 25.

Recette 27

Ail	40 g
Alchémille des Alpes	25 g
Violette	15 g

Employer comme dans la recette 25.

Recette 28

Ginseng	30 g
Gotu Kola	25 g
Abutilon indicum	25 g
Eclipta alba	15 g
Hypoxis aurea	25 g

Employer comme dans la recette 25.

Recette 29

Pensée	35 g
Gui	25 g
Aubépine	45 g
Fucus	10 g
Gloriosa superba	15 g

Recette 30

Drosère	25 g
Feuilles de cassis	35 g
Millepertuis	35 g
Feuilles de bouleau	25 g
Achillée	25 g
Hibiscus tiliacaeus	25 g

L'anémie, la congestion, l'hypertension et l'hypotension artérielle

Symptômes et causes

Il faut distinguer l'anémie par désintégration et l'anémie par formation sanguine amoindrie, qui peut être provoquée par un manque de vitamine B12. Cette dernière peut être due à une détérioration de la colonne vertébrale ou à un dérangement intestinal diminuant l'absorption de fer.

La maladie commence généralement doucement, mais dans les cas graves, on décèle de la faiblesse, des difficultés respiratoires ou de la tachycardie. Il y a d'abord des brûlures de la langue, puis suivent l'engourdissement des mains et des pieds et ensuite le manque d'appétit, les nausées, la diarrhée, ainsi qu'une forte perte de poids.

Une congestion est un apport important de sang dans un organe, jumelé à un ralentissement de la circulation. On parle de tension élevée s'il y a augmentation de la pression sanguine dans les artères, produisant des maux de tête et des troubles de l'ouïe et de la vue. Les jeunes qui ont grandi trop vite souffrent souvent d'une trop faible tension; les symptômes incluent la pâleur, les membres froids et un besoin irrésistible de dormir. Se lever brusquement ou rester longtemps debout peuvent provoquer des évanouissements.

Le cas

Sabine P., de Berlin, avait un métier fatigant et travaillait sous un éclairage artificiel. Pendant ses jours de repos, elle devait rendre visite à ses vieux parents et il lui était impossible de sortir au grand air; par surcroît, elle mangeait toujours la même nourriture. Or, Sabine P. faiblissait de plus en plus; elle ne supportait pas les pilules de fer, étant donné que son estomac affaibli ne produisait pas assez d'acidité. Sa santé s'améliora grâce à l'absorption d'infusions de plantes, à un tel point qu'elle peut maintenant faire du sport et profiter de randonnées en montagne.

Un autre cas typique est l'histoire de la maladie de Ludwig G., de Cologne. Il n'avait jamais été vraiment malade, mais il eut des maux de tête, des vertiges, des bourdonnements dans les oreilles et des pertes de mémoire. Ludwig G. faisait de l'hypertension et ne pouvait supporter les médicaments chimiques qui devaient faire baisser sa tension. Il prit volontiers les infusions prescrites. Depuis, sa tension artérielle est redevenue normale.

L'anémie

Recette 1

Semences de trigonelle	20 g
Racine d'oseille	15 g
Racine de véronique	20 g
Verveine	20 g

Recette 2

Ortie	20 g
Cresson de fontaine	20 g
Fleurs de groseilliers	20 g
Fleurs de tilleul	20 g

Recette 3

Racine de polypode	15 g
Racine de gentiane	25 g
Racine de chiendent	20 g
Achillée	15 g

Recette 4

Cajanus cajan	25 g
Ginseng	25 g
Hydrocotyle minor	20 g
Cassytha filiformis	15 g

Recette 5

Sanguinaire	20 g
Consoude	25 g
Fleurs de prunellier	25 g

Recette 6

Petite centaurée	25 g
Achillée	25 g
Racine d'aspérule	20 g
Camomille	20 g

Recette 7

Alchémille	25 g
Racine d'inula	20 g
Hysope	15 g
Marrube	10 g

Recette 8

Ortie	100 g

1 tasse 3 fois par jour.

Recette 9

Ortie	25 g
Fraises	15 g

1 tasse 2 fois par jour.

Recette 10

Saule	25 g
Souci	15 g
Prèle	15 g
Ortie	15 g
Consoude	10 g
Feuilles de noyer	10 g
Lamier (blanc)	10 g
Gentiane	10 g
Trigonelle	5 g

1 c. à soupe par tasse d'eau; prendre 1 tasse 3 fois par jour.

Recette 11

Fruit de l'églantier	25 g
Petite centaurée	25 g
Ortie	25 g
Absinthe	25 g

Sucrer avec du miel; prendre 1 tasse plusieurs fois par jour.

Recette 12

Ortie	35 g
Feuilles de pissenlit	25 g
Camomille	25 g
Pensées	20 g
Petite centaurée	20 g
Achillée	20 g
Aspérule odorante	20 g

1 tasse plusieurs fois par jour.

Recette 13

Ortie	35 g
Baies de genévrier	25 g
Menthe poivrée	25 g
Achillée	15 g
Petite centaurée	15 g
Absinthe	15 g

1 tasse plusieurs fois par jour.

L'hypertension

Recette 14

Racine d'aspérule odorante	25 g
Gui	25 g
Violette odorante	15 g
Ansérine	20 g

Recette 15

Millepertuis	20 g

Achillée	25 g
Arnica	15 g

Recette 16

Gui	25 g
Fleurs d'aubépine	15 g
Prèle	25 g
Ail	25 g

Recette 17

Citrullus vulgaris	25 g
Centella asiatica	20 g
Eriosema chinense	15 g

Recette 18

Ail de pied-de-loup	25 g
Berbéris	15 g
Gui	25 g
Menthe poivrée	25 g

Recette 19

Racine de valériane	25 g
Acore	15 g
Racine de rauwolfia	30 g
Achillée	30 g
Fleurs d'aubépine	25 g

1 c. à soupe par tasse d'eau; prendre 1 tasse, 2 à 3 fois par jour.

Recette 20

Mélisse	45 g
Feuilles de rue	45 g
Racine de rauwolfia	25 g

Préparer et utiliser comme dans la recette 19.

Recette 21

Fleurs d'arnica	25 g
Arabis	25 g
Gui	25 g
Prèle	45 g

Préparer et utiliser comme dans la recette 19.

Recette 22

Feuilles de bouleau	25 g
Gui	45 g
Feuilles de rue	25 g
Fleurs d'aubépine	25 g

Préparer et utiliser comme dans la recette 19.

Recette 23

Bourse-à-pasteur	15 g
Gui	30 g
Rue	30 g
Aubépine	25 g
Prèle des champs	25 g

Préparer et utiliser comme dans la recette 19.

Recette 24

Fleurs d'arnica	15 g
Millepertuis	45 g
Feuilles de mélisse	30 g
Achillée	30 g

Préparer et utiliser comme dans la recette 19.

Recette 25

Fumeterre	35 g
Fleurs de genêt	25 g
Branches de gui	35 g
Racines de sureau	25 g
Fleurs d'aubépine	25 g

Préparer et utiliser comme dans la recette 19.

Recette 26

Fumeterre	35 g
Écorce de bourdaine	35 g
Fleurs d'alchémille	45 g
Racines d'oseille	35 g
Feuilles de saule	45 g

Préparer et utiliser comme dans la recette 19.

Recette 27

Racine de valériane	15 g
Racine de pimprenelle	15 g
Écorce de fèves	15 g
Écorce de bourdaine	15 g
Racine de bugrane	15 g
Fleurs de lavande	15 g
Gui	15 g
Racine de chiendent	15 g
Sauge	15 g
Sassafras	15 g
Prèle	15 g
Drosère	15 g

Préparer et utiliser comme dans la recette 19.

Recette 28

Feuilles de gui 35 g
Fleurs d'aubépine 25 g
Écorce de bourdaine 25 g
Feuilles de thym 25 g
Écorce de saule 15 g
Pour 1 tasse de vin blanc, 200 g d'alcool pur à faire macérer 10 jours, filtrer; 2 à 3 c. à soupe 3 fois par jour.

Recette 29

Racine de valériane 25 g
Fleurs d'aubépine 25 g
Feuilles d'olivier 25 g
Gui 25 g
Racine de rauwolfia 25 g
1 c. à soupe par tasse d'eau; prendre 1 tasse matin et soir.

Recette 30

Racine de rauwolfia 25 g
Fleurs d'aubépine 25 g
Racine de valériane 25 g
Achillée 35 g
Acore 15 g
1 c. à thé par tasse d'eau; boire par petites gorgées durant la journée.

Recette 31

Millepertuis 45 g
Achillée 35 g
Feuilles de mélisse 30 g
Fleurs d'arnica 5 g
1 c. à soupe par tasse; boire par petites gorgées durant la journée.

Recette 32

Gui 30 g
Rue de jardin 30 g
Aubépine 25 g
Prèle des champs 25 g
Bourse-à-pasteur 15 g
1 c. à soupe par litre d'eau; prendre 1 tasse 2 à 3 fois par jour.

Recette 33

Ail 25 g
Racine d'aspérule 35 g
Gui 15 g
Violette 35 g
Anserine 15 g
Faire macérer 50 g du mélange dans un litre de vin blanc, filtrer; prendre 1 c. à soupe 1 fois par jour.

Recette 34

Fleurs d'aubépine 30 g
Camomille 30 g
Feuilles d'olivier 30 g
Gui 30 g
Ail 30 g
2 c. à soupe pour 250 ml d'eau, laisser macérer 2 heures, filtrer; boire avant le repas.

Recette 35

Camomille 30 g
Écorces d'oranges 30 g
Achillée 25 g
Bourse-à-pasteur 30 g
Citronnelle 20 g
Gentiane 15 g
1 c. à soupe pour 250 ml d'eau; prendre 1 tasse par jour avec du miel.

L'hypotension

Recette 36

Bourse-à-pasteur 25 g
Feuilles de noyer 35 g
Blutwurz 25 g
Graines de coriandre 15 g
Feuilles de mélisse 25 g
2 c. à soupe par 500 ml d'eau; prendre 1 tasse par jour.

Recette 37

Gui 25 g
Aubépine 30 g
Ortie 20 g
Souci 25 g
1 tasse 3 fois par jour.

Recette 38

Gui 30 g
Achillée 35 g
Romarin 25 g
Aubépine 30 g
1 tasse 3 fois par jour.

Recette 39

Chélidoine	15 g
Écorce de cascarille	10 g
Œillet	15 g
Zédoaire	15 g
Lichen d'Islande	25 g
Coriandre	15 g
Baies de genévrier	10 g
Fleurs de tilleul	25 g
Tanaisie	10 g

Mélanger le tout et faire macérer dans du vin blanc, dans une proportion de 1 à 10, pendant 15 jours, filtrer; prendre 1 c. à soupe 4 à 5 fois par jour.

Recette 40

Camomille	30 g
Alchémille	25 g
Aubépine	15 g
Achras sapota	15 g

Recette 41

Achillée	25 g
Romarin	25 g
Aristolochia tagala	10 g
Camomille	25 g

Recette 42

Camomille	25 g
Racine de violettes	20 g
Souci	25 g
Bauhinia tomentosa	15 g

La dépuration du sang

Raison d'être

La dépuration permet de nettoyer le sang, de renforcer les défenses de l'organisme, la résistance et les capacités physiques du corps. Bien que le sang ne puisse pas être purifié au vrai sens du mot, l'image sanguine est nettement améliorée après absorption de tisanes dépuratives. Une telle cure est toujours recommandée quand le corps a été endommagé ou affaibli par des maladies chroniques, dans les cas de pâleur, de troubles d'irrigation sanguine ou de taux élevé de cholestérol.

Le cas

Le rendement du jeune Joseph Z., de Kufstein, baissait systématiquement. À 16 ans, après trois heures de cours, il en avait oublié le contenu et devait s'informer auprès de ses camarades. Il souffrait de fatigue, de faiblesse et ne pouvait finalement plus suivre les cours. L'examen médical ne révéla rien d'anormal. Sa tension était aussi dans les normes. Mais juste avant les examens de fin d'année, l'élève but les infusions du Dr Hochenegg. En quinze jours, il se remit et réussit tous les examens, sauf celui de mathématiques qu'il passa trois mois plus tard.

La dépuration du sang

Recette 1

Sanguinaire	20 g
Camomille	20 g
Chiendent rampant	35 g
Romarin	20 g
Blumea balsamifera	20 g

Recette 2

Absinthe	35 g
Camomille	45 g
Alchémille des Alpes	20 g
Ortie	20 g
Brucea amarissima	30 g

Recette 3

Véronique	20 g
Bourdaine	35 g
Camomille	20 g
Racine de bardane	20 g
Inula	20 g
Brunfelsia americana	30 g

Recette 4

Fumeterre	45 g
Bourdaine	20 g
Fleurs de prunellier	30 g
Achillée	35 g
Romarin	25 g
Calotropis gigantes	30 g

Recette 5

Petite centaurée	30 g
Camomille	45 g
Véronique	25 g
Absinthe	5 g
Cassia fistula	30 g

Recette 6

Achillée	35 g
Pointes de genévrier	20 g
Millepertuis	35 g
Racine d'aspérule	20 g
Ortie	30 g
Centella asiatica	30 g

Recette 7

Écorce de bourdaine	15 g
Romarin	20 g
Racine de chiendent	20 g
Achillée	20 g
Fumeterre	20 g
Erigon sumatrensis	30 g

Recette 8

Cresson de fontaine	20 g
Petite centaurée	30 g
Pissenlit	30 g
Achillée	35 g
Menthe poivrée	20 g
Racine d'aspérule	20 g
Eriosema chinense	30 g

Recette 9

Racine de douce-amère	25 g
Racine de pissenlit	45 g
Feuilles de noyer	20 g

1 c. à soupe par tasse d'eau; prendre 1 tasse le matin à jeun et 1 tasse le soir.

Recette 10

Ortie	45 g
Racine de bardane	35 g
Racine de chiendent	25 g

Faire bouillir dans 1 litre d'eau; prendre 1 tasse le matin à jeun.

Recette 11

Tiges de douce-amère	15 g
Bois de cujak	15 g
Racine de bardane	35 g
Racine de sarsaparill	35 g
Racine de sassafras	15 g
Racine de réglisse	15 g

Environ 2 c. à soupe pour 1,5 litre d'eau, faire macérer, filtrer; boire au courant d'une journée.

Recette 12

Sauge	45 g
Achillée	45 g
Prèle des champs	25 g

1 c. à soupe par tasse d'eau; prendre 1 fois le matin à jeun et 1 fois le soir.

Recette 13

Menthe poivrée	35 g
Pensées	35 g
Petite centaurée	20 g
Absinthe	15 g

1 c. à soupe par tasse d'eau; prendre 1/2 tasse le matin à jeun et le soir.

Recette 14

Ortie	20 g
Fleurs de sureau	25 g
Fleurs de prunellier	25 g
Feuilles de bouleau	45 g

1 tasse 2 fois par jour.

Recette 15

Racine de pissenlit	35 g
Fenouil	15 g
Racine de chiendent	35 g
Racine de chicorée sauvage	30 g

1 tasse 3 fois par jour.

Recette 16

Feuilles de trèfle d'eau	15 g
Racine d'acore	10 g
Fumeterre	15 g
Petite centaurée	20 g
Branches de sapin	30 g
Pointes de genévrier	25 g

1 tasse 1 à 2 fois par jour.

Recette 17

Feuilles de noyer	35 g
Pensée (plante)	30 g
Feuilles de séné	15 g
Racine de réglisse	25 g

1 c. à soupe pour 4 tasses d'eau; prendre 1 tasse 2 fois par jour.

Recette 18

Feuilles de mûres sauvages	30 g
Feuilles de framboisiers	35 g
Feuilles de cassis	35 g

1 tasse 3 fois par jour.

Recette 19

Thym	10 g
Feuilles de mélisse	25 g
Aspérule odorante	30 g
Feuilles de fraisier	35 g

1 tasse 3 fois par jour.

Recette 20

Fenouil	15 g
Camomille	15 g
Fleurs de tilleul	20 g
Feuilles de mélisse	20 g
Fleurs de sureau	25 g
Menthe poivrée	35 g

1 tasse 3 fois par jour.

Recette 21

Pimprenelle	25 g
Pensée	25 g
Véronique	25 g
Fumeterre	35 g
Feuilles de noyer	15 g
Rhijouea d'herbe	35 g

Environ 40 g du mélange pour 1 litre de cidre, faire bouillir, filtrer; prendre 7 à 8 c. à soupe par jour.

Recette 22

Baies de genévrier	25 g
Chiendent rampant	25 g
Racine d'aspérule	25 g
Ail	25 g
Alchémille des Alpes	25 g
Rhijouea d'herbe	35 g

Préparer et utiliser comme dans la recette 21.

Recette 23

Millepertuis	15 g
Achillée	15 g
Plantain lancéolé	25 g
Bois de galac	25 g
Sassafras	15 g
Fumeterre	25 g
Pissenlit	10 g

Ortie	10 g

Préparer et utiliser comme dans la recette 21.

Cure de printemps

Recette 24

Pissenlit	25 g
Feuilles d'ortie	15 g
Prèle des champs	15 g
Feuilles de bouleau	10 g
Fruits d'églantier	10 g

2 c. à soupe pour 250 ml d'eau; prendre 1 tasse 3 fois par jour.

Recette 25

Écorce de bourdaine	15 g
Fruits de fenouil	15 g
Verge d'or	15 g
Fleurs d'hibiscus	15 g
Fleurs de camomille	15 g
Feuilles de menthe poivrée	15 g
Pensée (plante)	15 g
Petite centaurée	15 g
Feuilles d'ortie	10 g
Feuilles de séné	10 g
Fleurs de souci	10 g
Bois de santal	10 g

Préparer et utiliser comme dans la recette 24.

Recette 26

Feuilles de bouleau	15 g
Prèle des champs	15 g
Feuilles d'ortie	10 g
Écorce de bourdaine	10 g
Fruits de l'églantier	10 g
Racine de bugrane	10 g
Pissenlit	10 g

Préparer et utiliser comme dans la recette 24.

Recette 27

Feuilles de bouleau	15 g
Feuilles d'ortie	15 g
Fruits d'églantier	15 g
Verge d'or	15 g
Racine de pissenlit	15 g

Préparer et utiliser comme dans la recette 24.

Recette 28

Fleurs de sureau	15 g
Feuilles de menthe poivrée	15 g
Prèle des champs	15 g
Écorce de fèves	15 g
Feuilles d'ortie	15 g
Feuilles de séné	15
Pied-de-chat	10 g
Bois de santal	10 g

Préparer et utiliser comme dans la recette 24.

Recette 29

Feuilles de bouleau	15 g
Fruits de fenouil	15 g
Fruits d'églantier	15 g
Fleurs d'hibiscus	15 g
Fleurs de camomille	15 g
Racine de pissenlit	15 g
Feuilles de mélisse	15 g
Feuilles de menthe poivrée	15 g
Pensée (plante)	15 g

Préparer et utiliser comme dans la recette 24.

Recette 30

Ortie	25 g
Fleurs de sureau	25 g
Fleurs de prunellier	25 g
Feuilles de bouleau	45 g

1 tasse 2 fois par jour.

Recette 31

Pissenlit	45 g
Achillée	25 g
Lierre terrestre	25 g
Véronique	15 g
Chélidoine	25 g

1 tasse 3 fois par jour.

Recette 32

Pensée	25 g
Menthe poivrée	25 g
Achillée	15 g
Petite centaurée	15 g
Feuilles de bouleau	15 g
Absinthe	10 g

1 tasse matin et soir.

Recette 33

Gui	25 g
Racine de sureau	25 g

Fleurs de sureau	25 g
Écorce de bourdaine	25 g
Ortie	15 g
Prunellier	15 g
Feuilles de fraisier	15 g
Baies de genévrier	10 g

Employer comme dans la recette 32.

Recette 34

Trèfle d'eau	25 g
Fleurs de sureau	25 g
Cresson de fontaine	25 g
Racine de pissenlit	25 g
Achillée	25 g
Feuilles de séné	25 g
Fleurs de prunellier	25 g

Employer comme dans la recette 32.

Recette 35

Écorce de bourdaine	55 g
Écorce de fèves	25 g
Menthe poivrée	25 g
Réglisse	15 g
Fleurs de sureau	10 g
Feuilles de noyer	10 g

Employer comme dans la recette 32.

Recette 36

Feuilles de séné	45 g
Camomille	25 g
Cumin	25 g
Anis	10 g

Employer comme dans la recette 32.

Recette 37

Écorce de bourdaine	30 g
Anis	30 g
Achillée	30 g
Feuilles de séné	30 g

Employer comme dans la recette 32.

Recette 38

Racine de pissenlit	20 g
Fumeterre	20 g
Ortie	25 g
Achillée	20 g
Sauge	15 g
Petite centaurée	15 g
Feuilles de séné	15 g

Employer comme dans la recette 32.

Les maladies des veines: I: Les hémorroïdes

Symptômes et causes

Les hémorroïdes sont provoquées par l'élargissement des veines de l'anus, principalement dû à la faiblesse du tissu conjonctif. Les grossesses, travailler assis sur un mauvais siège, dur et froid, et rester longtemps debout gonflent les veines de la région anale, provoquent des hémorragies, des enflures, des douleurs et des sécrétions. Au stade plus avancé, il y a formation d'eczéma et prolapsus des veines douloureusement grossies. Les premiers symptômes sont la perte de sang rouge clair, non mélangé aux selles. Des saignements prolongés peuvent provoquer une anémie avec toutes les complications qui s'ensuivent. Des examens médicaux s'imposent pour déterminer la gravité du mal. Les hémorroïdes extérieures peuvent provoquer des thromboses et de très fortes douleurs (elles surviennent après qu'on ait soulevé un poids trop lourd, à la suite d'une grande fatigue physique, d'éternuements, de quintes de toux, ou d'un accouchement).

Plus de la moitié de la population âgée de cinquante ans en souffre, avec les risques de complications comme une thrombose dans les fistules anales, un abcès de l'anus ou une dégénérescence maligne du tissu constamment enflammé.

Le cas

Anke V., de Malmö, était prédisposée aux hémorroïdes. Presque toutes les femmes de sa famille souffraient de constipation liée à des douleurs des veines. Anke V. dut abandonner son poste très rentable d'employée de bureau parce que rester assise lui causait des nodosités qui devenaient excessivement douloureuses. Comme elle ne trouvait pas d'autre solution que l'intervention chirurgicale, elle y consentit. Puis elle entendit par hasard parler des mélanges d'infusions. Peu après les avoir essayés, elle constata une nette amélioration et après trois mois, elle put reprendre le travail.

Les hémorroïdes

Recette 1

Millepertuis	25 g
Camomille	20 g
Fleurs de marronnier	25 g
Molène	20 g
Chardon-Marie	20 g
Achillée	25 g

1 c. à soupe par tasse d'eau; prendre 1 tasse matin et soir.

Recette 2

Plantain lancéolé	35 g
Racine de bourdaine	30 g
Chiendent rampant	25 g
Écorce de marron d'Inde	30 g
Achillée	15 g

Préparer et utiliser comme dans la recette 1.

Recette 3

Feuilles d'ortie	55 g
Molène	25 g
Feuilles de marron d'Inde	20 g

Préparer et utiliser comme dans la recette 1.

Recette 4

Sanguisorbe	35 g
Bourse-à-pasteur	25 g
Achillée	30 g
Gui	30 g

Préparer et utiliser comme dans la recette 1.

Recette 5

Gloriosa superba	20 g
Ortie	15 g
Sanguinaire	15 g
Linaigrette	15 g

Recette 6

Arnica	15 g
Pensée	40 g
Achillée	45 g

1 c. à thé par tasse d'eau; prendre 1 tasse matin et soir.

Recette 7

Camomille	20 g
Molène	15 g
Millepertuis	15 g
Achillée	20 g
Chardon Marie	15 g
Marronnier d'Inde	15 g

1 c. à soupe pour 250 ml d'eau; boire par petites gorgées au cours de la journée.

Recette 8

Liseron	15 g
Polypode	15 g
Douce-amère	10 g
Chicorée sauvage	20 g
Achillée	20 g
Feuilles de myrtilles	15 g
Racine de bardane	15 g
Racine de pissenlit	15 g

Préparer et utiliser comme dans la recette 6.

Recette 9

Racine d'hibiscus	20 g
Camomille	20 g
Feuilles de noyer	5 g
Fenouil	15 g
Racine de bourdaine	40 g

Préparer et utiliser comme dans la recette 6.

Recette 10

Réglisse	20 g
Écorce de bourdaine	20 g
Fenouil	25 g
Achillée	25 g

1 tasse 1 à 2 fois par jour.

Recette 11

Bourse-à-pasteur	20 g
Prunellier	20 g
Achillée	25 g
Camomille	25 g
Gui	25 g

1 tasse le matin, 1 tasse le soir.

Recette 12

Écorce de bourdaine	30 g
Arnica	15 g
Achillée	10 g
Prunellier	10 g
Mélisse	5 g

1 tasse 2 à 3 fois par jour.

Recette 13

Chicorée sauvage	15 g
Camomille	25 g
Ortie	15 g
Ipomoea aquatica	25 g
Sostère	10 g

Recette 14

Alchémille	15 g
Plantain lancéolé	30 g
Pied-de-loup	15 g
Pâquerette	25 g
Crinum latifolium	25 g
Homonoia riparia	25 g
Luffa acutangula	15 g

Recette 15

Genévrier	20 g
Pissenlit	10 g
Plantain lancéolé	30 g
Sostère	15 g
Chélidoine	25 g

3 c. à soupe par litre d'eau; boire par petites gorgées au cours de la journée.

Recette 16

Fleurs de lamier	25 g
Feuilles de lamier	25 g

Faire bouillir dans 1 litre d'eau; boire 1 tasse 2 fois par jour.

Recette 17

Fleurs de molène	45 g

Préparer et utiliser comme dans la recette 16.

Recette 18

Ocimum basilicum	15 g
Fluggea virosa	15 g
Racine d'inula	20 g
Achillée	30 g
Ortie	25 g

Recette 19

Pulmonaire	45 g

Préparer et utiliser comme dans la recette 16.

Recette 20

Bourse-à-pasteur	25 g
Prèle	20 g
Achillée	30 g
Anaphalide	25 g

Préparer et utiliser comme dans la recette 6.

Recette 21

Racine d'inula	10 g
Molène	15 g
Achillée	45 g
Pissenlit	10 g
Ortie	15 g

Préparer et utiliser comme dans la recette 15.

Recette 22

Racine d'inula	35 g
Marrube (plante)	25 g
Écorce de bourdaine	20 g
Petite centaurée	15 g
Absinthe	3 g

Préparer et utiliser comme dans la recette 15.

Recette 23

Ortie	25 g
Marrube	25 g
Oseille	10 g
Achillée	25 g
Racine d'orchis	10 g

Préparer et utiliser comme dans la recette 15.

Recette 24

Chicorée sauvage	15 g
Fumeterre	20 g
Absinthe	2 g
Marrube	25 g
Pâquerette	15 g
Chiendent	10 g

Préparer et utiliser comme dans la recette 15.

Les affections des veines: II: Les varices

Symptômes et causes

Les varices sont des veines trop larges et proéminentes dont les valvules s'élargissent anormalement. Dans près de 20 p. 100 des cas, la maladie est congénitale. Les varices sont très souvent causées par la malnutrition, la suralimentation et le manque d'exercice; chez l'enfant, par l'absence ou la faiblesse des valvules des veines. De trop fortes surcharges, de fortes pressions ou de l'ascite peuvent également provoquer un élargissement des veines. La plupart des patients n'en souffrent pas; leurs douleurs proviennent d'une trop longue station debout. La plupart du temps, les jambes enflent le soir et redeviennent normales la nuit. Si toutefois les varices persistent et sont mal traitées, de nombreuses complications, comme des phlébites, peuvent s'ensuivre. C'est pourquoi il est essentiel de suivre un traitement rapide et adéquat pour empêcher toute ulcération.

Le cas

Mme Cilly T., de Vienne, souffrait tous les soirs de douleurs dans la jambe et le pied droits. Elle ressentait des brûlures, des enflures, constatait des rougeurs, et finalement la peau éclatait. Un examen approfondi laissa soupçonner un rouget et une thrombose. Mais aucun médicament n'y fit. La Viennoise découvrit alors les mélanges de plantes et les essaya. Très rapidement, sa peau redevint normale et la sensation de pression disparut. Au bout de quelques semaines, Cilly T. put se passer de bas de soutien, l'ulcère guérit, et les douleurs dans les veines disparurent.

Les varices

Recette 1

Pied-de-loup	25 g
Menthe poivrée	25 g
Rue	25 g
Achras sapota	25 g

Recette 2

Valériane	15 g
Camomille	30 g
Souci	15 g
Ajuga bracteosa	15 g
Ansérine	25 g
Cicca acida	15 g

Recette 3

Menthe poivrée	25 g
Consoude	10 g
Souci	25 g
Cassia alata	15 g

Recette 4

Petite centaurée	15 g
Camomille	25 g
Achillée	25 g
Angélique	25 g
Drynaria quercifolia	15 g

Recette 5

Romarin	15 g
Camomille	25 g
Menthe poivrée	25 g
Racine de chiendent	25 g
Cyperus iria	15 g
Derristrifoliata	15 g

Recette 6

Consoude	15 g
Mélisse	25 g
Sauge	15 g
Calendula	15 g
Chenopodium ambrosioides	10 g
Lantana camara	15 g

Recette 7

Ortie	35 g
Achillée	25 g
Pensée	25 g
Bardane	25 g
Feuilles de noyer	25 g

1 c. à soupe par tasse d'eau, laisser

infuser 10 minutes, filtrer; 1 tasse 2 fois par jour.

Recette 8

Fleurs d'arnica 15 g
Valériane 15 g
Racine de consoude 25 g
Écorce de chêne 15 g
Achillée 15 g
Feuilles de noyer 15 g
Pensée 15 g
Petite centaurée 15 g
Préparer et utiliser comme dans la recette 7.

Recette 9

Berbéris 25 g
Fumeterre 25 g
Consoude 25 g
Souci 25 g
Prèle 25 g
Aigremoine 25 g
Sauge 25 g
Préparer et utiliser comme dans la recette 7.

Recette 10

Berbéris 55 g
Marron d'Inde 45 g
Cyprès 35 g
1 c. à soupe pour 250 ml d'eau; prendre 1 tasse 3 fois par jour.

Recette 11

Chardon bénit 25 g
Mouron des oiseaux 25 g
Reine des prés 25 g
Mélisse 25 g
1 c. à soupe par tasse, laisser infuser 10 minutes, filtrer; prendre 1 tasse après chaque repas.

Recette 12

Prèle des champs 35 g
Sauge 35 g
Tormentille 30 g
Préparer et utiliser comme dans la recette 11.

Recette 13

Romarin 25 g
Tanaisie 15 g
Camomille 35 g
Houblon 15 g
Lavande 15 g
Thym 25 g
4 c. à soupe par litre d'eau, laisser infuser 15 minutes; utiliser la décoction pour le bain.

Recette 14

Feuilles de fougère 35 g
Pied-de-loup 35 g
Racine de carline 15 g
Racine de verge d'or 35 g
Petite centaurée 15 g
Préparer et utiliser comme dans la recette 13.

Recette 15

Pied-de-loup 25 g
Achillée 25 g
Alchémille 25 g
Menthe poivrée 15 g
Mélisse 25 g
Rue 15 g
4 c. à soupe par litre d'eau, laisser infuser 10 minutes, filtrer; boire durant la journée.

Recette 16

Camomille 25 g
Valériane 22 g
Ansérine 25 g
Cumin 15 g
Pulsatille 15 g
Achillée 25 g
Adonis 15 g
Préparer et utiliser comme dans la recette 15.

Recette 17

Bouleau 35 g
Églantier 25 g
Cosses de haricots 25 g
Verge d'or 25 g
Renouée 65 g
Prèle 25 g
Baies de genévrier 15 g
1 c. à thé pour 500 ml d'eau; boire durant la journée par petites gorgées.

Les maladies des veines:
III: La phlébite et la thrombose

Symptômes et causes

Ces deux affections des veines recèlent un mal largement répandu. La thrombose est un blocage plus ou moins important des veines. La plupart du temps, des caillots se forment dans les artères et aboutissent dans les poumons par le côté droit du cœur.

La plupart des caillots se situent aux extrémités. Des trombus superficiels, comme les varices, n'ont très souvent qu'une incidence locale; par contre, dans les vaisseaux conducteurs, ils créent des tensions à la plante du pied et au mollet; ils peuvent en outre provoquer une coloration bleuâtre et des œdèmes. On peut aussi avoir de faibles accès de fièvre et une accélération du pouls.

Le cas

Iris S., de Stuttgart, souffrait depuis quelque temps d'enflures dans les jambes et de phlébite. Elle avait tout essayé, depuis les médicaments jusqu'au bandage élastique en passant par les bas en caoutchouc, mais sans succès. Avec tous ces bandages, elle n'osait presque plus sortir. Plusieurs médecins lui conseillèrent de se faire opérer et elle acquiesça. Mais peu avant, Mme S. entendit parler des recettes d'infusions. Elle en but un mélange et constata très vite une diminution des douleurs et la disparition des tuméfactions. Après quelque temps, elle put marcher assez longtemps sans bandage ni bas en caoutchouc. Les douleurs diminuèrent et elle put renoncer à l'intervention.

La phlébite et la thrombose

Recette 1

Tussilage	35 g
Souci	30 g
Arnica	35 g

1 tasse 3 fois par jour.

Recette 2

Millepertuis	35 g
Achillée	35 g
Arnica	30 g

1 c. à soupe par tasse d'eau; prendre 1 tasse 3 fois par jour.

Recette 3

Berbéris	35 g
Bourdaine	35 g
Consoude	45 g
Souci	35 g

Préparer et utiliser comme dans la recette 2.

Recette 4

Bardane	25 g
Feuilles de noyer	25 g
Ortie	25 g
Pensée	20 g
Achillée	35 g

Préparer et utiliser comme dans la recette 2.

Recette 5

Valériane	25 g
Camomille	35 g
Achillée	35 g
Houblon	35 g
Maté	20 g

Préparer et utiliser comme dans la recette 2.

Recette 6

Pied-de-loup	35 g
Valériane	25 g
Camomille	45 g
Consoude	35 g

Préparer et utiliser comme dans la recette 2.

Recette 7

Véronique	15 g
Pissenlit	25 g
Tussilage	15 g
Achillée	25 g
Ortie	30 g

Préparer et utiliser comme dans la recette 2.

Recette 8

Bourdaine	35 g
Gentiane	15 g
Mélilot	25 g
Angélique	45 g

Préparer et utiliser comme dans la recette 2.

Recette 9

Salsifis noir	25 g
Mélilot	25 g
Tussilage	30 g

Préparer et utiliser comme dans la recette 2.

3.

Les refroidissements et les maladies respiratoires

L'asthme

Symptômes et causes

L'asthme se manifeste par des accès répétés de gêne respiratoire, des sifflements particuliers, des accès de peur jumelés à une transpiration abondante. Dans la moitié des cas, on découvre une allergie à l'environnement: au pollen, à la moisissure, à la poussière, aux poils d'animaux, à certains aliments ou médicaments. Cette maladie est parfois psychique; de plus, certaines familles en souffrent depuis des générations; on parle alors de tendance héréditaire.

La fréquence et l'importance des crises sont entre autres conditionnées par les changements de température, d'humidité, d'air, par la fatigue, le stress et l'absorption de produits chimiques. La constitution physique durant la puberté ou la grossesse est également un facteur important. L'asthme peut se développer pendant une bronchite, mais peut aussi surgir brutalement au contact de toxiques. Les accès impromptus peuvent varier entre quelques minutes et quelques jours.

Si l'asthme se déclare très tôt, il faut généralement en chercher la cause dans une allergie alimentaire; entre 12 et 25 ans, l'origine est très souvent liée à l'inhalation de matières allergènes; après 40 ans, il s'agit souvent de la conséquence d'une infection.

Le cas

Herbert G., de Hanovre, a souffert de difficultés respiratoires durant des années. Tous les moyens pour combattre son mal ne firent que l'augmenter, et la cortisone provoqua chez lui des effets secondaires néfastes. Ce n'est qu'après avoir pris des infusions que son état s'améliora. Il put de nouveau dormir la nuit, la gêne respiratoire diminua, et le sentiment d'étouffement disparut. Aujourd'hui encore, il boit des infusions: «Je puis ainsi empêcher la maladie de revenir.»

L'asthme

Recette 1

Guimauve	50 g
Thym	50 g

1 c. à thé par tasse; 1 tasse 3 fois par jour.

Recette 2

Plantain lancéolé	25 g
Sureau	25 g
Violette	20 g
Tusillage	20 g
Fenouil	20 g
Cumin	20 g

Préparer et utiliser comme dans la recette 1.

Recette 3

Plantain	15 g
Pensée	20 g
Drosère	25 g
Marron	25 g
Thym	20 g
Feuilles de groseiller	15 g
Réglisse	15 g

Préparer et utiliser comme dans la recette 1.

Recette 4

Feuilles de marronnier	25 g
Drosère	25 g
Violette	20 g
Thym	20 g

Préparer et utiliser comme dans la recette 1.

Recette 5

Pimprenelle	20 g
Drosère	15 g
Tussilage	25 g
Marrube	20 g
Thym	15 g
Anis	15 g
Lichen d'Islande	25 g

Préparer et utiliser comme dans la recette 1.

Recette 6

Violette	25 g
Tussilage	25 g
Fenouil	15 g
Cumin	15 g
Sureau	25 g
Plantain	25 g

1 tasse 3 fois par jour.

Recette 7

Fenouil 25 g
Drosère 20 g
Arabis 20 g
Polygala 15 g
Marrube 20 g
Préparer et utiliser comme dans la recette 6.

Recette 8

Arabis 40 g
Pimprenelle 45 g
Rue 15 g
Employer comme dans la recette 6.

Recette 9

Chardon bénit 25 g
Trèfle d'eau 25 g
Lichen d'Islande 20 g
Petite centaurée 20 g
Employer comme dans la recette 6.

Recette 10

Pulmonaire 15 g
Feuilles de guimauve 15 g
Racine de guimauve 15 g
Molène 15 g
Drosère 15 g
Mauve 15 g
Thym 15 g
Réglisse 15 g
Lichen d'Islande 15 g
Employer comme dans la recette 6.

Recette 11

Véronique 25 g
Lierre terrestre 25 g
Réglisse 25 g
Trèfle d'eau 25 g
Tussilage 20 g
1 tasse 2 à 3 fois par jour.

Recette 12

Sauge 10 g
Faire bouillir dans 1 litre d'eau, filtrer; prendre 1 tasse le soir.

Recette 13

Graines d'anis 10 g
Employer comme dans la recette 12.

Recette 14

Molène 10 g
Employer comme dans la recette 12.

Recette 15

Sauge 25 g
Bouleau 20 g
Ortie 30 g
Millepertuis 25 g
3 c. à soupe par litre d'eau; prendre 1 tasse le soir.

Recette 16

Laurier 30 g
Lierre 35 g
Véronique 25 g
1 c. à soupe par litre d'eau; prendre 1/2 tasse 3 fois par jour.

Recette 17

Sureau 25 g
Cumin 25 g
Violette 25 g
Fenouil 25 g
Tussilage 25 g
Plantain lancéolé 20 g
Lichen d'Islande 20 g
1 c. à soupe par tasse; prendre 1 tasse 3 fois par jour.

Recette 18

Marrube 25 g
Inula 10 g
Pimprenelle 25 g
Pulmonaire 25 g
Prèle 25 g
Fenouil d'eau 15 g
Drosère 15 g
Violette 15 g
Préparer et utiliser comme dans la recette 17.

Recette 19

Pimprenelle 45 g
Arabis 35 g
Rue 25 g
Préparer et utiliser comme dans la recette 17.

Recette 20

Véronique	35 g
Laurier	25 g
Aubépine	15 g
Lierre	35 g

Préparer et utiliser comme dans la recette 17.

Recette 21

Lavande	25 g
Achillée	25 g
Mauve	25 g
Tussilage	25 g

Préparer et utiliser comme dans la recette 17.

Recette 22

Lavande	25 g
Achillée	25 g
Mauve	25 g
Tussilage	25 g

Préparer et utiliser comme dans la recette 17.

Recette 23

Lavande	25 g
Achillée	25 g
Mauve	25 g
Tussilage	25 g

Préparer et utiliser comme dans la recette 17.

Recette 24

Guimauve	15 g
Tussilage	15 g
Molène	15 g
Inula	15 g
Fenouil	15 g
Lichen d'Islande	15 g
Plantain lancéolé	15 g
Réglisse	10 g
Renouée	15 g

Préparer et utiliser comme dans la recette 17.

Recette 25

Lierre terrestre	25 g
Primevère	25 g
Pimprenelle	25 g
Graine de lin	15 g

Préparer et utiliser comme dans la recette 17.

Recette 26

Pimprenelle	15 g
Eucalyptus	15 g
Gui	15 g
Inula	15 g
Véronique	15 g
Racine d'aspérule	25 g
Lierre terrestre	15 g

4 c. à thé par litre, filtrer; prendre 2 à 3 tasses après le repas.

Recette 27

Fenouil	25 g
Sureau	25 g
Grindélue (plante)	15 g
Plantain lancéolé	25 g
Tussilage	15 g

1 tasse 2 à 3 fois par jour.

Recette 28

Lichen d'Islande	25 g
Prèle	25 g
Racine de violette	25 g
Pulmonaire	25 g

Employer comme dans la recette 27.

Recette 29

Acalypha indica	25 g
Acanthus ilifolicus	25 g
Apium graveolens	15 g
Pistia stratiotes	25 g
Zingiber officinale	25 g
Plumiera accuminata	15 g
Vernonia cinerea	25 g

Employer comme dans la recette 27.

Recette 30

Guimauve	25 g
Thym	25 g
Valériane	25 g
Sureau	25 g
Plantain	25 g

Employer comme dans la recette 27.

Recette 31

Racine d'inula	15 g
Véronique	25 g
Lierre	10 g

Fleurs d'aubépine 25 g
Pimprenelle 25 g
Employer comme dans la recette 27.

La grippe

Symptômes et causes

La grippe est une maladie infectieuse virale qui se caractérise par de la fièvre, de la faiblesse, des douleurs et des affections des muqueuses. La maladie peut surgir d'une façon sporadique ou épidémique sur une période d'environ un à quatre ans. Elle fait rapidement des ravages parce que le temps d'incubation est très court, de un à trois jours. En une heure, le malade se plaint de frissons, de maux de tête, de brûlures des yeux, de douleurs musculaires, de fièvre et de maux de gorge. Il peut aussi contracter une infection de la fosse nasale ou une otite, une bronchite ou une infection pulmonaire. Si la maladie évolue sans complication, les symptômes et les douleurs régressent en une semaine, mais la convalescence peut durer des semaines.

Le cas

Karin S., de Heilbronn, faisait partie de ces gens qui comptent parmi les premières victimes d'une épidémie de grippe. Durant des jours, voire des semaines, elle devait garder le lit. Malgré divers antibiotiques et toute une série de remèdes de bonne femme, elle n'arrivait pas à s'immuniser contre la grippe. Finalement, un ami lui recommanda une infusion qui l'immunisa contre une nouvelle épidémie de grippe. Elle ne souffrit que d'un léger refroidissement qui ne l'obligea pas à interrompre son travail. Voilà déjà trois ans qu'elle n'a plus eu de grippes.

La grippe

Recette 1

Sauge 35 g
Pimprenelle 35 g
Fleurs de tilleul 15 g
Cochléaria 15 g
Feuilles de noisetier 15 g
Rhizoure d'herbe 25 g
3 c. à soupe par litre d'eau; prendre 1 tasse 3 à 4 fois par jour par petites gorgées.

Recette 2

Petite centaurée	15 g
Angélique	35 g
Valériane	25 g
Achillée	35 g
Menthe poivrée	15 g
Rhizoure d'herbe	25 g

Préparer et utiliser comme dans la recette 1.

Recette 3

Acore	15 g
Camomille	35 g
Trigonelle	20 g
Racine de chardon bénit	35 g
Alchémille	15 g
Rhizoure d'herbe	25 g

Préparer et utiliser comme dans la recette 1.

Recette 4

Houx	15 g
Absinthe	5 g
Sauge	25 g
Angélique	25 g
Racine de chardon bénit	25 g
Rhizoure d'herbe	55 g

Préparer et utiliser comme dans la recette 1.

Recette 5

Achillée	35 g
Feuilles de tussilage	15 g
Lichen d'Islande	20 g
Véronique	40 g
Violette	15 g
Rhizoure d'herbe	25 g

Préparer et utiliser comme dans la recette 1.

Recette 6

Plantain lancéolé	30 g
Sauge	30 g
Chiendent rampant	25 g
Polygala	20 g
Réglisse	15 g
Rhizoure d'herbe	25 g

Préparer et utiliser comme dans la recette 1.

Recette 7

Anis	15 g
Menthe poivrée	25 g
Pimprenelle	35 g
Galéopsis	35 g
Fleurs de molène	15 g
Rhizoure d'herbe	25 g

Préparer et utiliser comme dans la recette 1.

Recette 8

Feuilles de tussilage	25 g
Racine de bugrane	35 g
Plantain	25 g
Racine de violette	35 g

1 c. à thé par tasse d'eau; prendre 1 tasse 1 à 3 fois par jour.

Recette 9

Feuilles de sureau	20 g
Racine d'angélique	25 g
Camomille	25 g
Fleurs de tilleul	20 g
Linaigrette	20 g
Millepertuis	30 g
Fleurs de saule	25 g
Racine d'anis	30 g
Ail	20 g

1 c. à thé pour 250 ml d'eau; prendre 1 tasse 2 fois par jour.

Recette 10

Camomille	35 g
Fraises des bois	35 g
Buis	10 g
Achillée	40 g
Cornouiller	35 g

1 c. à thé pour 250 ml d'eau; prendre 1 tasse 3 fois par jour.

Recette 11

Menthe poivrée	40 g
Gentiane	40 g
Absinthe	10 g

Préparer et utiliser comme dans la recette 10.

Recette 12

Tussilage	50 g
Fleurs de sureau	45 g
Racine de pissenlit	45 g

Fleurs de tilleul 25 g
Plantain 25 g
Préparer et utiliser comme dans la recette 10.

Recette 13

Plantain 30 g
Achillée 30 g
Prèle des champs 25 g
Absinthe 5 g
Faire bouillir dans 1 litre d'eau; prendre 1 tasse 3 fois par jour.

Recette 14

Feuilles de groseiller 30 g
Feuilles de prunellier 35 g
Bourrache 15 g
Fleurs d'aubépine 10 g
Préparer et utiliser comme dans la recette 13.

Recette 15

Fleurs de mauve 10 g
Feuilles de menthe 10 g
Primevère (plante) 10 g
Préparer et utiliser comme dans la recette 13.

Recette 16

Fleurs de pivoine 2 g
Racine de réglisse 10 g
Feuilles de menthe 10 g
Fleurs de molène 10 g
Fleurs de camomille 10 g
Fleurs de reine des prés 20 g
Fleurs de tilleul 30 g
Fleurs de sureau 30 g
Écorce de saule 50 g
Faire bouillir dans 1 litre d'eau; boire 500 ml par jour par petites gorgées.

Recette 17

Racine de bugrane 25 g
Feuilles de tussilage 35 g
Plantain 25 g
Racine de violette 35 g
1 c. à soupe pour 250 ml d'eau.

Recette 18

Achillée 35 g
Fenouil 10 g
Faire bouillir avec 250 ml d'eau; prendre 1 tasse 3 fois par jour.

Recette 19

Aiguilles d'épicéa 25 g
Racine de sureau 45 g
Thym 25 g
Hysope 45 g
1 c. à thé par tasse d'eau; prendre 1 tasse 3 fois par jour.

Recette 20

Feuilles d'eucalyptus 25 g
Fleurs de tilleul 50 g
Sauge 25 g
Préparer et utiliser comme dans la recette 19.

Recette 21

Racine d'aspérule 25 g
Millepertuis 25 g
Fleurs de tilleul 25 g
Caesalpinia sepiaria 10 g
1 tasse 2 à 3 fois par jour.

Recette 22

Pimprenelle 25 g
Absinthe 15 g
Pissenlit 25 g
Lansium domesticum 15 g
Employer comme dans la recette 21.

Recette 23

Sida acuta 25 g
Emilia sonchifolia 15 g
Momrdica charantia 15 g
Camomille 25 g
Fleurs de tilleul 25 g
Employer comme dans la recette 21.

Recette 24

Alchémille des Alpes 25 g
Alchémille 25 g
Petite centaurée 25 g
Reine des prés 25 g
Chiendent rampant 15 g
Todalia asiatica 15 g
Pluchea indica 15 g
Employer comme dans la recette 21.

Recette 25

Lantana camara 15 g
Viola adorata 25 g
Alchémille des Alpes 25 g
Pimprenelle 15 g
Employer comme dans la recette 21.

Recette 26

Fleurs de tilleul 20 g
Camomille 25 g
Saule 25 g
Écorce de bourdaine 25 g
Églantier 20 g
1 tasse 2 à 3 fois par jour.

Recette 27

Écorce de quinquina 15 g
Feuilles de séné 10 g
Racine de guimauve 15 g
Racine de réglisse 15 g
Fleurs de tilleul 10 g
Fleurs de sureau 5 g
Menthe poivrée 10 g
1 tasse 1 à 2 fois par jour.

Recette 28

Racine d'aspérule 25 g
Pimprenelle 25 g
Reine des prés 25 g
Millepertuis 20 g
Fleurs de tilleul 25 g
Rhizouea graminier 35 g
3 c. à soupe par litre d'eau; boire par petites gorgées durant la journée.

Recette 29

Alchémille des Alpes 25 g
Alchémille 20 g
Pimprenelle 20 g
Reine des prés 25 g
Chiendent 15 g
Aconit 20 g
Préparer et utiliser comme dans la recette 26.

Recette 30

Pimprenelle 45 g
Absinthe 5 g
Pissenlit 25 g
Lierre 20 g
Petite centaurée 25 g
Faire bouillir dans 1,5 litre de cidre, filtrer; boire 250 ml durant la journée par petites gorgées.

Recette 31

Pimprenelle 35 g
Houx 45 g
Alchémille des Alpes 55 g
2 c. à thé par tasse d'eau; prendre 1 tasse 3 fois par jour.

Recette 32

Houx 30 g
Verveine 20 g
Feuilles de sureau 30 g
Feuilles de violette 20 g
Fleurs de romarin 15 g
1 tasse 2 à 3 fois par jour.

Pour provoquer la transpiration

Recette 33

Écorce de quinquina 5 g
Fleurs de sureau 20 g
Chardon bénit 20 g
Fleurs de tilleul 25 g
Menthe poivrée 15 g
Feuilles de violette 20 g
Baies de genévrier 15 g
2 c. à thé dans 250 ml d'eau, faire bouillir, laisser infuser 10 minutes; boire 250 à 500 ml par jour.

Recette 34

Feuilles de menthe 25 g
Fleurs de sureau 20 g
Camomille 25 g
Fleurs de tilleul 30 g
Boire 2 à 3 tasses.

Recette 35

Fleurs de camomille 25 g
Fleurs de sureau 35 g
Bleuet (plante) 50 g
2 c. à thé dans 250 ml d'eau; boire chaud.

Recette 36

Bourrache	100 g

Faire bouillir dans 1 litre d'eau, laisser infuser 15 minutes, filtrer; boire aussi chaud que possible.

Recette 37

Fleurs de sureau	30 g
Fleurs de tilleul	35 g
Camomille	25 g
Feuilles de bouleau	20 g

1 c. à thé dans 250 ml d'eau; boire aussi chaud que possible.

Recette 38

Fleurs de sureau	25 g
Pétasite	20 g
Pimprenelle	30 g
Racine d'aspérule	20 g
Fleurs de tilleul	25 g

3 à 4 c. par litre d'eau; boire 500 ml très chaud.

Recette 39

Achillée	25 g
Fleurs de tilleul	30 g
Fleurs de sureau	25 g
Racine d'angélique	20 g
Trèfle d'eau	15 g

Préparer et utiliser comme dans la recette 38.

Recette 40

Fleurs de prunellier	10 g
Linaigrette	5 g
Feuilles de pilocarpe	10 g
Camomille	20 g
Fleurs de filipendule	10 g
Fleurs de tilleul	25 g
Fleurs de sureau	25 g
Écorce de saule	25 g

1 tasse plusieurs fois par jour.

Recette 41

Fleurs de tilleul	25 g
Sureau	20 g
Camomille	20 g
Menthe poivrée	20 g

1 tasse avant de se coucher.

Recette 42

Saule	30 g
Fleurs de tilleul	25 g
Camomille	25 g
Sureau	20 g
Reine des prés	10 g
Aubépine	5 g
Molène	10 g

Préparer et utiliser comme dans la recette 41.

Les maux de gorge:
I: l'inflammation de la gorge, l'enrouement, la laryngite et la pharyngite

Symptômes et causes

Les pharyngites, laryngites et angines font partie des maux de gorge les plus courants, généralement provoqués par des virus. Les douleurs débutent par des brûlements et la gorge sèche, un enrouement, un enflement des ganglions lymphatiques et de la difficulté à avaler.

Un simple refroidissement ou une enflure des amygdales peuvent causer une inflammation du larynx. Mais celle-ci peut aussi être symptomatique de bronchite, de coqueluche, de pneumonie, de grippe ou de rougeole. Le symptôme le plus visible reste le changement inhabituel de la voix avec de fréquents enrouements; dans certains cas, la personne devient aphone. La pharyngite est souvent la conséquence d'une longue irritation provoquée, par exemple, par une maladie des organes connexes.

Le cas

Gunther C., de Wanne-Eickel, souffrait depuis longtemps d'un enrouement qui revenait constamment et rendait quelquefois ses paroles inaudibles. À l'examen, on put effectivement constater une légère irritation du larynx et on lui prescrivit toute une variété de médicaments pour empêcher l'enrouement. Ce ne fut malheureusement que de courte durée. Un matin, alors qu'il était pratiquement aphone, un de ses amis lui conseilla de prendre des remèdes naturels. On lui prépara un mélange spécifique de plantes avec lequel il devait se gargariser. Après quelques jours, sa voix s'améliorait, et après quelques semaines, il avait repris son timbre normal. L'enrouement avait complètement disparu. Après deux mois, la dose quotidienne fut réduite, jusqu'à la disparition totale des symptômes.

Inflammation de la gorge et enrouement

Recette 1

Alchémille	20 g
Sauge	30 g
Pimprenelle	35 g
Guimauve	15 g
Graines de lin	10 g

3 c. à thé pour 500 ml d'eau; prendre 1 tasse par jour, et se gargariser plusieurs fois avec la décoction.

Recette 2

Guimauve (plante)	25 g
Camomille	15 g
Molène	25 g
Pulmonaire	20 g

Préparer et utiliser comme dans la recette 1.

Recette 3

Vulnéraire	25 g
Mauve	10 g
Sanguinaire	10 g
Violette	30 g
Alchémille	25 g

Préparer et utiliser comme dans la recette 1.

Recette 4

Violette	15 g
Mauve	20 g
Sauge	25 g

Plantain 30 g
Fleurs de sureau 25 g
Préparer et utiliser comme dans la recette 1.

Recette 5

Anis 15 g
Camomille 20 g
Fleurs de sureau 15 g
Molène 40 g
Guimauve 20 g
Préparer et utiliser comme dans la recette 1.

Recette 6

Véronique 20 g
Pimprenelle 15 g
Plantain 10 g
Racine d'aspérule 25 g
Thym 15 g
Violette 10 g
Préparer et utiliser comme dans la recette 1.

Recette 7

Véronique 45 g
Molène 15 g
Pimprenelle 20 g
Guimauve 15 g
Sauge 20 g
Préparer et utiliser comme dans la recette 1.

Recette 8

Sanguinaire 25 g
Sauge 20 g
Camomille 10 g
Se gargariser plusieurs fois par jour.

Recette 9

Feuilles de mûres 45 g
Aigremoine 25 g
Prèle 30 g
Employer comme dans la recette 8.

Recette 10

Feuilles de mauve 20 g
Sureau 25 g
Sauge 25 g
Employer comme dans la recette 8.

Laryngite et pharyngite

Recette 11

Racine d'acore 50 g
1 c. à thé dans 1 tasse d'eau, laisser infuser la nuit, bouillir; se gargariser plusieurs fois par jour.

Recette 12

Fleurs de sureau 15 g
Fleurs de tussilage 20 g
Fleurs de primevère 15 g
Sauge 20 g
Plantain 15 g
Millepertuis 15 g
1 c. à soupe pour 250 ml d'eau, sucrer avec du miel; boire par petites gorgées durant la journée.

Recette 13

Lichen d'Islande 35 g
Fleurs de tilleul 15 g
Pimprenelle 25 g
Plantain 25 g
Camomille 10 g
3 c. à soupe par litre d'eau; boire par petites gorgées durant la journée.

Recette 14

Pulmonaire 15 g
Linaigrette 25 g
Guimauve 25 g
Armoise 10 g
Sauge 20 g
Préparer et utiliser comme dans la recette 13.

Recette 15

Camomille 20 g
Feuilles de sauge 20 g
Aigremoine 20 g
1 c. à thé par tasse d'eau; se gargariser plusieurs fois par jour.

Recette 16

Feuilles de mauve 25 g
Feuilles de mûres 25 g
Tussilage 20 g
Sauge 30 g
Préparer et utiliser comme dans la recette 15.

Recette 17

Pimprenelle	20 g
Polygala	25 g
Sauge	45 g
Trigonelle	40 g
Mauve	25 g

2 c. à soupe pour 500 ml d'eau; se gargariser 2 fois par jour.

Recette 18

Chardon bénit	20 g
Racine de chardon bénit	20 g
Alchémille des Alpes	45 g
Plantain lancéolé	15 g
Molène	35 g

Préparer et utiliser comme dans la recette 17.

Recette 19

Mauve	45 g
Aigremoine	15 g
Sauge	20 g
Alchémille	25 g
Pimprenelle	25 g

Préparer et utiliser comme dans la recette 17.

Recette 20

Molène	25 g
Sanguinaire	25 g
Consoude	35 g
Mauve	35 g
Graines de lin	40 g

Préparer et utiliser comme dans la recette 17.

Recette 21

Racine de guimauve	25 g
Guimauve (plante)	20 g
Tussilage	25 g
Sauge	15 g
Molène	25 g

20 g du mélange pour 500 ml d'eau; se gargariser plusieurs fois par jour.

Recette 22

Graines d'anis	15 g
Camomille	20 g
Noix	20 g
Alchémille des Alpes	10 g
Achillée	15 g
Racine d'aspérule	25 g

Préparer et utiliser comme dans la recette 21.

Recette 23

Galéopsis	35 g
Tussilage	25 g
Pulmonaire	35 g

1 c. à soupe par tasse d'eau; prendre 1 tasse par jour.

Recette 24

Armoise	15 g
Feuilles de fraisier	10 g
Camomille	30 g
Aspérule odorante	15 g
Sauge	15 g

Préparer et utiliser comme dans la recette 23.

Recette 25

Anis	15 g
Guimauve	35 g
Tussilage	25 g
Molène	15 g
Réglisse	20 g

Préparer et utiliser comme dans la recette 23.

Recette 26

Valériane	15 g
Guimauve	50 g
Achillée	25 g
Réglisse	25 g

Préparer et utiliser comme dans la recette 23.

Recette 27

Fleurs de tilleul	20 g
Aigremoine	15 g
Sauge	45 g
Renouée	15 g

Préparer et utiliser comme dans la recette 23.

Recette 28

Racine d'angélique	20 g
Lichen d'Islande	35 g
Camomille	25 g
Fleurs de tilleul	10 g

Romarin	25 g

Préparer et utiliser comme dans la recette 23.

Recette 29

Camomille	15 g
Fleurs de tilleul	20 g
Achillée	35 g
Sauge	20 g
Renouée	15 g

Préparer et utiliser comme dans la recette 23.

Recette 30

Anis	20 g
Fleurs de sureau	15 g
Fleurs de tussilage	20 g
Saponaire	15 g
Violette	10 g

Préparer et utiliser comme dans la recette 23.

Recette 31

Guimauve	20 g
Fleurs de tussilage	15 g
Lichen d'Islande	20 g
Molène	20 g
Prèle	15 g
Petite centaurée	20 g
Violette	15 g

Préparer et utiliser comme dans la recette 23.

Recette 32

Racine de guimauve	30 g
Fenouil	30 g
Lichen d'Islande	25 g

Préparer et utiliser comme dans la recette 24.

Recette 33

Renouée	20 g
Reine des prés	15 g
Fleurs de tilleul	15 g
Aigremoine	10 g
Sauge	25 g
Racine de chardon bénit	20 g
Pimprenelle	15 g
Baies de sorbier	25 g

3 c. à soupe par litre d'eau; boire durant la journée.

Les maux de gorge: II: L'amygdalite

Symptômes et causes

Dans le cas d'une amygdalite ou d'une angine, la fièvre apparaît et elle est rapidement suivie de frissons et d'un état de faiblesse, de maux de gorge et de douleurs cuisantes qui irradient dans la mâchoire et parfois même jusqu'aux oreilles. Dans la majorité des cas, les streptocoques sont à l'origine de la maladie. Un manque d'appétit se manifeste alors et les enfants refusent toute nourriture. Les amygdales sont enflées et très rouges.

L'angine peut avoir des complications graves. Elle peut conduire à une inflammation de la paroi intérieure du cœur et attaquer les reins; il s'ensuit une hypertension et la présence d'albumine dans l'urine. Si l'angine n'est pas guérie, tous les membres peuvent être atteints de dangereuses inflammations rhumatismales. Il ne faut jamais prendre l'angine à la légère, même la plus anodine, car elle peut conduire à la paralysie. Le malade doit se ménager et suivre minutieusement le traitement.

Le cas

Gerhard Z., de Munich, avait toujours des maux de gorge: inflammation, enflure de la gorge avec expectoration. Soudain, il eut une forte angine avec fièvre et dut s'aliter pendant dix jours. Gerhard Z. rendit visite au Dr Hochenegg qui le traita avec différentes plantes. La maladie régressa et disparut.

L'amygdalite

Recette 1

Thym	25 g
Souci	25 g
Camomille	30 g
Sauge	25 g

Recette 2

Fleurs de sureau	20 g
Sauge	20 g
Trigonelle	20 g
Fleurs de primevère	25 g

Recette 3

Averrhoa carambola	20 g
Michelia champaca	25 g
Camomille	25 g
Sauge	25 g

Recette 4

Racine d'aspérule	25 g
Racine de pimprenelle	25 g
Véronique	10 g
Guimauve (plante)	15 g
Fleurs de prunellier	10 g

Recette 5

Fleurs de camomille	20 g
Fleurs de tilleul	20 g
Feuilles de mélisse	20 g
Fruit de l'églantier	20 g

Recette 6

Feuilles de sauge	50 g

1 c. à thé par tasse d'eau; se gargariser plusieurs fois par jour avec infusion tiède.

Recette 7

Fenouil	10 g
Feuilles de menthe poivrée	20 g
Camomille	20 g
Sauge	20 g

Préparer et utiliser comme dans la recette 6.

Recette 8

Semences de trigonelle	25 g
Fleurs de sureau	20 g
Sauge	25 g
Primevère	25 g

Recette 9

Camomille	25 g
Sauge	25 g

2 c. à thé pour 250 ml d'eau; se gargariser plusieurs fois par jour avec infusion tiède.

Recette 10

Fleurs de camomille	20 g
Tussilage	20 g
Sanguinaire	15 g

Préparer et utiliser comme dans la recette 9.

Recette 11

Camomille	20 g
Sauge	10 g
Myrtilles	5 g
Tussilage	10 g
Arnica	10 g

Recette 12

Camomille	15 g
Fenouil	10 g
Myrtilles	10 g
Tussilage	15 g

Préparer et utiliser comme dans la recette 9.

Recette 13

Camomille	15 g
Fleurs de tilleul	15 g
Mélisse	15 g
Fruit de l'églantier	25 g

2 c. à thé pour 250 ml d'eau, laisser infuser 15 minutes; boire tiède, par petites gorgées, ajouter 1 c. à soupe de miel.

Recette 14

Achillée	25 g
Citronnelle	25 g
Guimauve	25 g
Mauve	25 g

Préparer et utiliser comme dans la recette 13.

Recette 15

Guimauve	50 g
Mauve	50 g

1 c. à soupe pour 250 ml d'eau, mélanger avec 1 c. à soupe de miel; se gargariser avec l'infusion chaude.

Recette 16

Aigremoine	50 g
Feuilles de mûres	50 g

Préparer et utiliser comme dans la recette 15.

Recette 17

Mélisse	15 g
Valériane	10 g
Cosses de haricots	25 g
Lavande	20 g
Muguet	10 g
Alchémille des Alpes	15 g
Racine de chardon bénit	15 g
Rue	15 g
Gui	10 g
Pulsatille	15 g

1 tasse 2 à 3 fois par jour.

Recette 18

Pâquerette	55 g

Faire bouillir dans 1 litre d'eau; prendre 1 tasse 3 fois par jour.

Recette 19

Réglisse	100 g
Guimauve	100 g
Fenouil	100 g
Tussilage	100 g
Mauve	50 g

3 c. à thé pour 500 ml d'eau, laisser infuser 2 heures, filtrer; boire durant la journée par petites gorgées.

Recette 20

Verge d'or	25 g
Tussilage	20 g
Sanguinaire	20 g
Violette	25 g
Feuilles de chêne	20 g

50 g de ce mélange dans 1 litre de vin blanc, faire bouillir, laisser infuser 10 minutes, filtrer, extraire; prendre 1 c. à soupe 4 à 5 fois par jour.

Recette 21

Racine de guimauve	20 g
Graines de lin	25 g
Feuilles de mauve	25 g
Trigonelle	15 g
Guimauve (plante)	20 g

Préparer et utiliser comme dans la recette 20.

Recette 22

Anaphalide	15 g
Renouée	35 g
Sauge	25 g
Pimprenelle	20 g
Alchémille des Alpes	25 g

Préparer et utiliser comme dans la recette 20.

La toux et la bronchite

Symptômes et causes

Quelque 10 p. 100 des adultes souffrent de bronchite chronique. Cette maladie est associée à une toux coriace avec expectoration; elle apparaît très souvent en hiver. Elle devient chronique si l'encrassement persiste au moins trois mois et pendant deux années consécutives. Le malade éprouve des difficultés respiratoires, une pression dans la poitrine et des maux de tête. Chez les enfants et les personnes âgées, l'état général s'en trouve grandement affecté.

Si elle n'est pas traitée à temps, la bronchite peut causer de graves modifications pulmonaires. La bronchite chronique se caractérise par une faiblesse généralisée, de la fatigue, une diminution des forces et une mauvaise haleine. Dans les cas graves, se forment des doigts de baguettes de tambour, signe caractéristique d'une maladie pulmonaire chronique. Parmi les causes, on peut citer la poussière, les maladies des reins et du cœur, des infections répétées, ainsi qu'un abus d'alcool et de tabac. Les effets se traduisent par le rhume, des frissons, une hausse de température et des douleurs lombaires, musculaires ou des maux de gorge.

Le cas

Karl H., de Francfort, travaillait dans une usine de fabrication de couleurs. Il était quotidiennement exposé à des vapeurs nocives. Des soucis personnels et d'autres problèmes l'amenèrent à consommer plus d'alcool et à fumer davantage.

Karl H. ne prêta d'abord aucune attention au fait qu'il toussait de plus en plus et expectorait des mucosités visqueuses. Le moindre effort lui coupait le souffle, et son état général commençait à se détériorer. Malgré l'absorption d'une série d'antibiotiques à très forte dose, il fit constamment des rechutes avec gêne respiratoire angoissante. Finalement, il essaya les différentes variétés d'infusions pour combattre la bronchite. Petit à petit, il y eut une amélioration. Après des semaines d'absorption, bronchite et toux furent enrayées. Karl H. modifia son mode de vie et abandonna la consommation excessive d'alcool et de tabac. Il boit essentiellement des infusions des recettes 3 et 7.

La toux et la bronchite

Recette 1

Lichen d'Islande	35 g
Alchémille des Alpes	20 g
Camomille	45 g
Achillée	25 g
Hibiscus mutabilis	35 g

Recette 2

Anis	25 g
Polygala	20 g
Prèle des champs	20 g
Lygodium japonicum	20 g

Recette 3

Feuilles de guimauve	35 g
Racine de guimauve	20 g
Achillée des montagnes	20 g
Germandrée	35 g
Pistia stratiotes	20 g

Recette 4

Fleurs de tussilage	35 g
Ginseng	25 g
Prèle des champs	20 g
Hysope	20 g
Premna odorata	35 g

Recette 5

Ansérine	25 g
Renouée	35 g
Réglisse	20 g
Jasminum sambac	35 g

Recette 6

Guimauve	20 g
Achillée des montagnes	35 g
Prèle des champs	20 g
Tussilage	35 g

Recette 7

Alchémille	25 g
Pulmonaire	35 g
Renouée	35 g
Emilia sonchifolia	25 g

Recette 8

Racine d'angélique	35 g
Renouée	35 g
Graines de lin	15 g
Molène	35 g
Feuilles de violette	35 g
Sesbania grandiflora	20 g

Recette 9

Racine de réglisse	35 g
Feuilles de rue	35 g
Sauge	20 g
Pariétaire	35 g
Feuilles d'eucalyptus	20 g
Kaempferia galanga	20 g
Ocumum sanctum	25 g

Recette 10

Anis	35 g
Racine de guimauve	20 g

Pulmonaire	35 g
Lichen d'Islande	45 g
Flacourtia indica	20 g

Recette 11

Plantain	25 g
Achillée	25 g
Chiendent rampant	25 g
Lierre terrestre	25 g

2 c. à soupe pour 250 ml d'eau; prendre 1 tasse 3 fois par jour.

Recette 12

Euphrasia	35 g
Racine d'inula	30 g
Lichen d'Islande	20 g
Houx	20 g

Préparer et utiliser comme dans la recette 11.

Recette 13

Mauve	25 g
Lavande	20 g
Lichen d'Islande	25 g
Euphrasia	25 g
Sureau	25 g
Plantain	20 g
Achillée	20 g

1 c. à soupe à mélanger avec 250 ml d'eau toute la nuit, faire bouillir avec 2 c. à soupe de miel, laisser infuser 10 minutes; prendre 1 tasse 3 fois par jour.

Recette 14

Feuilles de thym	20 g
Tussilage	25 g
Guimauve	25 g
Fenouil	20 g

Préparer et utiliser comme dans la recette 13.

Recette 15

Tussilage	25 g
Linaigrette	20 g
Mauve	25 g
Guimauve	30 g

3 c. à soupe pour 500 ml d'eau, laisser infuser 1 heure; prendre 1 c. à soupe toutes les 2 heures.

Recette 16

Racine d'inula	25 g

Faire bouillir dans 500 ml d'eau, laisser infuser 2 heures, filtrer; prendre 1 c. à soupe toutes les 2 heures.

Recette 17

Guimauve	50 g
Tussilage	55 g
Fenouil	45 g

1 c. à soupe dans 250 ml d'eau, laisser infuser 2 heures; prendre 1 c. à soupe toutes les 15 à 20 minutes.

Recette 18

Anis	25 g
Fenouil	20 g
Réglisse	30 g
Marjolaine	25 g

1 c. à soupe dans 250 ml d'eau, laisser infuser 2 heures, filtrer; boire après les repas.

Recette 19

Racine d'inula	25 g
Tussilage	25 g
Consoude	25 g
Achillée	25 g

1 c. à soupe dans 250 ml d'eau, laisser infuser 15 minutes, filtrer; boire par petites gorgées.

Recette 20

Tussilage	20 g
Achillée	20 g
Oignon	40 g
Tilleul	30 g

Préparer et utiliser comme dans la recette 19.

Recette 21

Camomille	30 g
Achillée	30 g
Feuilles de fraisiers des bois	30 g
Petite centaurée	20 g

Préparer et utiliser comme dans la recette 19.

Recette 22

Inula 5 g
Châtaigne 5 g
Serpolet 5 g
Préparer et utiliser comme dans la recette 19.

Recette 23

Sureau 20 g
Plantain 25 g
Châtaigne 20 g
Drosère 15 g
Serpolet 20 g
Préparer et utiliser comme dans la recette 19.

Recette 24

Fenouil 5 g
Lichen d'Islande 10 g
Hysope 10 g
Menthe poivrée 25 g
Tussilage 20 g
Guimauve 25 g
Mauve 20 g
3 c. à soupe pour 500 ml d'eau, laisser infuser 2 heures, filtrer; prendre 1 c. à soupe toutes les heures.

Recette 25

Plantain lancéolé 25 g
Tussilage 20 g
Guimauve 25 g
Fenouil 20 g
Préparer et utiliser comme dans la recette 24.

Recette 26

Sureau 35 g
Thym 30 g
Guimauve 35 g
Sauge 15 g
Anis 15 g
Primevère 25 g
1 tasse par petites gorgées 1 fois par jour.

Recette 27

Sureau 25 g
Drosère 20 g
Plantain lancéolé 30 g
Violette 25 g
1 tasse 1 à 2 fois par jour.

Recette 28

Tilleul 15 g
Anis 10 g
Iris 15 g
Réglisse 30 g
Douce-amère 30 g
Coriandre 40 g
Carrageen 45 g
1 tasse 2 à 3 fois par jour.

Recette 29

Sureau 25 g
Guimauve 25 g
Thym 20 g
Anis 10 g
Drosère 10 g
Employer comme dans la recette 28.

Recette 30

Réglisse 15 g
Anis 10 g
Fenouil 15 g
Plantain lancéolé 20 g
Tussilage 20 g
Employer comme dans la recette 28.

Recette 31

Lichen d'Islande 45 g
Réglisse 25 g
Guimauve 20 g

Recette 32

Graines de lin 25 g
Racine de réglisse 15 g
Guimauve 15 g
Mauve 15 g

Recette 33

Pulmonaire 25 g
Prèle 0 g
Tussilage 25 g
Violette 20 g
Plantain lancéolé 20 g
Réglisse 20 g
Employer comme dans la recette 28.

Recette 34

Thym	25 g
Tussilage	15 g
Molène	15 g
Senega	10 g

1 à 2 c. à thé pour 250 ml d'eau; 1 tasse 2 à 3 fois par jour.

Recette 35

Achillée	35 g
Thym	20 g
Plantain lancéolé	15 g
Pulmonaire	15 g
Réglisse	15 g
Guimauve	10 g
Sauge	15 g
Fenouil	5 g
Anis	5 g

1 c. à thé par tasse d'eau; prendre 1 tasse 4 fois par jour.

Recette 36

Camomille	25 g
Guimauve	25 g
Tussilage	20 g
Feuilles de mûres	30 g

1 c. à thé pour 500 ml de lait, sucrer avec du miel; prendre 1 tasse 2 fois par jour.

Recette 37

Primevère	35 g
Anis	15 g
Tussilage	15 g
Fenouil	10 g

2 c. à thé pour 250 ml d'eau, sucrer avec du miel; prendre 1 tasse 2 fois par jour.

Recette 38

Primevère	35 g
Anis	15 g
Tussilage	15 g
Fenouil	10 g

2 c. à thé pour 250 ml d'eau; prendre 1 tasse 3 fois par jour.

Recette 39

Primevère	35 g
Fenouil	10 g
Anis	15 g
Aubépine	25 g
Tussilage	15 g

Préparer et utiliser comme dans la recette 38.

Recette 40

Trigonelle	15 g
Fenouil	10 g
Sureau	15 g
Tilleul	25 g
Pensée	20 g
Violette	35 g

1 tasse 3 fois par jour.

Recette 41

Plantain lancéolé	10 g
Polygala	15 g
Véronique	35 g
Pensée	35 g

Employer comme dans la recette 40.

Recette 42

Anis	15 g
Fenouil	10 g
Thym	20 g
Graines de lin	15 g

Employer comme dans la recette 40.

Recette 43

Pulmonaire	30 g
Tussilage	25 g
Prèle des champs	25 g

Employer comme dans la recette 40.

Recette 44

Lichen d'Islande	25 g
Achillée	25 g
Réglisse	25 g
Prèle des champs	25 g

Employer comme dans la recette 40.

Recette 45

Anis	20 g
Menthe poivrée	25 g
Lichen d'Islande	25 g
Tussilage	20 g
Fenouil	20 g

Employer comme dans la recette 40.

Recette 46

Polygala	20 g
Anis	25 g
Fenouil	25 g
Galéopsis	20 g
Tussilage	25 g
Lichen d'Islande	20 g
Réglisse	25 g
Fenouil	20 g

Employer comme dans la recette 40.

Recette 47

Armoise	25 g
Feuilles de fraisier	20 g
Camomille	25 g
Aspérule odorante	25 g
Sauge	25 g
Pulmonaire	25 g

Employer comme dans la recette 40.

Recette 48

Plantain lancéolé	30 g
Ortie	35 g
Achillée	35 g

Employer comme dans la recette 40.

Recette 49

Polypode	15 g
Germandrée	35 g
Graines de lin	35 g

Employer comme dans la recette 40.

Recette 50

Guimauve	40 g
Tussilage	25 g
Réglisse	30 g
Polygala	10 g

Employer comme dans la recette 40.

Recette 51

Polygala	30 g
Menthe poivrée	45 g
Hysope	30 g
Feuilles de laurier	35 g

Employer comme dans la recette 40.

Recette 52

Camomille	20 g
Renouée	15 g
Sauge	25 g
Achillée	40 g
Tilleul	20 g

Employer comme dans la recette 40.

Recette 53

Tilleul	25 g
Aigremoine	20 g
Sauge	45 g
Renouée	15 g

Employer comme dans la recette 40.

Recette 54

Guimauve	60 g
Réglisse	15 g

Employer comme dans la recette 40.

Recette 55

Angélique	20 g
Romarin	25 g
Lichen d'Islande	40 g
Camomille	25 g
Tilleul	10 g

Employer comme dans la recette 40.

Recette 56

Guimauve	55 g
Achillée	25 g
Réglisse	20 g
Valériane	10 g

Employer comme dans la recette 40.

Recette 57

Guimauve	25 g
Tussilage	25 g
Violette	20 g
Pulmonaire	25 g
Lichen d'Islande	15 g
Molène	20 g

Employer comme dans la recette 40.

Recette 58

Anis	15 g
Guimauve	45 g
Tussilage	25 g
Mauve	15 g
Réglisse	20 g
Violette	5 g

Employer comme dans la recette 40.

Recette 59

Saponaire	25 g
Sauge	35 g
Marjolaine	30 g
Myrte	25 g

Employer comme dans la recette 40.

Recette 60

Pariétaire	30 g
Anis	35 g
Rue	25 g
Sauge	20 g
Violette	30 g

Employer comme dans la recette 40.

Recette 61

Anis	35 g
Guimauve	40 g
Eucalyptus	35 g
Cheveu-de-Vénus	30 g
Lichen d'Islande	55 g
Menthe poivrée	35 g
Marjolaine	30 g

Employer comme dans la recette 40.

Recette 62

Polypode	15 g
Anis	20 g
Guimauve	20 g
Lierre	15 g
Pulmonaire	25 g
Tussilage	20 g

Employer comme dans la recette 40.

Recette 63

Tussilage	10 g
Linaigrette	5 g
Mauve	15 g
Coquelicot	10 g
Guimauve	15 g
Tussilage	15 g
Thym	15 g
Anis	5 g
Réglisse	25 g

Employer comme dans la recette 40.

La coqueluche

Recette 64

Plantain lancéolé	35 g
Sureau	35 g
Drosère	25 g
Violette	20 g

Employer comme dans la recette 40.

Recette 65

Serpolet	35 g
Drosère	15 g
Fenouil	55 g
Châtaigne	15 g
Plantain lancéolé	15 g

1 c. à soupe pour 250 ml d'eau, sucrer avec du miel et boire par petites gorgées.

Recette 66

Thym	25 g
Violette	20 g
Lierre	30 g
Linaigrette	15 g
Véronique	20 g

3 c. à soupe par litre d'eau; boire par petites gorgées durant la journée.

Recette 67

Mélisse	15 g
Drosère	10 g
Anis	5 g
Plantain lancéolé	5 g
Inula	15 g
Thym	15 g
Senega	5 g
Petite centaurée	5 g

2 c. à thé pour 250 ml d'eau; 1 tasse 3 fois par jour.

Les maladies de la trachée-artère

Symptômes et causes

La trachée-artère est le plus souvent touchée par une infection: la trachéite. C'est une infection aiguë des voies respiratoires très souvent reliée à un manque d'air, à une bronchite et à une forte fièvre; elle se manifeste souvent en hiver ou au début du printemps. Un simple refroidissement peut causer l'infiltration de virus et de bactéries dans l'organisme, provoquant un catarrhe. Au début, la peau rougit, le malade devient très nerveux et tousse constamment, de plus, il respire difficilement.

Le cas

Karin V., de Fribourg, souffrait depuis longtemps d'une inflammation chronique des voies respiratoires; elle éliminait des mucosités et avait constamment envie de tousser. Mme V. prit tous les médicaments possibles, mais l'inflammation semblait irréductible. Encouragée par une amie, elle essaya un certain mélange de plantes. Après une consommation régulière de ces infusions et de remèdes naturels, l'irritation des voies respiratoires disparut, de même que la sécrétion des mucosités et la toux.

Les maladies de la trachée-artère

Recette 1

Inula	15 g
Graines de lin	15 g
Lichen d'Irlande	35 g
Douce-amère	35 g
Molène	25 g

1 c. à thé par tasse d'eau, laisser infuser 10 minutes, filtrer; prendre 1 tasse par jour par petites gorgées.

Recette 2

Douce-amère	35 g
Coriandre	36 g
Sorbier	35 g
Lierre terrestre	35 g
Tussilage	15 g
Réglisse	15 g

Préparer et utiliser comme dans la recette 1.

Recette 3

Véronique	35 g
Sorbier	35 g
Graines de lin	25 g
Germandrée	15 g
Violette	35 g
Inula	15 g

Préparer et utiliser comme dans la recette 1.

Recette 4

Consoude	25 g
Plantain lancéolé	25 g
Achillée	30 g
Sorbier	35 g
Ortie	15 g

Préparer et utiliser comme dans la recette 1.

Recette 5

Sauge	35 g
Guimauve	25 g
Camomille	25 g
Alchémille	25 g
Armoise	15 g

Préparer et utiliser comme dans la recette 1.

Recette 6

Véronique	25 g
Pulmonaire	15 g
Guimauve	35 g
Tussilage	15 g
Mauve	35 g

Préparer et utiliser comme dans la recette 1.

Recette 7

Galéopsis	25 g
Pimprenelle	25 g
Racine d'aspérule	25 g
Polygala	20 g
Lichen d'Islande	25 g

Préparer et utiliser comme dans la recette 1.

Recette 8

Fenouil	25 g
Réglisse	15 g
Galéopsis	25 g
Pimprenelle	35 g
Anis	25 g

Préparer et utiliser comme dans la recette 1.

Recette 9

Véronique	25 g
Pimprenelle	15 g
Violette	25 g
Sorbier	25 g
Thym	20 g
Molène	10 g

1 c. à soupe pour 500 ml d'eau, laisser infuser 10 minutes, filtrer; prendre 1 tasse 2 fois par jour par petites gorgées.

Recette 10

Pulmonaire	35 g
Molène	15 g
Plantain lancéolé	35 g
Lichen d'Islande	15 g
Tussilage	20 g

1 c. à thé pour 250 ml d'eau; boire par petites gorgées avec 1 c. à thé de miel.

Les maladies pulmonaires

Symptômes et causes

La pneumonie fait partie des maladies pulmonaires les plus courantes. Elle est causée par des pneumocoques ou d'autres agents pathogènes qui se développent très souvent après une bronchite ou une grippe. Les symptômes sont généralement les suivants: fatigue brutale, douleurs dans la poitrine, toux, maux de tête, fièvre et manque d'appétit.

La simple pneumonie suit généralement le même processus que les autres maladies infectieuses: elle commence brutalement, avec une forte envie de tousser, une respiration oppressée, des frissons, un certain abrutissement, de la fièvre et un pouls rapide. Le deuxième jour, il y a expectoration de crachats sanguinolents. Dans le cas d'infection locale, par contre, le lobe du poumon est atteint et une série d'infections se greffent autour des bronches; d'ailleurs, le progrès de la maladie est plus lent que dans le premier cas et elle est indolore. La fièvre n'est pas continue, mais les sécrétions sont abondantes et purulentes.

L'emphysème pulmonaire, lui, est provoqué par un excès continuel d'air dans les poumons; l'apport d'air frais est alors insuffisant et seulement 20 p. 100 d'oxygène entre dans le sang. Cette maladie est fréquente chez les souffleurs de verre et les trompettistes. Les symptômes se présentent sous forme de dypsnée, difficulté à respirer, provoquée par l'insuffisance d'air et une expiration laborieuse accompagnée de toux.

Le cas

Jürgen G., de Berlin, quarante-sept ans, souffrait de pneumonie grave; il devait garder le lit, atteint d'une forte fièvre et de frissons. À la suite de l'absorption de médicaments chimiques qu'il ne supportait pas, il développa de l'urticaire sur tout le corps et dut par conséquent se tourner vers les produits naturels; il en essaya plusieurs sans résultat. Seules les infusions du Dr Hochenegg l'aidèrent: la fièvre et les frissons disparurent. Lors d'un examen de contrôle, on put constater que Jürgen G. avait vaincu l'inflammation.

Les maladies pulmonaires

Recette 1

Tussilage	25 g
Lichen d'Islande	25 g
Plantain lancéolé	25 g
Pulmonaire	20 g
Réglisse	20 g
Prèle	20 g
Bourse-à-pasteur	20 g
Violette	15 g

1 tasse par petites gorgées 1 à 2 fois par jour.

Recette 2

Thym	5 g
Polygala	1 g
Tussilage	25 g

Galéopsis	25 g
Feuilles de mûres	15 g
Mauve	15 g
Menthe poivrée	5 g
Fenouil	10 g
Carrageen	15 g
Réglisse	25 g

Employer comme dans la recette 1.

Recette 3

Prèle	45 g
Pissenlit	45 g
Renouée	40 g
Immortelle	15 g
Réglisse	25 g
Tussilage	25 g

Employer comme dans la recette 1.

Les abcès au poumon

Recette 4

Consoude	25 g
Inula	25 g
Sanguinaire	25 g
Racine d'aspérule	20 g
Pimprenelle	25 g

1 c. à thé par tasse d'eau, laisser infuser 10 minutes; prendre 1 tasse par jour par petites gorgées.

Recette 5

Oreille d'ours	25 g
Lierre terrestre	25 g
Tussilage	35 g
Racine d'aspérule	25 g
Graines de lin	25 g
Pimprenelle	25 g

Préparer et utiliser comme dans la recette 4.

Recette 6

Cochléaria	25 g
Tussilage	35 g
Myrte	25 g
Douce-amère	25 g
Cerfeuil	25 g
Primevère	25 g

Préparer et utiliser comme dans la recette 4.

Le ballonnement des poumons

Recette 7

Sauge	35 g
Eucalyptus	15 g
Hysope	35 g
Inula	35 g

4 c. à soupe par litre d'eau, faire bouillir 15 minutes, filtrer; prendre 1 tasse 3 à 4 fois par jour.

La bronchite

Recette 8

Graines de lin	15 g
Molène	15 g
Germandrée	15 g
Douce-amère	15 g
Pimprenelle	15 g
Lichen d'Islande	35 g
Lierre terrestre	15 g
Inula	15 g

1 c. à soupe pour 500 ml d'eau, laisser infuser 10 minutes, filtrer; boire durant la journée par petites gorgées.

Recette 9

Galéopsis	35 g
Polygala	15 g
Tussilage	15 g
Racine de verge d'or	20 g
Fenouil	20 g
Lichen d'Islande	35 g

Préparer et utiliser comme dans la recette 8.

Recette 10

Consoude	15 g
Plantain lancéolé	15 g
Violette	15 g
Racine d'aspérule	15 g
Thym	25 g
Molène	15 g
Guimauve	15 g
Tussilage	15 g
Réglisse	10 g

Préparer et utiliser comme dans la recette 8.

La suppuration des poumons

Recette 11

Consoude	25 g
Millepertuis	15 g
Pimprenelle	25 g
Inula	25 g
Racine d'aspérule	35 g
Anaphalide	25 g

1 c. à soupe pour 500 ml d'eau, laisser infuser 10 minutes, filtrer; boire par petites gorgées durant la journée.

Recette 12

Hysope	15 g
Anaphalide	15 g
Pimprenelle	35 g
Consoude	25 g
Pulmonaire	15 g
Racine d'aspérule	25 g

Préparer et utiliser comme dans la recette 11.

La pneumonie

Recette 13

Houx	25 g
Pimprenelle	25 g
Inula	20 g
Racine d'aspérule	25 g
Consoude	25 g

Préparer et utiliser comme dans la recette 11.

Recette 14

Pimprenelle	35 g
Plantain lancéolé	15 g
Racine d'aspérule	25 g
Millepertuis	15 g
Graines de lin	35 g

Préparer et utiliser comme dans la recette 11.

Recette 15

Pariétaire	35 g
Fleurs de pavot	35 g
Pulmonaire	45 g
Fleurs de primevère	35 g
Pensée	35 g

1 c. à soupe par tasse d'eau, laisser infuser 10 minutes, filtrer; prendre 1 tasse 4 à 5 fois par jour; sucrer avec du miel.

Recette 16

Lierre terrestre	30 g
Pimprenelle	30 g
Graines de lin	15 g
Primevère	25 g

Préparer et utiliser comme dans la recette 15.

Recette 17

Eucalyptus	20 g
Tussilage	30 g
Grindélie	15 g
Molène	25 g
Mauve	25 g
Lavande	15 g

Préparer et utiliser comme dans la recette 15.

Recette 18

Lierre	35 g
Eucalyptus	35 g
Lichen d'Islande	35 g
Guimauve	45 g

Préparer et utiliser comme dans la recette 15.

Recette 19

Polygala	50 g
Cheveu-de-Vénus	35 g
Pinier	25 g
Guimauve	35 g

Préparer et utiliser comme dans la recette 15.

Recette 20

Tussilage	30 g
Mauve	30 g
Achillée	30 g
Lavande	30 g

Préparer et utiliser comme dans la recette 15.

Recette 21

Rue	25 g
Potentille ansérine	45 g
Pimprenelle	50 g

Préparer et utiliser comme dans la recette 15.

Recette 22

Prèle des champs	35 g
Plantain lancéolé	25 g
Polygala	25 g
Sauge	25 g

Préparer et utiliser comme dans la recette 15.

La tuberculose

Recette 23

Millepertuis	15 g
Galéopsis	35 g
Racine d'aspérule	35 g
Polypode	15 g
Oreille d'ours	15 g
Cerfeuil	15 g

Préparer et utiliser comme dans la recette 15.

Recette 24

Pimprenelle	25 g
Feuilles de framboisier	15 g
Racine d'aspérule	35 g
Chiendent rampant	15 g
Galéopsis	30 g

Préparer et utiliser comme dans la recette 15.

Recette 25

Cerfeuil	15 g
Pimprenelle	25 g
Violette	15 g
Racine d'aspérule	25 g
Arum	25 g
Oreille d'ours	25 g

Préparer et utiliser comme dans la recette 15.

Recette 26

Plantain lancéolé	35 g
Pimprenelle	25 g
Anaphalide	15 g
Consoude	30 g
Sanguinaire	25 g

Préparer et utiliser comme dans la recette 15.

Recette 27

Anaphalide	35 g
Renouée	15 g
Pulmonaire	25 g
Sauge	15 g
Galéopsis	30 g

3 c. à thé pour 500 ml d'eau, laisser infuser 10 minutes, filtrer; boire par petites gorgées durant la journée.

Recette 28

Lichen d'Islande	35 g
Réglisse	15 g
Thym	25 g
Pimprenelle	15 g
Anaphalide	35 g

Préparer et utiliser comme dans la recette 27.

Recette 29

Consoude	30 g
Pulmonaire	15 g
Pimprenelle	15 g
Achillée	25 g
Lichen d'Islande	30 g

Préparer et utiliser comme dans la recette 27.

Recette 30

Consoude	35 g
Galéopsis	35 g
Lichen d'Islande	15 g
Renouée	15 g
Sauge	15 g
Plantain lancéolé	25 g

Préparer et utiliser comme dans la recette 27.

Recette 31

Galéopsis	55 g
Renouée	45 g
Prèle	75 g

4 c. à soupe pour 5 tasses d'eau, faire bouillir 3 tasses à la fois; 1 tasse 3 fois par jour.

Recette 32

Renouée	25 g
Prèle	200 g
Pulmonaire	200 g

Préparer et utiliser comme dans la recette 31.

Recette 33

Primevère	45 g
Plantain lancéolé	55 g
Prèle	100 g

1 c. à soupe par tasse d'eau; prendre 1 tasse 3 fois par jour.

Recette 34

Guimauve	25 g
Cheveu-de-Vénus	10 g
Hysope	10 g
Ortie	10 g
Tussilage	10 g
Réglisse	10 g
Mauve	25 g
Anis	15 g
Molène	25 g

Préparer et utiliser comme dans la recette 33.

Recette 35

Marrube	30 g
Sorbier	10 g
Violette	5 g
Millepertuis	10 g
Fleurs de tilleul	10 g
Plantain lancéolé	5 g
Racine d'aspérule	10 g
Tussilage	10 g
Achillée	5 g
Guimauve	10 g
Pimprenelle	20 g
Pulmonaire	10 g
Sauge	10 g
Réglisse	10 g
Aigremoine	5 g
Polypode	10 g
Polygala	5 g
Anaphalide	5 g
Lierre terrestre	5 g
Hysope	10 g

2 c. à soupe pour 500 ml d'eau, laisser infuser 10 minutes, filtrer; prendre 2 tasses 2 fois par jour.

La pleurésie

Symptômes et causes

La pleurésie débute par un manque d'appétit, une faiblesse généralisée, un sentiment d'étouffement dans la poitrine, un point de côté accompagné de douleurs dans la poitrine et des accès de fièvre. S'ajoute à cela la difficulté de respirer, surtout du côté affecté par la maladie. Lors d'une pleurésie purulente, le malade a une forte fièvre, signe le plus caractéristique de la maladie. On sent à peine battre le pouls, qui est irrégulier et beaucoup trop rapide.

Lors d'une pleurésie sèche, c'est-à-dire sans expectoration, le malade préfère être couché sur le côté sain, par contre lors d'une pleurésie purulente, il se couchera plutôt sur le côté malade. Cette infection sèche est provoquée par différentes sortes de bactéries. Mais elle peut aussi provenir d'une pneumonie, d'une embolie pulmonaire ou encore d'un catarrhe chronique des bronches.

Le cas

Herbert K., de Zurich, fonctionnaire aux douanes à l'aéroport, était constamment exposé au froid et aux courants d'air. De plus, Monsieur K. était un gros fumeur et il buvait entre 20 et 30 tasses de café par jour. Son corps résista à ce régime un certain temps. Mais le jour où son amie le quitta, il s'effondra physiquement et moralement. Monsieur K. commença à tousser, il fut incapable de manger et avait des douleurs dans la poitrine, surtout du côté droit. Le soir, sa température atteignait 39,6 °C. Son médecin de famille voulut immédiatement l'hospitaliser, mais le malade s'y opposa énergiquement. Par hasard, Monsieur K. trouva quelques tablettes de pénicilline à forte dose. En trois jours, la fièvre avait baissé à 37,5 °C; il réussit à vaincre les autres douleurs comme le point sur le côté et le sentiment de faiblesse grâce à certaines sortes de plantes. Trois semaines après la crise, le douanier reprit son travail.

La pleurésie

Recette 1

Pariétaire	30 g
Camomille	20 g
Racine de sureau	30 g
Filipendule	30 g
Jasminum bifarium	5 g

Recette 2

Barbes de maïs	30 g
Camomille	45 g
Alchémille des Alpes	20 g
Feuilles de pâquerette	30 g
Leonurus sibiricus	30 g

Recette 3

Racine	30 g
Prèle	30 g
Camomille	20 g
Feuilles de tournesol	25 g
Prèle des champs	40 g
Lonicera japonica	25 g

Recette 4

Tussilage	30 g
Pulmonaire	20 g
Prèle des champs	30 g
Achillée	35 g
Osmonde royale (racine)	20 g
Oxalis repens	30 g

Recette 5

Petite centaurée	30 g
Camomille	45 g
Prèle	30 g
Feuilles de bouleau	30 g
Pulmonaire	35 g
Languas speciosa	30 g

Recette 6

Achillée	35 g
Pointes de genévrier	20 g
Millepertuis	35 g
Prèle	30 g
Ortie	30 g
Pulmonaire	30 g
Solanum ferox	30 g

Recette 7	
Baies de genévrier	30 g
Racine de livèche	30 g
Racine de chiendent rampant	20 g
Achillée	20 g
Pulmonaire	20 g
Salix tetrasperma	30 g

Recette 8	
Camomille	40 g
Petite centaurée	30 g
Pulmonaire	30 g
Achillée	35 g
Tussilage	20 g
Lantana camara	25 g

Le rhume

Symptômes et causes

Jusqu'à ce jour, au moins 35 virus différents ont été identifiés comme causes du rhume. On assiste alors à une inflammation des voies respiratoires supérieures, surtout du pharynx, du nez et des cavités avoisinantes; les muqueuses nasales enflent et il s'en écoule une sécrétion liquide assez épaisse; le goût et l'odorat sont fortement altérés. Si l'infection est particulièrement forte, il peut y avoir une enflure du pharynx et du palais.

Un organisme trop faible, incapable de se défendre, peut être à l'origine de cette infection. Le corps constitue alors un terrain propice au virus; l'état risque de s'aggraver si les voies respiratoires ou les sinus frontaux sont affectés.

Le cas

Marion P., de Marbourg, travaillait comme employée dans une banque huit heures par jour, dans des locaux où l'air était très sec. Tous les ans, Marion attrapait un gros rhume. Aucun traitement ne réussissait à la guérir. Elle se fit même prescrire des médicaments à base de cortisone qui ne firent qu'empirer son état, de sorte que l'infection attaqua d'autres organes. Sa fragilité était telle que même les recettes d'infusions n'eurent que très tardivement un effet calmant. Mais il fut durable puisque Marion est débarrassée de cette infection depuis quatre ans.

Le rhume

Recette 1

Camomille	30 g
Alchémille	25 g
Pentapetes phoenicea	15 g
Sauge	25 g

Recette 2

Feuilles de mûres sauvages	25 g
Achillée	25 g
Millepertuis	25 g
Camomille	25 g
Celosia argentea	25 g

Recette 3

Camomille	25 g
Racine de violette	20 g
Sauge	25 g
Pteris ensiformis	15 g

Recette 4

Marjolaine	35 g
Menthe poivrée	35 g
Alchémille	40 g

1 c. à soupe par tasse d'eau; prendre 1 tasse 3 à 4 fois par jour.

Recette 5

Sauge	45 g
Racine d'aspérule	25 g
Cheveu-de-Vénus	25 g

Préparer et utiliser comme dans la recette 4.

Recette 6

Camomille	30 g
Sureau	30 g
Menthe poivrée	30 g
Tilleul	30 g

Préparer et utiliser comme dans la recette 4.

Recette 7

Euphrasia	25 g
Graines de lin	25 g
Anis	25 g
Violette	20 g
Absinthe	20 g

Préparer et utiliser comme dans la recette 4.

Recette 8

Lierre terrestre	25 g
Camomille	30 g
Sureau	20 g
Sauge	20 g
Romarin	30 g

Préparer et utiliser comme dans la recette 4.

Recette 9

Thym	25 g
Racine d'aspérule	25 g
Romarin	25 g
Camomille	25 g
Sauge	20 g

2 c. à soupe pour 500 ml d'eau; boire par petites gorgées durant la journée.

Recette 10

Racine de chardon bénit	15 g
Lierre terrestre	15 g
Rhizouea graménés	15 g
Thym	25 g
Achillée	15 g
Racine d'aspérule	15 g
Alchémille des Alpes	25 g
Sauge	15 g

Préparer et utiliser comme dans la recette 9.

Recette 11

Euphrasia	25 g
Genévrier	45 g
Pétasite	25 g
Prunelle	15 g
Absinthe	15 g

Préparer et utiliser comme dans la recette 9.

Recette 12

Saponaire	20 g
Anaphalide	20 g
Sureau	15 g
Racine d'aspérule	20 g
Véronique	45 g

Préparer et utiliser comme dans la recette 9.

Recette 13

Sauge	20 g
Tilleul	15 g
Véronique	25 g
Thym	25 g
Menthe poivrée	15 g
Sanguinaire	15 g
Anaphalide	15 g

Préparer et utiliser comme dans la recette 9.

4.

Les troubles de la nutrition

L'obésité

Symptômes et causes

L'obésité est une maladie de civilisation largement répandue chez les personnes d'âge moyen. On parle généralement d'obésité si la personne a 20 kilos de trop.

La cause de l'obésité est simple: l'apport de calories excède les besoins de l'organisme. Cet excès peut être provoqué par un état physique ou psychique. Des facteurs psychologiques comme les tensions nerveuses, des déceptions ou encore des erreurs d'éducation dans l'enfance peuvent provoquer cette envie excessive de manger. Les causes endocriniennes comme une hyperfonction de la glande thyroïde sont par contre très rares.

Dans le cas d'un excès de poids trop important, la graisse peut presser à l'intérieur du corps sur le diaphragme, paralysant ainsi la respiration et, en même temps, le cœur. Des arrêts cardiaques subits se produisent fréquemment chez les très jeunes obèses et causent des thromboses, des varices, des plaies aux jambes et de l'hypertension. Mais surtout, l'excès de poids raccourcit l'espérance de vie.

Le cas

À dix-huit ans, Lydia V. pesait plus de 97 kg. Après moult efforts, elle parvint à perdre 25 kg, mais ne réussit à refréner son appétit que pendant une semaine grâce à des remèdes contre la faim; par la suite, son appétit reprit de plus belle, et quelques jours plus tard, elle avait repris son poids initial. La jeune fille en fit une dépression. Son problème, qui paraissait sans issue, fut enfin résolu lorsqu'elle prit connaissance des recettes de plantes naturelles. En un mois, son poids baissa de 97 à 90 kg; et dans les quatre mois qui suivirent, à 65 kg. Ainsi commença une nouvelle vie pour Lydia V.

L'obésité

Recette 1

Romarin	35 g
Sauge	30 g
Absinthe	35 g

1 tasse 3 fois par jour.

Recette 2

Prunellier	30 g
Prèle des champs	30 g

1 tasse 3 fois par jour.

Recette 3

Chicorée sauvage	55 g

1 tasse 3 fois par jour.

Recette 4

Anis	25 g
Fumeterre	25 g
Gratiole	20 g
Racine de saponaire	25 g
Réglisse	25 g

1 tasse 3 fois par jour.

Recette 5

Anis	25 g
Fumeterre	15 g
Gratiole (plante)	15 g
Racine de pissenlit	15 g
Aigremoine	15 g
Achillée	25 g
Racine de saponaire	25 g
Racine de réglisse	25 g

1 tasse 3 fois par jour.

Recette 6

Racine d'angélique	25 g
Sauge	15 g
Baies de genévrier	25 g
Racine de chicorée sauvage	25 g
Absinthe	35 g

1 tasse 3 fois par jour.

Recette 7

Fucus	55 g
Chou rouge	25 g
Racine de sureau	35 g
Racine d'asperge	45 g

1 tasse 3 fois par jour.

Recette 8

Prèle des champs	10 g
Feuilles de romarin	10 g
Feuilles d'absinthe	5 g
Persil	5 g
Feuilles de prunellier	5 g

Pour 1 litre d'eau; 1 tasse 3 fois par jour.

Recette 9

Livèche	10 g
Baies de genévrier	10 g
Fucus	15 g
Feuilles de séné	15 g
Écorce de bourdaine	25 g

Achillée	55 g

1 à 2 tasses le matin.

Recette 10

Prunellier	30 g
Romarin	30 g
Sauge	30 g
Absinthe	30 g

1 tasse 3 fois par jour.

Recette 11

Achillée	45 g
Millepertuis	45 g
Fucus	25 g

1 tasse 2 fois par jour.

Recette 12

Écorce de bourdaine	35 g
Feuilles de séné	25 g
Fruit de l'églantier	15 g
Prèle	15 g
Herniaire	15 g
Bugrane	15 g
Pimprenelle	15 g

1 tasse plusieurs fois par jour.

Recette 13

Écorce de bourdaine	55 g
Feuilles de séné	55 g
Menthe poivrée	25 g
Racine de pissenlit	25 g
Feuilles de pissenlit	25 g

1 tasse plusieurs fois par jour.

Recette 14

Feuilles de séné	35 g
Fenouil	25 g
Anis	15 g
Racine de réglisse	25 g

1 tasse 2 fois par jour; boire froid.

Recette 15

Feuilles de séné	25 g
Fleurs de sureau	25 g
Réglisse	20 g
Écorce de bourdaine	25 g
Anis	20 g
Fenouil	15 g

1 c. à thé par tasse d'eau; 1 tasse matin et soir.

Recette 16

Écorce de bourdaine	35 g
Fleurs de prunellier	35 g
Rhubarbe	100 g

1 tasse matin et soir.

Recette 17

Fleurs de prunellier épineux	30 g
Racine de pissenlit	30 g
Écorce de bourdaine	35 g
Feuilles d'ortie	25 g

1 tasse 2 fois par jour.

Recette 18

Poudre de triganelle	25 g
Poudre d'aloès	30 g
Poudre de rhubarbe	30 g
Feuilles de séné	15 g
Réglisse	25 g

Mélanger le tout, mettre dans 1 litre d'alcool à 68 p. 100, laisser reposer 10 jours, filtrer; prendre 20 gouttes 5 fois par jour ou en infusion.

Recette 19

Alchémille	25 g
Pied-de-loup	25 g

1 tasse après les repas.

Recette 20

Romarin	15 g
Prunellier	25 g
Sauge	15 g
Canscora diffusa	25 g
Averrhoa carambola	15 g
Dillenia indica	25 g

1 tasse 2 à 3 fois par jour.

Recette 21

Fucus	25 g
Feuilles de bouleau	25 g
Cosses de haricots	25 g
Racine de chardon bénit	15 g
Cordia dichotoma	25 g
Cynodon dactylon	25 g

Recette 22

Argemone mexicana	25 g
Tagetes erecta	25 g
Pistia stratiotes	25 g
Euphorbia thymifolia	15 g

1 tasse 2 à 3 fois.

Recette 23

Bixa orellana	25 g
Cicca acida	25 g
Mollugo lotoides	25 g

Préparer et utiliser comme dans la recette 22.

Recette 24

Argousier	25 g
Sauge	15 g
Canscora diffusa	25 g
Averrhoa carambola	15 g
Dillenia indica	25 g

Recette 25

Feuilles de bouleau	25 g
Sauge	25 g
Bourdaine	15 g
Alchémille des Alpes	10 g
Pandanus odoratissmus	15 g

1 tasse 3 fois par jour.

Recette 26

Mélisse	15 g
Feuilles de noyer	25 g
Fucus	10 g
Fleurs de prunellier	15 g
Merremia peltata	25 g
Mirabilis jalapa	15 g

1 tasse 2 à 3 fois par jour.

La maigreur

Symptômes et causes

Le terme maigreur implique une tendance à perdre du poids, qui peut être héréditaire ou due à un mauvais fonctionnement des organes. Dans le cas d'une maigreur maladive, les facteurs moraux peuvent en être la cause, mais il y a souvent des facteurs physiques impliqués.

En règle générale, la perte de poids cause plus de problèmes de diagnostic que l'augmentation de poids.

La maigreur peut aussi être symptomatique de maladies diverses: si l'alimentation est normale, on peut envisager la présence de diabète ou de maladies de la thyroïde. Chez l'adulte la plupart des causes remontent à une maladie pernicieuse. Par ailleurs, une alimentation insuffisante peut être signe de maladie psychosomatique ou de tumeur.

Le cas

Depuis l'âge de 16 ans, Erika E. souffrait d'inappétence, de nausées et d'amaigrissement. Malgré sa taille (1 m 76), Erika ne pesait que 46 kg. Elle consulta de nombreux guérisseurs et essaya moult médicaments. Mais rien n'y fit et son aversion pour la nourriture s'accentua. Lorsqu'on constata les premiers symptômes d'une cachexie, ses parents, très inquiets, consultèrent le Dr Hochenegg. Dans les premières semaines du traitement, il n'y eut guère d'amélioration, et ce n'est qu'au bout de la sixième semaine que les premiers résultats furent visibles. Les joues d'Erika reprirent leur couleur rosée et son visage une expression de fraîcheur et de jeunesse. Cinq semaines plus tard, elle prit un peu de poids. L'aversion contre la nourriture disparut complètement et Erika maintient maintenant son poids à 65 kg.

La maigreur

Recette 1

Fenouil	20 g
Camomille	45 g
Écorce de quinquina	35 g
Verveine	20 g
Hibiscus tiliaceus	20 g

Recette 2

Absinthe	15 g
Camomille	45 g
Verveine	20 g
Centella asiatica minor	35 g

Recette 3

Alchémille	20 g
Épervière	35 g
Racine de gentiane	35 g
Achillée	20 g
Clerodendron inerme	20 g

Recette 4

Consoude	20 g
Racine d'aspérule	20 g
Pied-de-loup	20 g
Menthe poivrée	35 g
Capparis horrida	20 g

Recette 5

Trigonelle	20 g
Racine d'orchis	45 g
Ginseng	45 g

Recette 6

Achillée	35 g
Pointes de genévrier	20 g
Millepertuis	35 g
Trigonelle	20 g
Quassia amara	20 g

Recette 7

Achillée	15 g
Romarin	20 g
Adenanthera pavonina	20 g
Achras sapota	15 g
Cynodon dactylon	20 g

Recette 8

Alchémille	20 g
Trèfle d'eau	15 g
Valériane	25 g
Acillée	35 g
Épervière	35 g
Kalanchoe laciniata	20 g

Les carences alimentaires, la fatigue printanière

Symptômes et causes

La prétendue fatigue printanière est très difficile à évaluer sur le plan médical. Elle présente une série de symptômes et de causes: pâleur, faiblesse, abattement, manque d'enthousiasme, manque d'intérêt, anémie, apparence de carences en vitamines et en fer, désarroi, erreurs fréquentes dans le travail quotidien, échec scolaire, esprit de bagarre et surexcitation. Les médecins s'entendent pour dire que la fatigue printanière n'est pas une maladie en elle-même, mais qu'elle représente seulement une carence due à une alimentation limitée et à un manque d'exercice durant l'hiver. Très souvent, les réserves en vitamine C ont baissé et des dépôts d'impuretés se sont formés dans le sang. Il en résulte des troubles du métabolisme, de la circulation et une plus grande réceptivité face aux maladies.

Le cas

Suzanne E., de Munich, âgée de 20 ans, se sentait fatiguée, sans énergie et dépressive. Elle ne put s'expliquer les raisons de ces ennuis et pensa finalement que tout cela relevait d'une simple fatigue du printemps. Elle voulait attendre que son malaise disparaisse naturellement, mais les maux ne firent qu'empirer. Elle devint apathique au travail. Ses parents la persuadèrent finalement de consulter un médecin. Mais celui-ci ne put détecter aucune maladie et il la classa dans la catégorie des «malades imaginaires». Mais les parents n'abandonnèrent pas et passèrent aux produits naturels; ils trouvèrent un mélange d'herbes spécialement conçu pour leur fille. La recette fit effet et aujourd'hui, Suzanne boit toujours cette infusion par précaution. Depuis trois ans, elle n'a ressenti ni manque d'énergie, ni dépression.

Les carences alimentaires

Recette 1

Pissenlit	50 g
Ortie (plante)	50 g

1 tasse matin et soir.

Recette 2

Camomille	30 g
Achillée	40 g
Ortie	30 g

1 tasse 2 fois par jour.

Recette 3

Gingembre	50 g
Ginseng	50 g

1 tasse 2 fois par jour.

Recette 4

Centella asiatica	30 g
Pissenlit	50 g
Achillée des montagnes	100 g

1 tasse d'infusion 3 fois par jour.

5.

Les modifications pathologiques du cerveau

Le début de la maladie mentale

Symptômes et causes

Les troubles de raisonnement révèlent un début de maladie mentale. La pensée semble obscure et illogique de sorte que l'entourage ne réussit pas à comprendre. De plus, le patient se perd complètement dans son monde imaginaire et il a une nette tendance à créer des mots et à généraliser. Ces formes de pensée se produisent chez un être sain dans le rêve ou le demi-sommeil.

Le malade qui souffre d'un début de maladie mentale ne montre aucun sentiment et devient irritable, mais les patients peu actifs font de grands efforts pour s'améliorer.

Le cas

Wolfgang G., de Stuttgart, était un bon élève. Il manifestait des intérêts divers et avait beaucoup d'amis. À une certaine époque, ces derniers remarquèrent un changement curieux dans le comportement de Wolfgang. Il s'exprimait de façon inintelligible et illogique. Puis les professeurs le constatèrent aussi. Il était souvent silencieux et il ruminait. Son rendement diminua rapidement. Il devint de plus en plus bizarre, même avec sa mère, et restait indifférent à ses reproches; il répondait simplement qu'on avait de grands projets pour lui. Celle-ci s'adressa à son médecin de famille qui l'ausculta, mais Wolfgang restait silencieux; en se levant de temps à autre, finalement, il entreprit un long discours. Il parla de ses différents projets. Mais ce n'étaient que fantasmes. Le médecin lui prescrivit des plantes médicinales pour éviter tout effet secondaire des préparations chimiques. L'effet des plantes se fit sentir immédiatement. L'état de santé du jeune lycéen s'améliora de jour en jour et, bientôt, ses excentricités disparurent.

Le début de la maladie mentale

Recette 1

Polypode	35 g
Lavande	35 g

1 tasse 3 fois par jour.

Recette 2

Rauwolfie	30 g
Valériane	80 g
Houblon	50 g

Boire 1 tasse d'infusion 3 fois par jour.

L'épilepsie

Symptômes et causes

L'épilepsie se manifeste par des crises provoquées par une surexcitation anormale du cerveau. Dans les cas graves, le malade se convulse et perd connaissance. Dans ce cas, si la durée est minime, on parle de «petites crises». L'électroencéphalogramme révèle le cheminement de la maladie. Le traitement comporte des substances chimiques, connues sous le terme d'anticonvulsifs, qui produisent des effets secondaires prononcés. Les mélanges de plantes médicinales offrent une solution, car, jumelées aux anticonvulsifs, elles permettent d'en réduire la dose.

Le cas

Detlef G., de Remscheid, était épileptique depuis 35 ans, et le plus grand désagrément pour lui était les médicaments antiépileptiques qu'il supportait mal. Il avalait malgré tout jusqu'à 18 tablettes par jour. Finalement, il entendit parler d'un traitement alternatif avec des plantes médicinales et n'hésita pas à en faire l'expérience. Durant la première semaine, il continua à prendre sa médication habituelle, mais dès la quatrième semaine, il la réduisit considérablement. Depuis deux ans déjà, Monsieur G. ne fait plus de crises. Mais ce qui le réjouit le plus, c'est le fait de pouvoir de nouveau conduire sa voiture sans crainte.

L'épilepsie

Recette 1

Violette	25 g
Racine d'aspérule	25 g
Arnica	15 g
Armoise	10 g
Gui	15 g
Racine de pivoine	10 g

1 c. à thé par tasse d'eau, faire bouillir, laisser infuser, filtrer; prendre 1 tasse 1 à 2 fois par jour par petites gorgées.

Recette 2

Rue de jardin	25 g
Valériane	20 g
Feuilles de mélisse	25 g
Camomille	25 g

1 tasse 2 à 3 fois par jour.

Recette 3

Absinthe	10 g
Vigne	10 g
Gaillet	15 g

1 tasse 2 à 3 fois par jour, ajouter du miel; boire par petites gorgées.

Recette 4

Gui	20 g
Camomille	20 g
Racine de pivoine	15 g
Polonisia icosandra	20 g

Recette 5

Houblon	35 g
Valériane	25 g
Mélisse	35 g
Solanum torvum	20 g

Recette 6

Acore	40 g
Camomille	25 g
Sauge	35 g
Achillée des montagnes	60 g
Solanum torvum	15 g

Recette 7

Petite centaurée	50 g
Camomille	35 g
Caesalpinia crista	20 g
Crataeva religiosa	20 g
Brassica integrifolia	15 g

Recette 8

Violette odorante	20 g
Racine d'aspérule	20 g
Arnica	5 g
Armoise	20 g
Desmodium trigflorum	20 g

Recette 9

Gaillet	25 g
Lavande	15 g

Absinthe	20 g
Épiaire	15 g
Micromelum compressum	20 g

Recette 10

Feuilles de cep de vigne	25 g
Absinthe	20 g
Peperomia pellucida	15 g
Sauge	15 g

Les troubles de la mémoire

Symptômes et causes

Il faut distinguer la mémoire de courte durée et la mémoire de longue durée. La première retient les événements qui se sont déroulés durant les 24 dernières heures; la deuxième remonte à la tendre enfance, et elle n'est perturbée que dans les cas de maladies graves. Tout redevient normal après la maladie. Par contre, la mémoire de courte durée est plus fragile; elle réagit aux poisons de tout genre, comme la nicotine, le café et l'alcool. Lors d'une commotion cérébrale, les troubles de la mémoire de courte durée constituent un symptôme important. Les maladies chroniques peuvent aussi provoquer ce genre de troubles. Après la maladie, la mémoire revient. Différents mélanges de plantes peuvent stimuler la circulation sanguine dans le cerveau et activer les deux types de mémoire.

Le cas

Bernhard Z., de Kassel, se tenait en forme par le sport; de même, il était particulièrement actif comme fabricant de machines. Cependant, il avait souvent des faiblesses de mémoire et se trouvait dans des situations pénibles avec ses associés. Il essaya plusieurs produits chimiques: non seulement les résultats furent nuls, mais il eut des effets secondaires comme des vertiges et des troubles circulatoires. Finalement, Monsieur Z. se tourna vers les produits naturels. Il fallut un certain temps avant les premières améliorations. Mais après deux mois de traitement ininterrompu, sa mémoire redevint parfaite. Aujourd'hui, Monsieur Z. peut de nouveau se fier pleinement à sa mémoire.

Les troubles de la mémoire

Recette 1

Mélisse	35 g

Faire bouillir dans 1 litre d'eau, 1 tasse 3 fois par jour.

Recette 2

Romarin	35 g

Préparer et utiliser comme dans la recette 1.

Recette 3

Mélisse	35 g
Racine de chardon bénit	25 g
Violette	25 g
Bétoine	15 g
Gui	15 g
Racine de pivoine	15 g

Faire macérer pendant 14 jours dans 1,5 litre de vin blanc, extraire; prendre 1 c. à soupe 5 à 6 fois par jour.

Recette 4

Véronique	25 g
Acore	20 g
Mélisse	25 g
Romarin	20 g
Aubépine	20 g
Absinthe	20 g

1 tasse 3 fois par jour.

Recette 5

Mélisse	50 g
Absinthe	50 g

1 tasse 1 à 2 fois par jour.

Recette 6

Mélisse	50 g
Acore	30 g
Pervenche	25 g
Camomille	30 g
Aclipta alba	25 g

Recette 7

Millepertuis	40 g
Camomille	30 g
Lavande	30 g
Pervenche	20 g
Eriosema chinensis	20 g

Recette 8

Véronique	30 g
Camomille	45 g
Millepertuis	20 g
Inula	30 g
Gloriosa superba	20 g

Recette 9

Fleurs d'arnica	10 g
Pervenche	30 g
Souci (plante)	30 g
Véronique	25 g
Camomille	40 g
Centella asiatica	20 g

Recette 10

Feuilles de mûres	20 g
Pervenche	25 g
Camomille	45 g
Millepertuis	30 g
Clausenia excavata	20 g

Recette 11

Racine de bardane	30 g
Camomille	35 g
Pissenlit	30 g
Cresson de fontaine	30 g
Plantain lancéolé	30 g
Hibiscus sabdariffa	20 g

6.

Les maladies des organes génitaux

Les douleurs de la ménopause

Symptômes et causes

La ménopause est la période transitoire qui suit la fin des menstruations chez la femme. Elle survient généralement entre 40 et 50 ans. Les glandes endocriniennes changent alors de fonction; elles produisent moins d'hormones de sorte que la fonction ovarienne diminue.

Ce changement hormonal cause divers problèmes désagréables et douloureux. Très souvent, la femme souffre de vertiges, d'oppression respiratoire, de constipation, d'hypertension, de dépression, d'insomnie et d'anxiété. Plus la fonction des ovaires cesse rapidement, plus les troubles sont douloureux.

La ménopause prématurée peut débuter dès l'âge de 25 ans; il s'agit généralement d'un épuisement des ovaires ou de la conséquence d'une intervention chirurgicale.

Le cas

Mme Lisbeth F., de Vienne, avait une charge professionnelle et familiale importantes. Suite à l'ablation d'une tumeur, elle souffrit lors de sa ménopause de fortes douleurs et d'insomnies de plus en plus fréquentes. Elle avait de la difficulté à réfléchir et elle fondait en larmes à la moindre contrariété. Elle consulta un neurologue qui lui prescrivit des médicaments aux effets temporaires. Elle suivit un traitement en clinique, mais son état ne fit qu'empirer. Une de ses amies lui parla des plantes médicinales: elle les essaya et dès le début du traitement, son état s'améliora. L'insomnie, la dépression, la peur et les bouffées de chaleur sont maintenant pour elle choses du passé.

Les douleurs de la ménopause

Recette 1

Racine de valériane	20 g
Mélisse	25 g
Thym	25 g
Camomille	25 g
Anona squamosa	15 g

Recette 2

Fleurs de souci	25 g
Racine de valériane	25 g
Pensée	25 g
Anona reticulata	15 g
Fenouil	15 g

Recette 3

Fleurs de mauve	25 g
Bourse-à-pasteur (plante)	25 g
Racine de réglisse	15 g
Alglaia odorata	15 g

Recette 4

Racine de valériane	20 g
Camomille	25 g
Bryopyllum pinnatum	15 g
Achillée	25 g

Recette 5

Mélisse	25 g
Camomille	15 g
Gui	15 g
Ortie	25 g
Bacopa moniera	15 g

Recette 6

Racine de tormentille	15 g
Achillée	25 g
Mélisse	15 g
Gui	15 g
Fleurs de mauve	15 g

Recette 7

Rue	20 g
Romarin	30 g
Arnica	10 g
Valériane	55 g

1 c. à soupe par tasse d'eau;
prendre 1 tasse 1 à 2 fois par jour.

Recette 8

Romarin	30 g
Rue	30 g
Millepertuis	20 g
Achillée	20 g

Préparer et utiliser comme dans la recette 7.

Recette 9

Aubépine	25 g
Achillée	30 g
Absinthe	10 g

Rauwolfie	25 g
Valériane	20 g

1 c. à thé par tasse d'eau; prendre 1 tasse 2 fois par jour.

Recette 10

Arnica	15 g
Anis	25 g
Valériane	10 g
Herniaire	15 g
Écorce de bourdaine	25 g
Cosses de haricots	25 g
Sureau	15 g
Bugrane	25 g

Préparer comme dans la recette 10; prendre 1 tasse par jour après les repas.

Recette 11

Valériane	20 g
Alchémille	25 g
Mélisse	45 g
Thym	25 g

1 c. à thé par tasse d'eau, infuser 10 minutes, filtrer; prendre 1 tasse 3 fois par jour.

Recette12

Valériane	25 g
Menthe poivrée	45 g
Camomille	45 g

Préparer comme dans la recette 11; prendre 1 tasse 3 fois par jour.

Recette 13

Mauve	25 g
Fleur de souci	25 g
Pensée	15 g
Feuilles de séné	20 g
Valériane	25 g
Laîche des sables	10 g
Réglisse	15 g

Préparer comme dans la recette 11; prendre 1 tasse par jour après les repas.

Recette 14

Valériane	15 g
Sureau	26 g
Réglisse	15 g
Bourse-à-pasteur (plante)	15 g
Bourdaine	45 g
Achillée	15 g
Fenouil	15 g

Préparer comme dans la recette 11; prendre 1 tasse le soir.

Recette 15

Réglisse	20 g
Cosses de haricots	20 g
Souci	2 g
Mauve	2 g
Herniaire	3 g
Anis	3 g
Laîche des sables	2 g
Feuilles de séné	15 g
Écorce de bourdaine	15 g
Anis	5 g
Pensée	10 g
Bois de cujak	15 g
Sureau	10 g
Bois de santal	10 g

1 tasse 2 à 3 fois par jour.

Recette 16

Chélidoine	20 g
Arabis	25 g
Arnica	25 g
Achillée	30 g

1 tasse 2 fois par jour.

Recette 17

Arnica	20 g
Valériane	50 g
Rue	35 g
Romarin	45 g

1 tasse 2 fois par jour.

Recette 18

Bourse-à-pasteur (plante)	25 g
Achillée	30 g
Gui	25 g
Lamier	20 g
Prèle	25 g
Ortie	25 g

Préparer comme dans la recette 17.

Recette 19

Achillée	25 g
Aspérule odorante	25 g
Feuilles de séné	15 g

Bourdaine	20 g
Chiendent rampant	15 g

Employer comme dans la recette 17.

Recette 20

Mélisse	25 g
Alchémille	20 g
Romarin	15 g
Camomille	25 g
Prèle	15 g

Employer comme dans la recette 17.

Recette 21

Bourdaine	55 g
Fucus	15 g
Sureau	25 g
Fenouil	20 g
Réglisse	15 g

Employer comme dans la recette 17.

Recette 22

Mélisse	100 g

1 tasse 3 fois par jour.

Recette 23

Millepertuis	15 g
Mélisse	15 g
Aubépine	15 g
Pissenlit	15 g
Achillée	15 g
Fleurs d'oranger	15 g
Fruit d'églantier	15 g

2 c. à thé pour 250 ml d'eau; prendre 1 tasse 2 fois par jour.

Recette 24

Tormentille	35 g
Valériane	35 g
Bourse-à-pasteur	30 g
Gui	30 g
Achillée	30 g

1 tasse 2 à 3 fois par jour.

Recette 25

Sureau	15 g
Fucus	15 g
Fumeterre	35 g
Bourdaine	25 g
Nerprun	25 g

1 tasse 3 fois par jour.

Recette 26

Lierre terrestre	50 g

Recette 27

Ansérime	25 g
Alchémille	15 g
Gui	15 g
Feuilles de noyer	5 g
Camomille	15 g
Tagète	15 g
Racine de chardon bénit	15 g
Lamier	15 g
Anaphalide	5 g

4 c. à soupe par litre d'eau; boire par petites gorgées durant la journée.

Recette 28

Sauge	25 g

Faire bouillir dans 1 litre d'eau, laisser infuser 10 minutes, filtrer; prendre 1 tasse 3 fois par jour.

La mastite

Symptômes et causes

La mastite est provoquée par des bactéries, les staphilocoques, sur la peau. Par simple pression ou suite à une blessure, elles peuvent pénétrer dans les seins. La maladie se manifeste d'abord par un gonflement, des rougeurs, un durcissement, de fortes douleurs dans la poitrine et de la fièvre. La mastite peut aussi provenir d'un engorgement de lait infecté.

Mais elle se produit aussi, très souvent, sans engorgement de lait, entre la deuxième et la cinquième semaine suivant un accouchement. En règle générale, la maladie se déclare sur le côté extérieur d'un seul sein.

Le cas

Margot M., de Bonn, se réjouissait de la naissance de son enfant. Celui-ci était plein d'énergie et tétait avidement. Au cours d'une nuit, les glandes mammaires s'infectèrent, les seins durcirent et gonflèrent.

Les compresses à la camomille donnèrent peu de résultat, car l'inflammation se situait à l'intérieur des tissus; et même les infusions de plantes naturelles n'eurent pas d'effet immédiat. Il fallut trois jours pour que la tension diminue et que l'inflammation régresse.

La mastite

Recette 1

Pariétaire	55 g
Fenouil	45 g

Hacher finement les deux herbes, mélanger; faire des compresses plusieurs fois par jour.

Recette 2

Oignons	100 g
Bulbes de lys	100 g
Feuilles de sureau	35 g
Feuilles de mauve	35 g

Mélanger le tout, en faire une bouillie par cuisson et des compresses à appliquer plusieurs fois par jour.

L'ovarite

Symptômes et causes

L'inflammation aiguë des ovaires, ou ovarite, se manifeste par des accès de fièvre, une faiblesse, des crampes et des douleurs au simple toucher. On constate parfois un ballonnement du bas-ventre, d'un côté ou de l'autre. Il n'est pas rare de déceler des irritations du péritoine et, en général, les ligaments adjacents sont aussi touchés: on parle alors d'«adnexitis». Non traitée, cette affection peut provoquer de fortes hémorragies, des crampes intestinales et même la stérilité. C'est pourquoi une consultation rapide est indispensable.

Le cas

À 43 ans, Heike Z., de Dusseldorf, avait toujours été une grande sportive. Mais à la suite d'excès, elle eut des douleurs dans l'aine, d'abord à droite et, plus tard, à gauche. Mme Z. dut abandonner la natation, à cause de crampes. Les antibiotiques prescrits n'eurent aucun effet bénéfique; bien au contraire, ils firent surgir d'autres allergies. De plus, elle éprouva des douleurs digestives et l'hémogramme montra des troubles gastriques. Son mari la persuada de faire une cure de plantes médicinales. Les douleurs diminuèrent en quelques semaines. Les enflures des deux côtés de l'ilion régressèrent peu à peu, et Mme Z. put reprendre la natation, tout en évitant de nager dans une eau trop froide.

L'ovarite

Recette 1

Millepertuis	45 g
Alchémille des Alpes	20 g
Camomille	45 g
Mélisse	20 g
Cordia dichotoma	20 g

Recette 2

Pimprenelle	45 g
Fenouil	20 g
Achillée des montagnes	20 g
Alchémille	35 g
Dioscorea bulbifera	35 g

Recette 3

Ansérine	25 g
Gui	20 g
Sanguinaire	20 g
Adenostemma lavenia	20 g

Recette 4

Véronique	20 g
Ginseng	25 g
Prèle des champs	20 g
Pimprenelle	20 g
Ipomoea pes tigridis	25 g

Recette 5

Alchémille des alpes	20 g
Renouée	35 g
Graines de lin	15 g
Sanguinaire	35 g
Polanisia icosandra	35 g

Recette 6

Racine d'inula	20 g
Achillée des montagnes	35 g
Prèle des champs	20 g
Camomille	20 g
Lawsonia inermis	20 g

Recette 7	
Alchémille	25 g
Mélisse	20 g
Semence de triganelle	35 g
Litsea glutinosa	15 g

Recette 8	
Potentille ansérine	25 g
Renouée	35 g
Souci	20 g
Honoia riparia	35 g

La surexcitation sexuelle

Symptômes et causes

La surexcitation sexuelle est souvent provoquée par des conflits moraux et psychologiques pouvant remonter à l'enfance. Une sexualité réprimée ressort finalement sans contrôle et s'extériorise par une surexcitation sexuelle. Ce trouble peut aussi provenir d'une surproduction d'hormones à cause d'une nervosité générale ou d'un manque d'exercice physique, sans compter l'influence des médias. Les symptômes sont le manque de calme, l'insomnie, les rêves diurnes, le manque de motivation au travail et de concentration.

Le cas

Albin P. était un jeune homme très agréable qui avait de nombreux passe-temps et beaucoup de succès comme libraire. Mais voilà, il commença à avoir des hallucinations érotiques qui le traumatisaient. Il ne pouvait s'expliquer cet état puisqu'il était heureux avec son amie. Son état empirant, il se rendit chez un médecin qui lui prescrivit uniquement des calmants. Un ami prêtre lui conseilla finalement d'essayer des produits naturels. Monsieur P. essaya un mélange d'herbes spécialement conçu pour lui et en moins d'une semaine, ses fantasmes diminuèrent. Deux semaines plus tard, après avoir bu régulièrement les infusions prescrites, les derniers symptômes disparurent aussi.

La surexcitation sexuelle

Recette 1

Racine de valériane	50 g
Fleurs de houblon	50 g

1 c. à thé par tasse d'eau; prendre 1 tasse matin et soir.

Recette 2

Fleurs de houblon	30 g
Racine de valériane	30 g
Marjolaine	25 g
Menthe poivrée	25 g
Gentiane	15 g

Préparer et utiliser comme dans la recette 1.

Les douleurs menstruelles

Symptômes et causes

De nombreuses femmes souffrent de troubles et de douleurs avant et pendant leurs menstruations. Il s'agit le plus souvent de pertes de sang trop abondantes ou insuffisantes et de douleurs qui débutent généralement dans l'utérus ou qui sont provoquées par des crampes consécutives à une mauvaise irrigation sanguine des organes abdominaux. D'autres facteurs peuvent aussi contribuer à ces douleurs; comme le rejet de tissus morts à travers un col d'utérus trop étroit ou une rétroversion de l'utérus.

Ces malaises se traduisent par de l'irritation, des douleurs dorsales, des maux de tête, des vertiges, des enflures, des douleurs dans la poitrine, des ballonnements, de l'épuisement, une augmentation de poids et des dépressions. Certaines femmes ressentent quelques-uns de ces symptômes; d'autres les subissent tous. Les plus jeunes ont généralement ces symptômes pendant leurs règles tandis que les femmes plus âgées les ressentent quelques jours avant.

Le cas

Marion E., de Berlin, souffrait depuis l'âge de 12 ans de règles particulièrement douloureuses. Malgré de multiples thérapies, les douleurs ne firent qu'augmenter. Marion E. consulta tous les spécialistes de la région, mais elle refusa cependant de prendre les médicaments prescrits car elle craignait leurs effets secondaires. Elle entreprit finalement une cure de plantes; elle prit quotidiennement un mélange d'herbes et sentit une amélioration. En six mois elle fut libérée de son mal.

Les douleurs menstruelles

Recette 1

Valériane	20 g
Camomille	35 g
Achillée	30 g
Menthe poivrée	25 g

1 c. à soupe par tasse d'eau; prendre 1 c. à soupe 4 à 5 fois.

Recette 2

Rhubarbe	15 g
Thym	25 g
Achillée	45 g
Fenouil	15 g
Pivoine	15 g
Potentille ansérine	35 g

Recette 3

Houblon	25 g
Achillée	45 g
Valériane	20 g

Préparer et utiliser comme dans la recette 1.

Recette 4

Ancolie	15 g
Rhubarbe	10 g
Achillée	20 g
Sarsaparille	20 g
Fenouil	10 g
Pivoine	5 g
Alchémille	20 g

Préparer et utiliser comme dans la recette 1.

Recette 5

Camomille	30 g
Bruyère	15 g
Menthe poivrée	30 g
Bouleau	10 g
Valériane	30 g
Bourdaine	10 g

Préparer et utiliser comme dans la recette 1.

Recette 6

Valériane	25 g
Menthe poivrée	25 g
Mélisse	25 g
Potentille ansérine	25 g

2 c. à thé par tasse d'eau; prendre 1 tasse 3 à 4 fois par jour.

Recette 7

Camomille	25 g
Cumin	25 g
Achillée	25 g
Houblon	25 g

Préparer et utiliser comme dans la recette 6.

Recette 8

Valériane	30 g
Camomille	30 g
Bouleau	10 g
Bruyère	15 g
Bourdaine	10 g
Menthe poivrée	25 g

1 tasse 3 fois par jour.

Recette 9

Sanguinaire	20 g
Camomille	25 g
Alchémille	35 g
Achras sapota	25 g

Recette 10

Bourse-à-pasteur (plante)	25 g
Romarin	15 g
Prèle	15 g
Achillée	25 g

1 tasse 1 à 2 fois par jour.

Recette 11

Millepertuis	25 g
Thym	25 g
Hysope	20 g
Marrube	10 g
Petite centaurée	20 g

1 tasse 2 fois par jour.

Recette 12

Achillée 35 g
Camomille 45 g
Alchémille des Alpes 25 g
Andropogon zizoides 25 g

Recette 13

Bourse-à-pasteur (plante) 25 g
Sanguinaire 35 g
Camomille 25 g
Anaphalide 25 g
Asplenium microphyllum 25 g

Recette 14

Mélisse 45 g
Racine d'aspérule 25 g
Livèche 15 g
Menthe poivrée 35 g
Bixa orellana 25 g

Recette 15

Fenouil 25 g
Camomille 45 g
Rhizonea graminés 15 g
Mélisse 35 g
Bryophyllum pinnatum 25 g

Recette 16

Achillée 35 g
Pointes de genévrier 25 g
Millepertuis 35 g
Rue de jardin 25 g
Argemone mexicana 20 g

Recette 17

Bourdaine 15 g
Romarin 25 g
Racine de chiendent 20 g
Achillée 25 g
Arenga pinnata 25 g

Recette 18

Cresson de fontaine 25 g
Trèfle d'eau 15 g
Valériane 25 g
Achillée 35 g
Menthe poivrée 25 g
Corchorus olitorius 25 g

Absence des règles

Recette 19

Nerprun 20 g
Inula 20 g
Bourdaine 20 g
Rue 20 g
Camomille 25 g
Bourse-à-pasteur 25 g
2 c. à soupe pour 500 ml d'eau; boire durant la journée par petites gorgées.

Recette 20

Inula 25 g
Camomille 25 g
Romarin 20 g
Rue 20 g
Citronnelle 20 g
1 c. à soupe pour 250 ml d'eau; à boire le soir.

Recette 21

Valériane 30 g
Menthe poivrée 35 g
Camomille 45 g
4 c. à soupe pour 500 ml d'eau; boire par petites gorgées durant la journée.

Recette 22

Souci 30 g
Bourse-à-pasteur 25 g
Camomille 30 g
Menthe poivrée 25 g
Préparer et utiliser comme dans la recette 21.

Recette 23

Bourdaine 15 g
Bruyère 15 g
Feuilles de framboisier 10 g
Bouleau 15 g
Menthe poivrée 25 g
Valériane 25 g
Achillée 25 g
1 c. à thé par tasse d'eau; prendre 1 tasse 3 à 4 fois par jour.

Recette 24

Romarin 45 g

Bourse-à-pasteur	15 g
Rue	40 g

1 tasse 3 fois par jour.

Recette 25

Camomille	25 g
Rue	25 g
Potentille ansérine	20 g
Inula	20 g
Mélisse	20 g

1 c. à thé pour 250 ml d'eau;
prendre 1 tasse 3 à 4 fois par jour.

Recette 26

Cumin	15 g
Camomille	35 g
Valériane	30 g
Menthe poivrée	30 g

Préparer et utiliser comme dans la recette 25.

Recette 27

Chiendent rampant	20 g
Achillée	30 g
Bourdaine	15 g

Préparer et utiliser comme dans la recette 25.

Recette 28

Camomille	35 g
Menthe poivrée	35 g
Valériane	30 g

Préparer et utiliser comme dans la recette 25.

Recette 29

Potentille	25 g
Inula	15 g
Rue	15 g
Camomille	15 g
Mélisse	30 g

Préparer et utiliser comme dans la recette 25.

Recette 30

Prunellier	45 g
Inula	25 g
Genévrier	25 g
Ortie	25 g
Petite centaurée	35 g
Achillée	35 g

Préparer et utiliser comme dans la recette 25.

Recette 31

Valériane	15 g
Inula	20 g
Marrube	20 g
Millepertuis	25 g
Potentille (plante)	25 g
Achillée	25 g

Préparer et utiliser comme dans la recette 25.

Règles trop peu abondantes

Recette 32

Rue	100 g

1 c. à thé par tasse d'eau; prendre 1 tasse 2 fois par jour.

Recette 33

Romarin	100 g

Préparer et utiliser comme dans la recette 32.

Recette 34

Rue	45 g
Bourdaine	15 g
Romarin	40 g

Préparer et utiliser comme dans la recette 32.

Recette 35

Genévrier	25 g
Achillée	25 g
Rue	20 g
Réglisse	25 g
Millepertuis	25 g

Préparer et utiliser comme dans la recette 32.

Recette 36

Prunellier	50 g
Millepertuis	50 g

Préparer et utiliser comme dans la recette 32.

Recette 37

Ansérine	25 g
Absinthe	35 g

Genévrier	35 g
Rue	25 g

Préparer et utiliser comme dans la recette 32.

Recette 38

Houblon	15 g
Camomille	35 g
Achillée	25 g
Ortie	25 g

1 tasse chaque soir.

Recette 39

Bourdaine	25 g
Mélisse	20 g
Fenouil	25 g
Romarin	30 g
Achillée	20 g

Préparer et utiliser comme dans la recette 38.

Recette 40

Trèfle d'eau	20 g
Pissenlit	35 g
Acore	10 g
Achillée	25 g

Préparer et utiliser comme dans la recette 38.

Recette 41

Sanguinaire	25 g
Camomille	15 g
Gui	45 g
Anaphalide	15 g
Bourse-à-pasteur (plante)	50 g

3 c. à thé par litre d'eau; boire par petites gorgées durant la journée.

Recette 42

Racine d'aspérule	55 g
Camomille	50 g
Mélisse	35 g

Macérer dans 1 litre d'alcool à 68 p. 100 pendant 2 semaines, filtrer, extraire; prendre 20 gouttes 5 fois par jour.

Règles très abondantes

Recette 43

Renouée	35 g
Bourse-à-pasteur (plante)	30 g
Gui	35 g

1 c. à thé par litre d'eau; prendre 1 tasse 2 fois par jour.

Recette 44

Prèle	35 g
Bourse-à-pasteur (plante)	35 g
Renouée	30 g

Préparer et utiliser comme dans la recette 43.

Recette 45

Tormentille	30 g
Bourse-à-pasteur (plante)	30 g
Écorce de chêne	25 g
Achillée	15 g

Préparer et utiliser comme dans la recette 43.

Recette 46

Camomille	25 g
Menthe poivrée	30 g
Valériane	20 g

Préparer et utiliser comme dans la recette 43.

Recette 47

Valériane	30 g
Bruyère	25 g
Menthe poivrée	20 g
Millepertuis	25 g
Achillée	30 g

Préparer et utiliser comme dans la recette 43.

Recette 48

Achillée	15 g
Bourse-à-pasteur (plante)	45 g
Anaphalide	15 g
Alchémille des Alpes	25 g
Écorce de chêne	40 g

3 c. à soupe par litre d'eau; boire par petites gorgées durant la journée.

Recette 49

Camomille	25 g
Bourse-à-pasteur (plante)	25 g
Sanguinaire	25 g
Alchémille	25 g

Préparer et utiliser comme dans la recette 48.

Recette 50

Gui	30 g
Sanguinaire	25 g
Prèle	30 g
Bourse-à-pasteur (plante)	25 g

Recette 51

Sanguinaire	25 g
Gui	25 g
Camomille	15 g
Renouée	15 g
Alchémille	35 g
Ansérine	15 g

Préparer et utiliser comme dans la recette 48.

Recette 52

Écorce de chêne	25 g
Camomille	15 g
Gui	35 g
Lamier	15 g
Alchémille	25 g
Feuilles de chêne	15 g

Préparer et utiliser comme dans la recette 48.

Recette 53

Valériane	30 g
Menthe poivrée	35 g
Camomille	35 g

1 c. à soupe par tasse d'eau, 1 tasse par jour.

Recette 54

Feuilles de mûres	25 g
Prèle des champs	35 g
Bourse-à-pasteur (plante)	40 g

3 c. à soupe pour 500 ml d'eau; prendre 1 c. à soupe plusieurs fois par jour.

La sécrétion de lait

Symptômes et causes

Plus de 70 p. 100 des mères peuvent allaiter leur enfant avec un lait idéal, riche en albumine, en hydrates de carbone et en sel. L'allaitement est aussi recommandé pour la mère, car l'utérus s'est agrandi durant la grossesse et il se résorbe ainsi. Environ deux jours après l'accouchement, les hormones lactiles de l'hypophyse déclenchent la production de lait qui est ensuite maintenue par la succion du nouveau-né. Pour diverses raisons comme une infection, une succion trop faible, une anémie ou des troubles psychologiques, l'allaitement peut être douloureux. La surabondance de sécrétion lactifère est relativement rare.

Le cas

Berta C., de Bochum, était une jeune mariée très heureuse à la naissance de son premier enfant. Cette joie fut troublée par un allaitement pénible, douloureux et insuffisant. Elle suivit tous les bons conseils et fit même pomper son lait, mais rien ne put l'aider à augmenter sa production de lait. Ce n'est qu'après avoir pris un mélange spécial de plantes que le problème fut rapidement réglé. Les douleurs diminuèrent aussi et après quelques jours, Mme C. n'eut plus aucune difficulté. La mère et l'enfant sont heureux et en bonne santé.

Pour diminuer la sécrétion de lait

Recette 1

Séné	15 g
Sauge	35 g
Houblon	35 g
Feuilles de noyer	15 g

1 tasse 2 fois par jour.

Recette 2

Fleurs de houblon	45 g
Sauge	45 g
Feuilles de noyer	20 g

1 tasse 2 à 3 fois par jour.

Pour augmenter la production de lait

Recette 3

Fenouil	35 g
Trigonelle	35 g
Anis	25 g
Fenouil	25 g

1 c. à thé pour 1 tasse d'eau;
prendre 1 tasse 3 à 4 fois par jour.

Recette 4

Anis	15 g
Mélisse	20 g
Polypode	20 g
Fenouil (aneth)	15 g
Rue	25 g
Trigonelle	20 g
Fenouil	15 g

1 tasse 2 fois par jour.

Recette 5

Fenouil	55 g
Mélisse	25 g
Anis	15 g
Polypode	25 g

1 tasse 2 fois par jour.

Recette 6

Aneth	55 g
Anis	45 g
Marjolaine	50 g

1 tasse 2 fois par jour.

Recette 7

Fenouil	25 g
Mélisse	25 g

1 tasse 2 à 3 fois par jour.

L'impuissance

Symptômes et causes

L'impuissance est une incapacité physique d'accomplir l'acte sexuel dont l'origine est congénitale ou accidentelle et qui peut être permanente ou passagère. L'impuissance physique par lésion ou par malformation est rarissime; il s'agit généralement d'un trouble fonctionnel des testicules qui produisent trop peu ou pas de testostérone, l'hormone mâle. De même, l'impuissance due à l'âge provient du ralentissement de la production de testostérone. Les causes psychiques de l'impuissance masculine sont, entre autres, le rejet ou la haine de la femme, mais aussi l'habitude, la timidité, un manque de confiance en soi et la peur. L'abus d'alcool et de drogues ou de trop fortes doses de rayons ultraviolets peuvent avoir les mêmes incidences.

Le cas

Dieter E., de Francfort, était désespéré. Depuis des mois, il n'arrivait plus à dormir avec sa femme. Lorsque l'heure du coucher approchait, il paniquait, il avait peur de se trouver seul avec sa femme et de lui faire l'amour. Comme il ne voulait pas le lui avouer, il inventait des excuses. Lorsque la situation devint insupportable, il se rendit chez le médecin pour un examen. Comme ce dernier ne trouvait aucune origine physique au mal, il conseilla à son patient de consulter un psychologue. Mais les séances ne donnèrent aucun résultat. Finalement, Monsieur E. essaya tous les aphrodisiaques possibles, mais sans succès. Il découvrit par hasard les infusions de plantes du Dr Hochenegg et les essaya. Le résultat se fit seulement sentir le jour où Monsieur E. prit un mélange bien spécifique de plantes naturelles préparées pour lui. Quelques semaines plus tard, toutes les difficultés étaient vaincues, et il put dormir avec sa femme. Aujourd'hui, Monsieur E. est père de deux garçons.

L'impuissance

Recette 1

Menthe poivrée 20 g
Faire bouillir dans 1 litre d'eau; prendre 1 tasse 1 fois par jour.

Recette 2

Millepertuis 20 g
Préparer et employer comme dans la recette 1.

Recette 3

Sanguinaire	25 g
Violette	20 g
Pied-de-loup	35 g
Raisin de loup (busserole)	15 g
Coriandre	25 g
Racine d'orchis	25 g

3 c. à soupe par litre d'eau, laisser infuser 15 minutes, filtrer; boire par petites gorgées durant la journée.

Les douleurs de la prostate

Symptômes et causes

L'hypertrophie de la prostate est courante; il s'agit d'une prolifération hormonale qui arrive presque chez tous les hommes après la soixantaine. En réalité, la prostate ne s'agrandit pas, mais certaines petites glandes de l'urètre, contrôlées par les hormones sexuelles femelles et mâles, prolifèrent. Dans la moitié des cas, il n'y a pas de problème, mais si la prolifération devient trop importante et que les muscles de la vessie ne supportent plus la pression autour de l'urètre, il y a blocage d'urine et cela peut conduire à des problèmes rénaux.

Le cas

Gustav E. avait pris un refroidissement de la vessie, mais sans sentir aucune douleur. Ce n'est qu'à partir du moment où la tension au travail fut trop forte qu'il éprouva des difficultés à uriner; le jet urinaire devint de plus en plus mince, et la nuit il se réveillait souvent avec une forte envie d'uriner. Or, tous les médicaments chimiques lui répugnaient. Finalement, il découvrit différents mélanges de plantes qui le soulagèrent, mais il fallut quelques semaines avant un effet sensible. L'urine devint plus claire et ses envies nocturnes régressèrent; finalement, il put passer une nuit entière sans se lever. Deux semaines plus tard, un urologue constata que le durcissement prostatique avait diminué.

Les douleurs de la prostate

Recette 1

Prunellier	25 g
Herniaire	25 g
Tremble	25 g
Livèche	25 g
Raisin d'ours	20 g

1 tasse 4 à 5 fois par jour.

Recette 2

Cosses de haricots	25 g
Prèle des champs	25 g
Ortie	25 g
Bouleau	25 g
Pissenlit	20 g

Employer comme dans la recette 1.

Recette 3
Épilobe 100 g
Employer comme dans la recette 1.

Recette 4
Graines de potiron 100 g
1 c. à soupe 3 fois par jour.

La blennorragie

Symptômes et causes

La blennorragie est une maladie sexuelle contagieuse provoquée par des gonocoques. Ils se fixent d'abord dans les muqueuses de l'urètre et de là se rendent dans les organes urinaires et sexuels. La blennorragie se transmet le plus souvent lors des rapports sexuels, mais aussi par les mains, les vêtements, les instruments infectés ou l'eau du bain. La période d'incubation de la maladie dure entre deux jours et une semaine. Les symptômes se déclarent sous forme de chatouillement et de brûlure dans les voies urinaires, surtout au moment d'uriner, et d'un écoulement jaune-verdâtre. Il est important de se soigner immédiatement pour empêcher la prolifération des bactéries et arrêter l'infection.

Le cas

Après un traitement arrêté trop tôt, Hans A., d'Aix-la-Chapelle, souffrait toujours de douleurs lorsqu'il urinait. Il avait parfois des douleurs rénales et des écoulements. Monsieur A. ne fit plus confiance aux fortes doses d'antibiotiques. Il tomba sur un article où on parlait d'un certain mélange de plantes efficace contre cette maladie. Peu après avoir commencé à prendre les infusions, les douleurs rénales disparurent, et les pertes cessèrent subitement. Au bout d'un certain temps, les brûlures disparurent. Depuis deux ans, il n'a plus de douleurs.

La blennorragie

Recette 1
Millepertuis 25 g
Baies de genévrier 40 g
Feuilles de noyer 25 g
1 c. à thé par tasse d'eau, laisser infuser pendant plusieurs heures, faire bouillir, filtrer; prendre plusieurs tasses par jour.

La vaginite et les pertes

Symptômes et causes

Les femmes se plaignent souvent de douleurs au bas-ventre et il n'est pas toujours facile d'en trouver la cause. Elles peuvent être provoquées par de fortes contractions musculaires, des infections, une excitation du système nerveux ou des facteurs psychologiques. Les douleurs les plus fréquentes sont la vaginite et les pertes.

L'irritation de la muqueuse vaginale, les vers intestinaux, la blennorragie ou la métrite déclenchent souvent une vaginite. Les symptômes sont des brûlures, des démangeaisons, des enflures ou une sécrétion laiteuse ou purulente.

La femme adulte a souvent des écoulements tout à fait normaux; ils sont parfois plus abondants chez celles qui prennent la pilule contraceptive. Les pertes anormales peuvent contenir des bactéries ou du sang et prendre une couleur allant du jaunâtre au rougeâtre. Les agents les plus courants sont les trichomonas que l'on retrouve souvent dans les bains et les saunas. Souvent un écoulement trop abondant a pour cause un facteur psychique; des excitations tactiles provoquent démangeaison et rougeurs; le cas échéant, le diabète peut aussi le susciter. C'est de toute façon un signal d'alarme et peut-être même un symptôme du cancer. Dans le cas de faiblesse hormonale, il y a en général un écoulement clair et inodore; par contre, si les pertes sentent mauvais, il s'agit probablement de bactéries, de virus ou de champignons.

Le cas

Maria M. souffrait de pertes abondantes depuis un certain temps. Elle prit des antiseptiques, des antibiotiques et des désodorisants, mais sans résultat. Elle fut tout d'abord réticente aux plantes médicinales. Mais dix jours après le début du traitement, ses pertes diminuèrent et finirent par s'arrêter.

Les pertes

Recette 1

Écorce de chêne	35 g
Camomille	25 g
Bouleau	15 g
Prèle	15 g
Lierre	35 g

4 à 5 c. à soupe pour 500 ml d'eau; prendre 1/2 tasse 2 fois par jour.

Recette 2

Ortie	35 g
Lierre	35 g
Feuilles de noyer	30 g
Achillée	25 g
Camomille	35 g

Préparer et employer comme dans la recette 1.

Recette 3

Acore	10 g
Plantain lancéolé	15 g
Achillée	15 g
Camomille	30 g
Inula	35 g
Feuilles de noyer	25 g

2 c. à soupe pour 500 ml d'eau; prendre comme dans la recette 1.

Recette 4

Prèle	20 g
Fruit d'églantier	20 g
Feuilles de noyer	20 g
Romarin	20 g
Menthe	20 g

Préparer et utiliser comme dans la recette 3.

Recette 5

Ortie	30 g
Romarin	25 g
Achillée	25 g
Germandrée	20 g
Camomille	35 g
Sauge	25 g

1 c. à soupe par litre d'eau; employer tiède comme douche.

Recette 6

Sauge	15 g
Ortie	15 g
Achillée	45 g
Camomille	45 g

3 c. à soupe par litre d'eau; utiliser comme dans la recette 5.

Recette 7

Saule	25 g
Camomille	35 g
Marjolaine	30 g
Sauge	30 g
Germandrée	20 g
Lamier	25 g
Achillée	25 g

5 à 6 c. à soupe par litre d'eau; boire en remplacement d'eau.

Recette 8

Sauge	25 g
Camomille	25 g
Romarin	20 g
Lamier	20 g
Achillée	25 g

8 à 9 c. à soupe par litre d'eau; employer tiède comme douche.

Recette 9

Potentille (plante)	45 g
Camomille	55 g

1 c. à soupe pour 1 litre d'eau, infuser 10 minutes, filtrer; employer tiède comme douche.

Recette 10

Camomille	15 g
Achillée	15 g
Ortie	35 g
Renouée	35 g
Écorce de chêne	15 g
Alchémille	35 g

2 c. à soupe pour 1 litre d'eau; boire 1 tasse par petites gorgées 2 fois par jour.

Recette 11

Alchémille	25 g
Spirée	45 g
Mélisse	25 g
Valériane	25 g

1 c. à soupe par tasse; boire 1 tasse par gorgées 2 fois par jour.

Recette 12

Menthe poivrée 25 g
Lamier 35 g
Camomille 40 g
Préparer et employer comme dans la recette 11.

Recette 13

Gentiane 15 g
Sauge 15 g
Écorce de chêne 10 g
Guimauve 30 g
Lamier 30 g
Achillée 30 g
Préparer et employer comme dans la recette 11.

Recette 14

Achillée 25 g
Lamier 20 g
Ortie 25 g
Verveine 20 g
Camomille 25 g
1 tasse par petites gorgées, 2 fois par jour.

Recette 15

Raisin d'ours 20 g
Renouée 35 g
Ortie 20 g
Lamier 35 g
Romarin 10 g
Employer comme dans la recette 14.

Recette 16

Sauge 25 g
Mauve 15 g
Écorce de chêne 20 g
Serpolet 10 g
Faire bouillir dans environ 4 litres d'eau pendant 1/2 heure, employer comme douche plusieurs fois par jour.

Recette 17

Bourse-à-pasteur 25 g
Myrte 35 g
Feuilles de noyer 45 g
Camomille 25 g
Salicaire 35 g
2 c. à soupe pour 500 ml d'eau; prendre 1 tasse 4 à 5 fois par jour par petites gorgées.

Recette 18

Aigremoine 45 g
Ortie 35 g
Achillée 50 g
1 c. à thé par tasse d'eau; prendre 1 tasse 4 à 5 fois par jour.

Recette 19

Ortie 50 g
Sanguinaire 50 g
Faire bouillir dans 1,5 litre d'eau, employer tiède comme douche.

Recette 20

Cheveu-de-Vénus 35 g
Racine de fraisier 25 g
Prèle des champs 45 g
Préparer et utiliser comme dans la recette 19.

Recette 21

Écorce de saule 50 g
Feuilles de noyer 50 g
Préparer et employer comme dans la recette 19.

Recette 22

Valériane 25 g
Mélisse 25 g
Prèle des champs 15 g
Lamier 25 g
Achillée 25 g
Camomille 25 g
1 c. à soupe par tasse d'eau; prendre 1 tasse 2 fois par jour par petites gorgées.

Recette 23

Camomille 20 g
Potentille (plante) 20 g
Sauge 20 g
Crinum latifolium 25 g

Recette 24

Feuilles d'ortie 20 g
Sanguinaire 20 g
Prèle 20 g

Feuilles de Cheveu-de-Vénus	20 g
Celosia argentea	25 g

Recette 25

Salicaire	20 g
Bourse-à-pasteur	20 g
Camomille	20 g
Aigremoine	20 g
Achillée	20 g
Basella rubra	25 g

Recette 26

Ortie	25 g
Camomille	20 g
Écorce de saule	20 g
Feuilles de noyer	15 g
Lamier blanc	20 g
Coldenia procumbens	25 g

La vaginite

Recette 27

Sanguinaire	25 g
Consoude	100 g

1 c. à soupe par tasse d'eau; prendre 1 tasse 2 fois par jour.

Recette 28

Gui	20 g
Camomille	25 g
Alchémille	25 g
Lamier	15 g
Ansérine	25 g
Sanguinaire	20 g

4 c. à soupe par litre d'eau, faire bouillir, laisser infuser 10 minutes, filtrer; prendre plusieurs douches avec la décoction tiède par jour.

7.

Les dermites et les plates

Les abcès

Symptômes et causes

La maladie débute par une petite rougeur grosse comme une lentille et une enflure. Déjà à ce stade, les douleurs commencent, le malade se sent faible, apathique et souffre d'insomnie. Les abcès sont des amas de pus qui peuvent finalement se répandre sur tout le corps. La cause peut remonter à des troubles du métabolisme comme le diabète, la goutte ou l'anémie et la maladie est favorisée par une mauvaise alimentation et une faible résistance.

Une alimentation saine et complète peut pallier cette faiblesse et, pour accélérer la guérison, il faut placer de petits sachets de camomille sur la plaie. On peut aussi utiliser de l'ail, mais c'est plus douloureux.

Le cas

Martin G., fonctionnaire à Francfort, souffrait de diabète grave. À 22 ans déjà, il avait des abcès purulents sur tout le corps. Aucun remède ne le soulageait, ni ne le guérissait. Les médecins de plusieurs cliniques universitaires ne purent l'aider, mais Martin G. trouva son remède dans la recette 3. Dans les cas particulièrement graves, il faut utiliser la recette 4.

Cette même recette libéra aussi Madame Ilse S., de Dusseldorf, de son eczéma généralisé; en outre, elle avait constamment des abcès, au point d'être condamnée à rester chez elle. Voilà déjà cinq ans qu'elle n'a plus à se plaindre.

Les abcès

Recette 1

Bourrache	25 g
Salicaire	25 g
Fleurs de camomille	25 g
Artocarpus heterophyllus	15 g

1 tasse, 3 fois par jour.

Recette 2

Desmodium triflorum	25 g
Lonicera japonica	10 g
Dolichos lablab	25 g
Chrysophyllum cainito	5 g
Plumiera acuminata	10 g

Recette 3

Racine de chicorée sauvage	25 g
Aigremoine	25 g
Crinum lati folium	30 g
Racines de bardane	25 g

Faire bouillir 10 minutes, filtrer et boire chaud.

Recette 4

Douce-amère	25 g
Feuilles de bouleau	25 g
Indigofera tinctoria	25 g
Matriçariae	30 g

L'acné

Symptômes et causes

L'acné a rendu la vie impossible à beaucoup d'adolescents. Les éruptions qui apparaissent surtout sur le visage peuvent conduire à des problèmes psychiques, voire à de profondes dépressions. L'acné *vulgaris,* maladie des glandes sébacées, est la forme la plus courante et se caractérise par de petites pustules et des kystes remplis de pus situés à fleur de peau. À cela s'ajoutent des facteurs du système nerveux, des troubles digestifs et intestinaux. Cette maladie est généralement provoquée par des dérangements glandulaires ou par des réactions à certains aliments comme le chocolat, le porc ou des farineux; mais la cause réelle est la formation répétée d'hormones sexuelles, et l'augmentation de l'activité des glandes sébacées. Il se forme alors de petits boutons qui sont le siège idéal des bactéries.

L'acné empire généralement en hiver pour s'estomper au printemps et disparaître complètement, puis recommencer en automne. Il existe diverses thérapies, mais elles ont toutes le désavantage de tolérer les récidives. La radiothérapie par exemple est à proscrire. Les thérapies avec rayons guérissent rarement: la radiation solaire n'a qu'un effet limité et la lampe à rayons ultraviolets est plus néfaste que bénéfique. L'apport vitaminique peut même stimuler l'acné; en général, la nourriture est importante dans l'acné et une alimentation complète ne peut être que bénéfique à l'organisme.

Le cas

Suzanne F., de Darmsttadt, nous montre les problèmes auxquels les jeunes sont confrontés. Elle raconte: «Lorsque les premiers boutons apparurent, je fus alarmée; le mal fut vite réparé avec un peu de poudre, mais l'éruption se propagea durant la nuit. Là il n'y eut plus aucun remède, aucune crème, aucun bain de soleil. Lorsque je vis qu'en plus mon ami se détournait de moi, je me rendis dans une clinique dermatologique. Là non plus on ne trouva aucune solution, aucun traitement qui vint à bout de l'acné. Ce n'est finalement qu'un mélange spécial de plantes qui m'aida. Après quelques jours déjà je vis les premiers effets positifs. Après quelques semaines ma peau était redevenue toute douce.»

L'acné

Recette 1

Pissenlit	25 g
Pensée	15 g
Fenouil	25 g
Camomille	15 g

Boire cette infusion plusieurs fois par jour.

Recette 2

Fenouil	25 g
Camomille	15 g
Pissenlit	25 g
Luffa cylindrica	20 g
Carum copticum	20 g
Gangrea maderaspantana	20 g

Boire cette infusion plusieurs fois par jour.

Recette 3

Racine de chiendent rampant	25 g
Laîche	15 g
Racine de pied-de-loup	35 g
Camomille	25 g

Recette 4

Feuilles de framboisier	25 g
Bourse-à-pasteur (plante)	25 g
Millepertuis	25 g
Aspérule odorante	15 g

1 tasse 3 fois par jour.

Recette 5

Fleurs d'arnica	25 g
Bourse-à-pasteur (plante)	25 g
Pensée	25 g
Camomille	25 g

Recette 6

Feuilles d'ortie	25 g
Camomille	25 g
Millepertuis	25 g
Sauge	25 g
Souci	15 g

Boire cette infusion très chaude, 3 fois par jour, de préférence en alternant avec la recette 5. Il est recommandé de traiter l'acné avec des compresses de camomille et de jus de concombre chaud.

Les maladies chroniques de la peau

Symptômes et causes

Par suite de maladies inexpliquées du métabolisme basal, certains troubles rendent la peau plus sensible aux maladies de toutes sortes. Parfois ce sont des problèmes d'épiderme formé, parfois ce sont des maladies congénitales, comme une peau trop épaisse et trop dure qui s'enlève comme des écailles; dans les pires cas, la peau ressemble à celle du poisson. Dans certaines maladies congénitales, un eczéma se forme, saigne de temps à autre et s'agrandit, pour des raisons inconnues.

Le cas

Barbara M., de Winterthur, n'avait jamais eu de problème de peau durant sa jeunesse. À 30 ans, elle eut soudain de douloureuses plaques rouges; la démangeaison, insupportable, la forçait à se gratter jusqu'au sang. Les pommades n'eurent qu'un résultat partiel, étant donné que le corps, immunisé, ne réagissait plus. Lorsque Mme M. commença à prendre des infusions de plantes, les douleurs disparurent complètement. Depuis, trois ans se sont écoulés sans aucune rechute.

Les maladies chroniques de la peau

Recette 1

Pissenlit	25 g
Fenouil	30 g
Pensée	25 g
Camomille	30 g
Cassia alata	25 g

Recette 2

Racine de pied-de-loup	40 g
Camomille	30 g
Feuilles d'orme	30 g
Racine de chiendent	20 g
Sauge	35 g
Dianella ensifolia	25 g

Recette 3

Bourse-à-pasteur (plante)	30 g
Camomille	45 g
Millepertuis	20 g
Sauge	30 g
Nerium indicum	20 g

Recette 4

Fleurs d'arnica	25 g
Feuilles de framboisier	30 g
Souci (plante)	30 g
Véronique	25 g
Camomille	40 g
Terminalia edulis	20 g

Recette 5

Aspérule odorante	35 g
Sauge	25 g
Camomille	45 g
Millepertuis	30 g
Thespesia populnea	20 g

Recette 6

Pensée	30 g
Sauge	35 g
Fleurs de sureau	30 g
Sauge	25 g
Feuilles d'orme	30 g
Nypa fruticans	25 g

Recette 7

Bouleau	30 g
Pensée	15 g
Spirée	25 g
Ortie	30 g

1 tasse 2 à 3 fois par jour.

Recette 8

Chicorée sauvage	10 g
Pissenlit	5 g
Trèfle d'eau	15 g
Fenouil	25 g
Pensée	25 g
Écorce de bourdaine	35 g

Employer comme dans la recette 7.

Recette 9

Écorce de bourdaine	25 g
Bouleau	30 g
Pensée	25 g
Fleurs de sureau	25 g
Fenouil	15 g
Réglisse	20 g

Employer comme dans la recette 7.

Recette 10

Prunellier	25 g
Mélisse	20 g
Achillée	20 g
Prèle	15 g
Chardon bénit	20 g
Ortie	25 g
Racine de pissenlit	15 g
Sauge	15 g

1 tasse 2 à 3 fois par jour.

Recette 11

Géranium	25 g
Fumeterre	20 g
Absinthe	10 g
Véronique	25 g
Chiendent rampant	20 g
Lignunu guajaci	15 g

3 c. à soupe pour 1 litre d'eau; boire par petites gorgées durant la journée.

Recette 12

Ortie (plante)	15 g
Racine d'inula	25 g
Fumeterre	35 g
Violette	30 g
Plantain lancéolé	10 g
Géranium	5 g

Préparer et utiliser comme dans la recette 11.

Recette 13

Racine de chicorée sauvage	45 g
Véronique	25 g
Fumeterre	25 g
Réglisse	5 g
Sassafras	3 g
Fenouil	1 g

1 tasse 2 à 3 fois par jour.

Recette 14

Absinthe	5 g
Inula	40 g
Fumeterre	35 g
Véronique	15 g
Chiendent rampant	15 g
Géranium	10 g

Moudre toutes les herbes très fin et mélanger 1 c. à thé avec du cidre 5 à 8 fois par jour.

L'eczéma

Symptômes et causes

L'eczéma, maladie de l'épiderme, prend différents aspects: rougeurs ou petites vésicules qui suintent, forment des croûtes et finalement des pellicules. L'eczéma avec vésicules cause de terribles démangeaisons. Si la maladie se prolonge, la peau s'épaissit et ressemble à du bois. Contrairement aux crises aiguës qui durent quelques jours, l'eczéma chronique dure des mois. L'eczéma séboracé, lui, s'installe dans les parties où il y a de fortes sécrétions sébacées comme dans la région du nez, de la bouche ou au milieu de la poitrine et du dos. L'eczéma est produit par des bactéries de la peau, surtout des staphylocoques.

L'eczéma de contact se déclare lorsque la peau touche des matières étrangères: produits de beauté, médicaments, térébenthine, chrome, nickel, caoutchouc, teintures et autres. Il faut encore mentionner l'eczéma d'usure, provoqué par l'assèchement de la peau au contact d'eau, de savon, de ciment, de chaux ou de nettoyants industriels.

Le cas

Christa G., de Kiel, possédait un petit salon de coiffure et avait trois employées. Elle était très heureuse, mais un jour apparurent sur ses mains de petites vésicules humides qui la démangeaient. Au contact permanent de savons, de teintures et d'autres produits alcalins, sa peau était devenue extrêmement sensible. Mme G. souffrait d'un eczéma *professionnel*. Elle soigna ses mains avec divers produits, mais le résultat fut chaque fois passager et son eczéma se propagea. Le médecin lui conseilla d'abandonner son métier, car son eczéma risquait de devenir chronique. Finalement, la malade essaya des infusions qui lui furent recommandées. Après le traitement, son eczéma régressa, la peau devint plus claire et lentement, une nouvelle peau se forma. Maintenant Mme G. et ses trois employées prennent régulièrement le mélange de plantes à titre préventif.

Recette 1

Berbéris	20 g
Véronique	20 g
Bardane	15 g
Gaillet	20 g
Souci	15 g
Pensée	15 g

1 c. à soupe pour 250 ml d'eau; boire par petites gorgées durant la journée.

Recette 2

Pissenlit	25 g
Bourdaine	20 g
Polypode	15 g
Feuilles de véronique	15 g

Faire bouillir dans 1 litre d'eau; boire 1 tasse matin et soir.

Recette 3

Feuilles de spirée	20 g
Pissenlit	25 g
Écorce de bourdaine	20 g
Racine de violette	20 g
Achillée	25 g

1 c. à soupe par tasse d'eau, laisser infuser environ 5 heures, filtrer; boire 1 tasse par jour.

Recette 4

Feuilles de spirée	25 g
Pissenlit	25 g
Écorce de bourdaine	20 g
Marrube	25 g
Chiendent rampant	25 g

Préparer et employer comme dans la recette 3.

Recette 5

Berbéris	25 g
Véronique	20 g
Bardane	20 g
Gaillet	25 g
Souci	20 g
Pensée	15 g

1 c. à soupe pour 1 tasse d'eau; boire 1 tasse 3 fois par jour.

Recette 6

Douce-amère	35 g
Ortie	35 g
Écorce d'orme	30 g

Préparer et employer comme dans la recette 5.

Recette 7

Feuilles de mûres sauvages	25 g
Écorce de chêne	20 g
Sauge	20 g
Prèle	15 g
Petite centaurée	20 g

Préparer et employer comme dans la recette 5.

Recette 8

Réglisse	30 g
Petite centaurée	25 g
Pousses de sapin	55 g

Préparer et employer comme dans la recette 5.

Recette 9

Véronique	35 g
Paille d'avoine	35 g
Baies de genévrier	40 g

Préparer et employer comme dans la recette 5.

Le lupus

Symptômes et causes

Le lupus désigne une tuberculose de la peau: de petits nœuds jaunâtres se forment et se transforment souvent en plaies qui détruisent une grande partie de la peau. La maladie prend différentes formes. Le *lupus pernio* est une tuméfaction œdémateuse qui atteint les ganglions lymphatiques, les poumons et la peau.

Le lupus érythémateux, qui modifie la peau du visage, est très souvent causé par des maladies internes, comme l'inflammation de l'endocarde ou des reins, ou par certains médicaments. Il se caractérise par un eczéma symétrique de la peau, des douleurs articulatoires, des poussées de fièvre et une perte de poids. Il atteint le plus souvent les femmes dans la trentaine.

Le cas

Ilse B., de Essen, avait depuis quelque temps de petits nodules au visage, répartis d'une façon très régulière. À cela s'ajoutèrent des douleurs dans les articulations. Elle laissa passer le temps, espérant que le mal se résorberait, mais le contraire se produisit: elle eut une légère fièvre et ses nodules se propagèrent. Elle se rendit chez le médecin qui lui prescrivit toute une série de médicaments. Mais aucun ne fit effet. L'éruption et les douleurs articulaires s'accentuèrent. Lorsqu'elle abandonna les médicaments, les nodules régressèrent légèrement. Finalement, Mme B. se mit au régime des infusions et prit régulièrement des plantes médicinales. La fièvre baissa et son état s'améliora considérablement. Les nodules disparurent et Mme B. fut débarrassée de cette dermatite.

Le lupus

Recette 1

Prèle	30 g
Absinthe	30 g
Plantain lancéolé	30 g
Moyenne stellaire	30 g

L'urticaire

Symptômes et causes

L'urticaire commence par des démangeaisons, des picotements et des brûlures. De petites proéminences apparaissent soudain, allant de la taille d'une lentille à celle d'un sou, de couleur rouge ou blanche. Ces enflures peuvent se propager sur tout le corps ou se localiser. Les enflures sont considérables et forment même des cloques. Il s'agit généralement d'une réaction allergique au lait, aux œufs, aux fruits et légumes, au miel, aux noix, au poisson ou à différents médicaments. Par contre, une simple irritation de la peau, la chaleur, le froid, la lumière, la fatigue physique ou l'effort peuvent provoquer l'urticaire. Les premières causes sont toutefois beaucoup plus courantes que les secondes.

Le cas

Ludwig F., de Kulmbach, souffrait d'urticaire récurrent depuis longtemps. Différentes parties de son corps en étaient recouvertes, des cloques lui causaient de fortes démangeaisons, surtout après avoir mangé des sucreries. Monsieur F. passa toute une série de tests chez un dermatologue, qui lui prescrivit des médicaments dont certains ne firent qu'augmenter son mal. Il fit un ultime essai avec des mélanges de plantes médicinales. Il prit trois fois par jour une infusion d'un mélange préparé spécialement pour lui et vit très vite un effet positif. Au bout d'une semaine, les démangeaisons avaient disparu et quelque temps après, toutes les parties malades étaient redevenues saines.

L'urticaire

Recette 1

Achillée	25 g
Feuilles de noyer	25 g
Coquilles de noix	30 g
Baies de genévrier	15 g
Ortie	15 g

3 à 4 c. à soupe par litre d'eau; boire 1 tasse 2 à 3 fois par jour.

Recette 2

Ortie	100 g

1 tasse 4 à 5 fois par jour.

Recette 3

Fleurs de tilleul	15 g
Ortie	35 g
Achillée	30 g
Aiguilles de genévrier	10 g
Coquilles de noix	25 g

Préparer et employer comme dans la recette 1.

Le psoriasis

Symptômes et causes

Qui a déjà souffert de psoriasis sait combien cette dermatose est difficile à enrayer. Elle est non seulement disgracieuse, mais elle peut aussi avoir des conséquences graves. Le psoriasis se déclare surtout entre 10 et 40 ans, et on estime que 3 ou 4 p. 100 de la population en est atteinte.

La maladie se manifeste par de petites pellicules argentées ou grises sur une rougeur de la peau, des squames qui saignent si on les enlève. La maladie arrive par poussées et, dans certains cas, les ongles peuvent aussi être atteints; ils deviennent alors épais et friables.

Si on ne la soigne pas la maladie peut attaquer les articulations et favoriser des déformations avec ankylose et rétractions. Tous les moyens employés jusqu'à ce jour pour la guérir ont été médiocres parce qu'on évite la cause de la maladie. Le psoriasis est dû à une mauvaise alimentation et à des troubles du métabolisme encore inconnus. Le cuir chevelu, la racine des cheveux, les coudes, les genoux et l'anus sont particulièrement touchés, et il ne faut pas oublier que la cortisone produit une dégénérescence de la peau et de graves récidives.

Le cas

Viola H., de San Francisco, s'enthousiasmait pour ses études de médecine et de biologie, mais elle avait un problème: la racine de ses cheveux, son cuir chevelu et son dos étaient recouverts de psoriasis. Aussitôt que des squames disparaissaient, d'autres surgissaient. Aucun remède n'arrivait à enrayer le mal. Viola refusa la cortisone à cause des effets secondaires. C'est alors qu'elle entendit parler des plantes médicinales du Dr Hochenegg. Elle les prit régulièrement en infusion. Au bout de quelques semaines, les plaques rouges s'éclaircirent et sa peau redevint saine.

Le psoriasis

Recette 1

Racine d'ortie	25 g
Pissenlit (plante)	25 g
Trèfle d'eau	15 g
Pongamia pinnata	15 g
Romarin	10 g
Véronique	15 g

Recette 2

Mercuriale	25 g
Fleurs de souci	15 g
Chélidoine	5 g
Ortie	25 g
Cerfeuil	15 g
Gmelina philipinensis	15 g

Recette 3

Fenouil	30 g
Nerium indicum	25 g
Fumeterre	25 g
Camomille	25 g

Recette 4

Pissenlit (plante)	20 g
Camomille	25 g
Celosia argentea	15 g
Scrofulaire	25 g
Lycopodium clavatum	10 g

Recette 5

Gratiole	10 g
Racine de chicorée	15 g
Scrofulaire	15 g
Véronique	25 g
Mercuriale	5 g
Dolichos lablab	15 g

La transpiration excessive

Symptômes et causes

Les glandes sudoripares peuvent être suractivées sur tout le corps, mais aussi dans certaines parties comme les épaules, les pieds, les mains ou les aisselles. Il y a deux millions de glandes sudoripares réparties sur tout le corps, particulièrement sur le front, dans les mains et sous la plante des pieds.

Ces glandes, incluant les glandes odorantes, sont beaucoup moins des organes d'évacuation que des régulateurs de chaleur dont la sécrétion aigre-aqueuse empêche la prolifération de bactéries. Partout où se trouvent des glandes odorantes, aux narines, aux aisselles ou aux canaux des cheveux, se forment des espaces dans la paroi protectrice de l'acidité de la peau. Les bactéries et les champignons peuvent y pénétrer facilement, et c'est la raison pour laquelle on y trouve souvent des dermatites.

Le cas

Anita H., de Lindau, avait un problème. Souvent, sans raison apparente, elle était en sueur et c'était particulièrement désagréable en société. Elle aurait volontiers pris une douche toutes les heures et changé constamment de vêtements. Tous les remèdes et les produits sanitaires furent inefficaces. Elle se rendit même chez un psychologue qui, durant des mois, essaya de trouver la raison de cet excès de sueur chez sa patiente. En dernier ressort, Anita H. se mit à boire différentes infusions. Après quelques jours à peine, elle constata une amélioration. Quelques semaines plus tard, ce trouble avait complètement disparu. «Pour moi, dit-elle, pouvoir danser à nouveau sans crainte, c'est ce qui est le plus beau.»

La transpiration excessive

Recette 1

Noix	35 g
Hysope	15 g
Sauge	15 g

1 c. à soupe par tasse; boire 1 tasse le soir.

Recette 2

Valériane	15 g
Prèle	15 g
Sauge	70 g

1 c. à soupe par tasse; boire 1 tasse 3 à 4 fois par jour.

Recette 3

Sternanis	25 g
Achillée	45 g
Sauge	50 g

1 tasse 2 à 3 fois par jour.

La sueur aux aisselles

Recette 4

Feuilles de chêne	50 g
Prèle des champs	50 g

3 c. à soupe par litre, laisser infuser 10 minutes; laver les aisselles plusieurs fois par jour.

Recette 5

Écorce de chêne 100 g

Préparer et employer comme dans la recette 4.

Recette 6

Sauge 45 g
Noix 25 g
Hysope 30 g

1 tasse le soir.

Recette 7

Prèle 15 g
Sauge 70 g
Valériane 15 g

1 tasse 2 à 3 fois par jour.

Recette 8

Gentiane 15 g
Romarin 15 g
Sauge 5 g
Prèle 15 g

1 c. à soupe par litre; boire 1 tasse le soir.

La transpiration des pieds

Recette 9

Anaphalide 25 g
Écorce de chêne 20 g
Sureau 25 g
Son de blé 25 g
Sauge 25 g

Faire bouillir dans 4 litres d'eau, laisser infuser 10 minutes; tremper les pieds pendant 20 minutes.

Recette 10

Prèle des champs 55 g
Feuilles de noyer 45 g

Faire bouillir dans 3 litres d'eau; tremper les pieds tous les jours.

Recette 11

Prèle des champs 25 g
Écorce de chêne 45 g
Sanguinaire 25 g
Serpolet 15 g
Romarin 15 g

4 c. à soupe dans 1 litre d'eau, ajouter 500 ml de ce mélange à 4 à 5 litres d'eau et y tremper les pieds.

L'odeur corporelle trop forte

Recette 12

Sauge 100 g

Se laver plusieurs fois par jour avec l'infusion.

Recette 13

Petite centaurée 100 g

Boire 1 tasse 2 fois par jour.

Les ulcères aux jambes

Symptômes et causes

Ces plaies proviennent de troubles circulatoires, causés très souvent par une chaussure mal adaptée. Les parties sont fortement pigmentées, et la peau dégénère. Si les plaies ne sont pas traitées par un spécialiste, le mal s'étend, d'autres plaies apparaissent et se rattachent les unes aux autres pour ne plus former qu'une seule grande plaie. Les parties atteintes développent une croûte jaune-verdâtre qui sécrète une odeur désagréable, et les contours s'enflamment; très souvent, il y a danger de thrombose.

L'hypertension, le diabète et le manque d'exercice prédisposent à la formation d'ulcères, surtout à l'intérieur de la jambe, au-dessus de la cheville. Chez les diabétiques, il faut porter une attention particulière aux pieds et aux jambes pour empêcher cette formation d'ulcères.

Le cas

Kurt G., de Brème, souffrait depuis son plus jeune âge d'enflures et d'inflammation aux jambes, et il était impossible d'en trouver l'origine, quoiqu'on ait déjà remarqué une légère prédisposition suite au diabète. Un jour, après qu'il ait porté une charge assez longtemps, ses jambes commencèrent à lui faire mal et, dans la nuit, il eut des crampes; les crèmes et les pommades calmèrent les douleurs, mais dans les chaleurs d'été, son mal s'intensifia. Après le travail, ses jambes enflaient et il avait des poussées de fièvre mensuelles. En une année, ses plaies devinrent béantes, se répandirent sur ses deux jambes et il eut des douleurs terribles dans la nuit. Les médecins conseillèrent l'intervention chirurgicale. Finalement, monsieur G. entreprit une cure de plantes et au bout de quelques semaines, il y eut les premiers résultats couronnés de succès: la lourdeur dans les jambes devint supportable; quelques semaines plus tard, la croûte diminua et une nouvelle peau rosée apparut, puis les enflures disparurent complètement.

Les ulcères des jambes

Recette 1

Prèle des champs	35 g
Menthe poivrée	45 g
Achillée des montagnes	20 g
Camomille	20 g
Cyperus rotundus	20 g

Recette 2

Millepertuis	35 g
Camomille	35 g
Menthe poivrée	35 g
Ortie	45 g
Dactyloctenium aegyptium	20 g

Recette 3

Verge d'or	35 g
Camomille	45 g
Bruyère	35 g
Calophyllum inophyllum	15 g

Recette 4

Plantain lancéolé	35 g
Achillée	20 g
Bruyère	35 g
Glycosmis pentaphylla	25 g

Recette 5

Racine d'arnica	20 g
Achillée des montagnes	35 g

Racine de berbéris	25 g
Petite centaurée	35 g
Basella rubra	*25 g*

Recette 6

Feuilles de noyer	35 g
Pied-de-loup	35 g
Racine de consoude	20 g
Canarium luzonicum	35 g

Recette 7

Prèle des champs	25 g
Sureau	35 g
Consoude	35 g
Areca catechu	20 g

Recette 8

Arnica	15 g
Tussilage	35 g
Sanguinaire	20 g
Souci	35 g
Ortie	35 g
Ximenia americana	25 g

Les verrues

Symptômes et causes

Les verrues sont des excroissances cutanées qui se présentent la plupart du temps sur les mains et les doigts. On peut cependant les trouver au visage et aux pieds. Il existe deux sortes de verrues, l'une virale, donc contagieuse, et l'autre, qui survient avec l'âge, à cause d'une trop forte teneur en gras dans la peau. Dans le premier cas, l'infection est aléatoire et les verrues peuvent apparaître individuellement ou par «foyers»; elles peuvent en outre régresser subitement après quelques mois. Les contours des verrues sont généralement bien délimités, avec un diamètre de deux à dix millimètres. Les verrues se propagent par la sueur et l'humidité; le traitement n'arrive pas toujours à détruire le virus qui alors peut ressurgir ailleurs.

Le cas

Monsieur Karl R., de Bad Godesberg, avait des verrues aux deux mains depuis son plus jeune âge. Il se fit ausculter par de nombreux dermatologues et essaya une panoplie de remèdes, sans aucun résultat. Comme M. R. rencontrait un grand nombre de clients et qu'il avait honte de montrer ses mains, ces verrues lui créèrent de véritables problèmes psychologiques. Par un collègue dont la femme souffrait du même mal, il entendit parler des mélanges de plantes. Il suivit le traitement, et après quelques semaines à peine, les verrues disparurent les unes après les autres, sans douleur et sans intervention chirurgicale.

Les verrues

Recette 1

Oignon	30 g
Tragopogon	30 g
Pissenlit	40 g

Mélanger le tout, presser et appliquer plusieurs fois par jour.

Recette 2

Cyprès	45 g
Joubarbe	25 g
Mamilaria	35 g

Mettre 100 g dans 500 ml d'alcool à 64 p. 100 pendant 2 semaines, filtrer, mouiller un petit morceau de lin et l'appliquer sur la verrue.

Recette 3

Tiges de chélidoine	100 g

Bien presser et humidifier la verrue plusieurs fois par jour.

Recette 4

Souci	100 g

Employer comme dans la recette 3.

Recette 5

Teinture d'arnica	100 g

Humidifier la verrue plusieurs fois par jour.

La guérison des plaies

Symptômes et causes

La guérison des plaies suit toujours un processus bien déterminé: il y a d'abord coagulation du sang et le corps élimine des fibrines qui collent la plaie et forment une croûte. Sous cette couche protectrice, la plaie peut alors guérir. Après quelques jours, les contours de la plaie se referment, puis la plaie elle-même se referme. Des tissus conjonctifs se développent alors et une nouvelle capillarité se forme à travers les nouveaux tissus. Pendant tout ce processus, la peau reste sensible aux parasites. Les mélanges de plantes réduisent et éliminent même ces ennuis.

Le cas

Le jeune Christophe C., âgé de 12 ans, se blessa au tibia gauche en faisant de l'alpinisme. La plaie, de la taille d'environ une pièce d'un dollar, fut aseptisée, mais elle lui fit très mal pendant la nuit. Il s'était gratté à cause des démangeaisons et du pus commença à se former dans la plaie; les microbes se propagèrent. Mais après une cure de plantes de quatre semaines, la plaie se referma complètement, ne laissant qu'une toute petite cicatrice.

La guérison des plaies

Recette 1

Épilobe	35 g
Alchémille	15 g
Absinthe	15 g
Thym	25 g
Acalypha indica	20 g

Recette 2

Petite centaurée	35 g
Potentille (plante)	35 g
Sanguinaire	20 g
Anthyllide	20 g
Anaphalide	35 g
Hyptis capitata	20 g

Recette 3

Racine de cala	35 g
Sanguinaire	20 g
Arnica	15 g
Alchémille	35 g
Ethulia conycoides	20 g

Recette 4

Achillée	45 g
Alchémille	35 g
Guimauve	45 g
Anaphalide	20 g
Bauhinia tomentosa	20 g

Recette 5

Sanicle	20 g
Alchémille	25 g
Alchémille des Alpes	20 g
Guimauve	20 g
Grammatophyllon skriptum	20 g

8.

Les maladies cardiaques et circulatoires

Les problèmes cardiaques et l'insuffisance cardiaque

Symptômes et causes

Les maladies cardiaques ont diverses origines. Chaque cas requiert un diagnostic et un traitement médicaux, mais dans toutes les maladies, on retrouve toujours un affaiblissement de la circulation sanguine qui provoque un blocage des vaisseaux au niveau du cœur et des poumons et une mauvaise irrigation de l'organisme, ce qui entraîne des complications graves. Les différentes maladies cardiaques peuvent présenter les mêmes symptômes. L'insuffisance cardiaque, par exemple, occasionne une diminution de force physique, un manque d'air au moindre effort, des jambes enflées et une congestion sanguine. Dans les cas graves, il en résulte une hydropisie des poumons et une mauvaise circulation dans les reins.

Une insuffisance ventriculaire gauche se manifeste par de la fatigue, une difficulté respiratoire, une sensation de froid, une dyspnée et une toux nocturne provoquée par l'amas d'eau dans les poumons. Parfois il y a une légère expectoration sanguine quand on tousse. Il faut immédiatement suivre un traitement médical pour éviter les conséquences mortelles de l'hydropisie pulmonaire dont les symptômes incluent: sentiment d'étouffement, bleuissement, accélération des battements du cœur, de la respiration, pâleur et sueurs froides.

Dans l'insuffisance cardiaque, le cœur est mal oxygéné par le sang; on appelle cela une «hypoxie». Les extrémités des nerfs deviennent irritées au point de créer des douleurs terribles qui peuvent durer des jours entiers.

Le cas

Dietlinde L., de Graz, souffrait souvent de douleurs cardiaques, mais tous les examens médicaux ne réussirent pas à détecter la maladie. Avec les années, les douleurs augmentèrent de telle sorte que Mme L. dut prendre une retraite anticipée. Une amie lui parla de recettes de plantes qu'elle employa, et bientôt son état général s'améliora. Les douleurs disparurent complètement et, au bout de trois mois, elle put reprendre un travail léger.

Les problèmes cardiaques

Recette 1

Houx	25 g
Primevère	25 g
Racine d'œillet	25 g
Cassia fistula	25 g

Recette 2

Gui	20 g
Genêt	15 g
Potentille	15 g
Fleurs d'aubépine	15 g
Euphorbia pilulifera	25 g
Solanum nigrum	15 g

Recette 3

Racine de chardon bénit	25 g
Houblon	20 g
Pimprenelle	30 g
Pandanus odoratissimus	15 g

Recette 4

Alchémille	15 g
Camomille	25 g
Fleurs de prunellier	25 g
Muguet	25 g
Indigofera tinctoria	15 g

Recette 5

Fleurs de sureau	25 g
Feuilles de romarin	25 g
Menthe poivrée	25 g
Feuilles de mélisse	25 g
Mentha arvensis	15 g
Aegle marmelos	15 g

Recette 6

Valériane	15 g
Mélisse	25 g
Achillée	25 g
Hibiscus sabdariffa	15 g

Helianthus annuus 15 g
Garcinia mangostana 15 g

Douleurs cardiaques provoquées par des ballonnements d'estomac

Recette 7

Potentille 30 g
Agripaume 35 g
Mélisse 35 g
1 c. à thé par tasse d'eau, laisser infuser plusieurs heures, faire bouillir rapidement; prendre 1 tasse 3 fois par jour par petites gorgées.

Les douleurs cardiaques nerveuses

Recette 8

Agripaume (plante) 55 g
Mélisse 45 g
1 c. à soupe par tasse d'eau, à jeun le matin, et le soir.

Recette 9

Valériane 25 g
Mélisse 55 g
Fleurs d'aubépine 20 g
Préparer et utiliser comme dans la recette 8.

Recette 10

Fleurs d'arnica 25 g
Valériane 20 g
Menthe poivrée 55 g
Préparer et utiliser comme dans la recette 8.

Recette 11

Rue 40 g
Romarin 15 g
Feuilles d'aubépine 25 g
Préparer et utiliser comme dans la recette 8.

Recette 12

Valériane 30 g
Fenouil 30 g
Cumin 30 g
Aubépine 30 g

Recette 13

Marrube 35 g
Mélisse 35 g
Menthe poivrée 35 g
Rue 25 g
Préparer et utiliser comme dans la recette 8.

Recette 14

Valériane 25 g
Camomille 25 g
Racine d'œillet 15 g
Menthe poivrée 25 g
Romarin 25 g
Préparer et utiliser comme dans la recette 8.

Recette 15

Valériane 25 g
Feuilles de mûrier sauvage 15 g
Potentille (plante) 15 g
Mélisse 20 g
Achillée 15 g
Préparer et utiliser comme dans la recette 8.

Recette 16

Adonis (plante) 15 g
Fleurs d'arnica 25 g
Valériane 45 g
Gratiole 10 g
Livèche 25 g
Gui 25 g
Laurier-rose 5 g
Achillée 45 g
Fleurs d'aubépine 25 g
Préparer et utiliser comme dans la recette 8.

Recette 17

Valériane 25 g
Feuilles de framboisier 20 g
Pissenlit 15 g
Mélisse 15 g
Racine d'œillet 10 g
Menthe poivrée 15 g
Feuilles d'oranger 10 g
Absinthe 10 g

Préparer et utiliser comme dans la recette 8.

Recette 18

Fleurs d'arnica	15 g
Mélisse	15 g
Rue	10 g
Pimprenelle	20 g

Préparer et utiliser comme dans la recette 8.

Recette 19

Valériane	50 g

1 c. à thé par tasse d'eau, laisser refroidir 5 à 6 heures, faire bouillir 1 tasse le soir et boire chaud.

Recette 20

Valériane	15 g
Mélisse	20 g
Achillée	15 g

Préparer et utiliser comme dans la recette 19.

Recette 21

Marrube	15 g
Fleurs de houblon	20 g
Aubépine	15 g

Préparer et utiliser comme dans la recette 19.

Recette 22

Valériane	15 g
Achillée	15 g
Genêt	20 g

Préparer et utiliser comme dans la recette 19.

Recette 23

Valériane	15 g
Rue	25 g
Arnica	15 g

Préparer et utiliser comme dans la recette 19.

Recette 24

Genêt à balai	30 g
Agripaume (plante)	25 g
Mélisse	40 g
Menthe poivrée	5 g

2 c. à thé par tasse d'eau; 1 tasse 2 à 3 fois par jour.

Recette 25

Racine de chardon bénit	25 g
Fleurs de prunellier	20 g
Valériane	25 g
Muguet	20 g
Lavande	10 g

1 c. à thé pour 250 ml d'eau; 1 tasse 2 fois par jour.

Recette 26

Feuilles de noyer	20 g
Menthe poivrée	15 g
Sauge	10 g
Thym	10 g
Camomille	15 g
Aubépine	10 g
Ansérine	35 g

Préparer et utiliser comme dans la recette 25.

Recette 27

Valériane	25 g
Muguet	20 g
Racine d'œillet	25 g
Alchémille	10 g
Sauge	15 g
Mélisse	25 g

Préparer et utiliser comme dans la recette 25.

Recette 28

Houx	15 g
Alchémille des Alpes	10 g
Primevère	10 g
Gui	15 g
Romarin	15 g
Aigremoine	15 g
Muguet	10 g
Fleurs d'aubépine	10 g
Pimprenelle	15 g
Genêt	15 g

Préparer et utiliser comme dans la recette 25.

Recette 29

Racine de chardon bénit	35 g
Mélisse	30 g
Menthe poivrée	15 g
Muguet	10 g
Valériane	10 g

Préparer et utiliser comme dans la recette 25.

Recette 30

Mélisse	25 g
Valériane	20 g
Alchémille	15 g
Racine de chardon bénit	25 g
Sauge	15 g
Lavande	15 g
Muguet	10 g

Préparer et utiliser comme dans la recette 25.

Recette 31

Feuilles de romarin	35 g
Citronnelle	35 g
Valériane	35 g

1 c. à soupe pour 250 ml d'eau; boire 1 tasse 3 fois par jour.

Recette 32

Mélisse	25 g
Gui	15 g
Valériane	20 g
Alchémille	15 g
Fleurs de lavande	10 g
Fleurs d'aubépine	15 g
Racine d'œillet	10 g

Préparer et utiliser comme dans la recette 31.

Recette 33

Muguet	35 g
Racine de chardon bénit	25 g
Valériane	25 g
Pétales de roses	25 g
Chiendent rampant	15 g

Préparer et utiliser comme dans la recette 31.

Recette 34

Aigremoine	55 g
Racine d'œillet	55 g
Fleurs d'aubépine	25 g
Aspérule odorante	20 g

Préparer et utiliser comme dans la recette 31.

La tachycardie

Recette 35

Fenouil	30 g
Lavande	20 g
Écorce d'orange	25 g
Citronnelle	35 g

1 c. à soupe pour 250 ml d'eau, laisser reposer toute la nuit; boire 1 c. à soupe tous les jours avant le coucher.

Recette 36

Sureau	30 g
Rue de jardin	25 g
Pimprenelle	25 g
Sanguinaire	20 g
Racine d'angélique	20 g

1 tasse 1 fois par jour par petites gorgées.

Recette 37

Tussilage	35 g
Sureau	10 g
Réglisse	15 g
Valériane	15 g
Muguet	10 g
Anis	5 g
Livèche	10 g

Employer comme dans la recette 36.

Recette 38

Rue de jardin	25 g
Valériane	20 g
Camomille	25 g
Menthe poivrée	25 g
Potentille	20 g

Employer comme dans la recette 36.

Recette 39

Mélisse	35 g
Valériane	35 g
Cumin	30 g
Muguet	8 g

Employer comme dans la recette 36.

La myocardite

Recette 40

Fleurs de sureau	25 g
Fleurs d'arnica	25 g

Romarin 15 g
1 c. à soupe par tasse d'eau; boire 1 à 2 tasses par petites gorgées durant la journée.

Recette 41

Menthe poivrée 20 g
Camomille 15 g
Achillée 15 g
Poire 10 g
Citronnelle 25 g
Fenouil 15 g
Aubépine 10 g
2 c. à soupe pour 500 ml d'eau, faire bouillir, laisser reposer toute la nuit; boire durant la journée au lieu de l'eau.

La faiblesse cardiaque

Recette 42

Berbéris 35 g
Rue de jardin 35 g
Romarin 25 g
Achillée 20 g
Arnica 5 g
1 c. à thé pour 1 tasse d'eau; prendre 1 tasse 3 fois par jour.

Recette 43

Arnica 25 g
Romarin 30 g
Fleurs d'aubépine 15 g
Mouron blanc des oiseaux 25 g
1 c. à soupe pour 500 ml d'eau; boire durant la journée par petites gorgées.

Recette 44

Valériane 25 g
Mélisse 30 g
Racine d'œillet 20 g
Fleurs de tilleul 30 g
Préparer et employer comme dans la recette 43.

Recette 45

Rue de jardin 15 g
Valériane 15 g
Romarin 10 g
Fleurs d'aubépine 10 g
1 c. à thé par tasse d'eau, laisser infuser plusieurs heures, faire bouillir; prendre 1 tasse plusieurs fois par jour.

Recette 46

Fleurs de houblon 25 g
Achillée 25 g
Valériane 30 g
Feuilles de mélisse 35 g
1 c. à thé pour 1 tasse d'eau; prendre 1 tasse par jour au coucher.

Recette 47

Prèle 25 g
Renouée des oiseaux 35 g
Fleurs d'aubépine 30 g
1 c. à thé pour 1 tasse d'eau; prendre 1 tasse plusieurs fois par jour.

L'angine de poitrine

Symptômes et causes

Cette maladie est plus fréquente chez les hommes entre 40 et 50 ans. La personne ressent de très fortes douleurs dans la poitrine, du côté gauche; elle a des sueurs froides et sa respiration est difficile. Les crises, qui ne durent que quelques minutes, peuvent survenir plusieurs fois par jour, chaque fois accompagnées d'angoisse face à la mort.

Beaucoup de patients n'arrivent pas à décrire et à localiser la douleur. L'angine de poitrine provient d'une mauvaise circulation sanguine dans les artères et de l'engorgement des vaisseaux qui doivent oxygéner le myocarde. La crise est très souvent suscitée par un trop grand effort physique, par un énervement ou par un repas trop lourd. Les médecins ont déterminé quatre causes à cette maladie: la mauvaise nutrition, l'embonpoint, l'abus de tabac et d'autres produits, l'épuisement nerveux, et parfois le stress. Chaque crise est un signe précurseur d'infarctus.

Le cas

Friedhelm B., de Munich, vivait dans la peur constante après avoir eu trois infarctus. Certain de ne plus trouver aucun secours dans la médecine traditionnelle, il se dirigea vers la science des plantes naturelles. Il but les tisanes mentionnées ci-dessous, et trois semaines plus tard, il se sentit mieux. Il ne fit plus de crise et le sentiment de peur disparut.

L'angine de poitrine

Recette 1

Feuilles de rue de jardin	15 g
Feuilles de mélisse	15 g
Agripaume (plante)	15 g
Serpolet (plante)	25 g
Potentille (plante)	35 g

1 tasse 3 fois par jour.

Recette 2

Potentille	35 g
Feuilles de mélisse	15 g
Feuilles de rue	15 g
Thym	25 g
Fleurs d'aubépine	15 g

1 tasse 3 fois par jour.

Recette 3

Gui	25 g
Fleurs d'aubépine	25 g
Rue de jardin	25 g
Prèle des champs	25 g
Bourse-à-pasteur	25 g

1 tasse 3 fois par jour.

Recette 4

Valériane	20 g
Fleurs d'aubépine	20 g
Fleurs de lavande	20 g
Agripaume	20 g
Citronnelle	15 g
Cumin	20 g
Fenouil	20 g

1 tasse 3 fois par jour.

Recette 5

Racine d'aspérule	35 g
Racine de pimprenelle	55 g
Sauge	25 g
Véronique	15 g
Guimauve (plante)	15 g

Mettre 3 c. à soupe dans 1 litre d'eau; se gargariser une fois par heure.

Recette 6

Fleurs de linaigrette	35 g
Achillée (plante)	75 g

1 tasse 2 à 3 fois par jour.

Recette 7

Muguet	15 g
Mélisse	25 g
Potentille (plante)	35 g
Rue de jardin	45 g

1 tasse 1 à 2 fois par jour.

Recette 8

Racine de valériane	35 g
Rue de jardin	25 g
Mélisse	25 g
Fleurs d'arnica	15 g
Feuilles de romarin	35 g

1 tasse 3 fois par jour.

Recette 9

Fleurs d'aubépine	15 g
Fleurs d'arnica	15 g
Potentille (plante)	20 g
Feuilles de mélisse	20 g

1 tasse 2 à 3 fois par jour.

Recette 10

Valériane	25 g
Rue de jardin	20 g
Mélisse	10 g
Camomille	25 g

Employer comme dans la recette 9.

Recette 11

Millepertuis	35 g
Fleurs de marronnier d'Inde	25 g
Racine de primevères	25 g

Employer comme dans la recette 9.

Recette 12

Mélisse	20 g
Gui	25 g
Alchémille	15 g
Aspérule odorante	20 g

Employer comme dans la recette 9.

Recette 13

Racine de chardon bénit	25 g
Fleurs d'aubépine	25 g
Racine de pivoines	25 g
Gui	15 g
Aigremoine	15 g
Lavande	5 g

Employer comme dans la recette 9.

Recette 14

Potentille	35 g
Rue	15 g
Aubépine	15 g
Serpolet	20 g
Mélisse	15 g

1 c. à soupe par tasse d'eau; boire 1 tasse 3 fois par jour.

Recette 15

Arnica	5 g
Berbéris	30 g
Rue	35 g
Romarin	25 g
Achillée	20 g

Préparer et utiliser comme dans la recette 14.

La faiblesse circulatoire

Symptômes et causes

La faiblesse circulatoire est jumelée à une baisse de la tension sanguine; elle est causée par un empoisonnement, du surmenage physique et intellectuel, des maladies infectieuses, un manque de sommeil ou par l'abus de nicotine et de médicaments. Les personnes faibles ou souffrant d'hypotension sont particulièrement touchées par cette maladie. Des accès de sueurs froides, des vertiges et des papillotements devant les yeux, des maux de tête et un manque d'entrain sont en général suscités par cette maladie.

Le cas

Konrad P., de Dusseldorf, représentant d'une grande firme, souffrait depuis longtemps de troubles circulatoires. Chaque changement de température lui pesait, surtout à l'époque des grandes chaleurs. Certains jours, il ne conduisait pas, par crainte d'avoir un vertige. Après examen médical, il reçut différents médicaments pour aider la circulation, mais il ne pouvait les supporter. Monsieur P. songeait déjà à changer de profession lorsqu'on lui parla des produits naturels du Dr Hochenegg. Il prit quelques jours de congé pour aller se faire ausculter. Le Dr Hochenegg lui prescrivit un mélange de plantes spécial qu'il dut prendre en infusion trois fois par jour. Au bout de trois semaines, Monsieur P. se sentit déjà transformé, plus fort et plus sain qu'auparavant. Les changements climatiques ne l'affectèrent plus.

La faiblesse circulatoire

Recette 1

Mélisse	35 g
Romarin	25 g
Valériane	35 g
Millepertuis	35 g

1 c. à soupe par tasse d'eau; boire par petites gorgées durant la journée.

Recette 2

Valériane	45 g
Fenouil	25 g
Aubépine	25 g
Menthe poivrée	25 g

1 c. à soupe pour 1 tasse d'eau; boire 1 tasse 2 fois par jour.

Recette 3

Achillée	50 g

1 tasse 3 fois par jour.

Recette 4

Gui	50 g

2 c. à thé dans 1 litre d'eau froide, laisser reposer toute la nuit; boire froid le matin.

Recette 5

Sureau	20 g
Tussilage	45 g
Réglisse	15 g
Valériane	15 g

1 tasse, par petites gorgées, 1 fois par jour.

La syncope

Symptômes et causes

La syncope ordinaire est liée à la circulation sanguine. Parmi les causes, citons le collapsus, les troubles circulatoires du cerveau, les empoisonnements par l'alcool, l'insuffisance cardiaque ou l'insolation. Une syncope peut aussi survenir lors d'une joie excessive, d'une frayeur ou d'un dégoût; des douleurs intestinales ou rester debout trop longtemps peuvent ralentir le pouls et dilater les vaisseaux ce qui cause alors une baisse de pression sanguine. La perte de connaissance arrive subitement, mais il y a parfois des signes précurseurs comme de la pâleur, des sueurs, des étourdissements, des tremblements, des malaises. Chez bien des gens la seule vue du sang ou de blessures suffit pour provoquer une syncope. Elle est sans gravité et ne dure que quelques minutes, si on prend soin de placer la tête plus bas que le corps.

Le cas

Karin B., de Dortmund, travaillait comme éducatrice d'enfants. Elle était très aimée et avait beaucoup de succès dans son travail mais aussi dans ses affaires personnelles. Malheureusement, elle avait de fréquentes syncopes. Dans son enfance déjà, il lui était arrivé de voir tout noir, parvenant tout juste à s'asseoir avant de tomber évanouie. Malgré toute une série de consultations médicales et une longue liste de médicaments, il n'y eut aucun changement. Certains médecins pensaient qu'avec les années son état s'améliorerait. Mais il n'en fut rien. Tous les remèdes restèrent sans effet. Karin entendit alors parler des recettes de plantes. Très rapidement après le début de la cure, elle remarqua qu'elle n'avait plus de syncopes. Et depuis deux ans et demi, elle n'en souffre plus.

La syncope

Recette 1

Lavande	45 g
Alchémille des Alpes	15 g
Thym	25 g
Racine d'aspérule	25 g
Romarin	15 g

Mettre 50 g dans 1 litre de vin blanc, faire bouillir, laisser infuser 10 minutes, filtrer, extraire le jus; boire par petites gorgées durant la journée.

Recette 2

Absinthe	35 g
Pivoine	25 g
Menthe poivrée	35 g
Lavande	15 g
Genévrier	15 g

Préparer et employer comme dans la recette 1.

Recette 3

Gentiane	15 g
Lavande	25 g
Mélisse	35 g
Violette	25 g
Zeste de citron	25 g

Préparer et employer comme dans la recette 1.

Recette 4

Arnica	25 g
Lavande	30 g
Armoise	15 g
Angélique	25 g
Serpolet	25 g

Préparer et employer comme dans la recette 1.

9.

Les maladies infantiles

Les maladies en général

Symptômes et causes

Les maladies infantiles sont très diverses; elles vont des faiblesses héréditaires aux infections, aux problèmes de nutrition, aux troubles circulatoires jusqu'aux troubles de croissance et d'apprentissage. Les agents perturbateurs passent par la bouche et les voies nasales pour envahir le corps et provoquer des symptômes caractéristiques: rhume, toux et éruptions cutanées sont des manifestations de défense de l'enfant. Rougeole, varicelle, rubéole, coqueluche, amygdalite, bronchite, avec ou sans pneumonie, ainsi que catarrhe intestinal sont les maladies contagieuses caractéristiques qui provoquent le plus souvent diarrhée et vomissement, fièvre et refroidissement. Quand les enfants se plaignent de douleurs abdominales, les raisons en sont rarement graves. Il s'agit très souvent d'irritations aiguës de l'estomac provoquées par une boisson trop froide ou un excès de nourriture.

Le cas

Almut P., de Munster, était jeune mariée et avait une fillette d'un an qui souffrait souvent de diarrhée. À plusieurs reprises, elle avait changé la nourriture de l'enfant; elle avait consulté deux médecins, mais aucun ne décela un trouble organique. Un jour, lorsque Madame P. confia une fois de plus ses inquiétudes, on lui suggéra les traitements par les plantes. Le Dr Hochenegg composa pour la petite un mélange de plantes qu'elle dut boire trois fois par jour. Après trois jours, la diarrhée avait disparu et l'enfant reprit de l'appétit. La mère continua le traitement pendant deux semaines et réduisit la posologie par la suite à deux tasses par jour. Un mois plus tard, la fillette était entièrement remise.

Les maladies infantiles

Recette 1

Camomille	50 g
Menthe poivrée	50 g

1 tasse par petites gorgées 1 à 2 fois par jour.

Les refroidissements

Recette 2

Fleurs de tilleul	15 g
Fruit de l'églantier	35 g
Sureau	15 g

1 c. à thé dans 250 ml d'eau, laisser infuser 10 minutes, filtrer, sucrer avec du miel, et boire.

Recette 3

Orthosifluon	15 g
Bouleau	15 g
Raisin d'ours	25 g

2 c. à thé pour 250 ml d'eau, laisser infuser 3 à 4 heures, ajouter 1 pointe de soude à 1 tasse, mélanger et boire 3 fois par jour.

Les coliques

Recette 4

Camomille	35 g
Cumin	20 g
Valériane	20 g
Marjolaine	25 g
Fenouil	25 g

1 c. à thé pour 1 tasse d'eau, laisser infuser 5 minutes, boire 1/2 tasse avec du miel par petites gorgées 3 fois par jour.

Les insomnies

Recette 5

Houblon	15 g
Fruit de l'églantier	15 g
Millepertuis	15 g
Mélisse	25 g
Fleurs d'orangers	15 g

2 c. à thé pour 250 ml d'eau, laisser infuser 15 minutes, filtrer; boire 1 tasse matin et soir.

Les douleurs stomacales nerveuses

Recette 6

Camomille	15 g
Tussilage	15 g
Mélisse	20 g
Menthe poivrée	15 g

Préparer et employer comme dans la recette 5.

L'incontinence

Symptômes et causes

Faire «pipi au lit» peut constituer une maladie qu'il faut prendre au sérieux. Cela se produit la nuit et parfois aussi le jour. Il ne s'agit très souvent que d'une surexcitation des muscles de la vessie.

La maladie a souvent une cause psychologique: une éducation trop sévère ou trop relâchée, un manque d'affection ou un manque de confiance. Il faut alors consulter un spécialiste pour voir si l'origine de la maladie n'est pas neurologique.

Le problème peut être héréditaire; il est alors associé à d'autres troubles comme le somnambulisme ou les cauchemars et alors, les traitements par antidépressifs ne donnent guère de bons résultats. Les causes peuvent être physiques, comme une maladie de la colonne vertébrale, une inflammation de la vessie ou un blocage des voies urinaires.

Punitions ou réprimandes ne servent à rien dans les cas d'incontinence urinaire; au contraire, ils ne font qu'empirer le mal. Diminuer la quantité de boisson absorbée n'aide guère plus, bien qu'il vaille mieux s'abstenir de boire avant le coucher.

Le cas

À 14 ans, Herbert G., de Bochum, mouillait encore son lit. Ses parents consultèrent plusieurs médecins. Tous les traitements restèrent inefficaces. Finalement, les parents s'adressèrent au Dr Hochenegg: il guérit d'abord une infection de la vessie, puis il entreprit une cure de trois semaines avec ses mélanges de plantes. À la fin de la quatrième semaine, l'enfant ne mouillait plus son lit; il perdit par conséquent tous ses complexes.

Les maladies infantiles

Recette 1

Feuilles de raisin d'ours	15 g
Écorce de chêne	15 g
Millepertuis	15 g
Fleurs de tilleul	15 g

1 tasse par jour au coucher.

Recette 2

Verge d'or	35 g
Millepertuis	35 g
Tormentille	35 g

Employer comme dans la recette 1.

Recette 3

Véronique	70 g
Achillée	35 g

Employer comme dans la recette 3.

Recette 4

Arnica	15 g
Aigremoine	25 g
Prèle	15 g
Achillée	15 g
Plantain lancéolé	10 g
Tormentille	10 g

Employer comme dans la recette 1.

Recette 5

Pied-de-loup	25 g
Houblon	15 g
Coquelicot	15 g
Aigremoine	35 g
Prèle	25 g
Lamier	15 g
Renouée	25 g

Employer comme dans la recette 1.

Recette 6

Millepertuis	55 g

1 c. à thé pour 1 tasse d'eau; boire 1 tasse dans l'après-midi.

Recette 7

Millepertuis	35 g
Arnica	55 g

Préparer et employer comme dans la recette 6.

Recette 8

Arnica	35 g
Aigremoine	75 g

Préparer et employer comme dans la recette 6.

Recette 9

Arnica	35 g
Achillée	75 g

Préparer et employer comme dans la recette 6.

Recette 10

Raisin d'ours	25 g
Écorce de chêne	20 g
Tilleul	25 g

Préparer et employer comme dans la recette 6.

Recette 11

Prèle	35 g
Tormentille	30 g
Plantain lancéolé	35 g

Préparer et employer comme dans la recette 6.

L'incontinence

Recette 12

Aigremoine	25 g
Achillée	25 g
Millepertuis	20 g
Anacycle	25 g
Aigremoine	20 g

1 c. à soupe pour 250 ml d'eau; boire environ 3 à 4 heures avant le coucher.

Recette 13

Renouée	35 g
Sanguinaire	25 g
Anaphalide	15 g
Millepertuis	25 g
Aigremoine	35 g

1 c. à thé pour 1 tasse d'eau; boire 1 tasse le midi.

Recette 14

Aigremoine	25 g
Écorce de chêne	25 g
Anacycle	15 g
Sanguinaire	25 g
Achillée	35 g

Préparer et employer comme dans la recette 13.

Recette 15

Raisin d'ours	25 g
Aigremoine	35 g
Renouée	30 g
Sanguinaire	15 g
Achillée	15 g

3 c. à thé pour 500 ml d'eau; boire 1 tasse 2 à 3 fois par jour.

Recette 16

Genêt (plante)	15 g
Houblon	15 g
Mélisse	15 g
Aigremoine	10 g
Menthe poivrée	15 g
Absinthe	10 g

1 tasse 2 à 3 fois par jour.

Recette 17

Gentiane	25 g
Bourse-à-pasteur	25 g
Camomille	25 g
Violette	25 g
Chicorée sauvage	20 g

1 tasse 3 fois par jour.

Recette 18

Millepertuis	25 g
Achillée	35 g
Fleurs de tilleul	20 g
Anona reticulata	10 g

Recette 19

Sanguinaire	25 g
Achillée	35 g
Millepertuis	25 g
Achras sapota	25 g

Recette 20

Achillée	25 g
Sanguinaire	35 g
Renouée	25 g
Anona squamosa	15 g

Recette 21

Raisin d'ours	20 g
Écorce de chêne	35 g
Aigremoine	25 g
Eclipta alba	25 g

10.

Les maladies des os et des muscles

L'arthrose

Symptômes et causes

L'arthrose est une usure des articulations qui, lorsqu'elles sont atteintes, supportent mal le poids du corps. La maladie est particulièrement répandue chez les personnes d'un certain âge. On connaît mal les causes de cette affection. On suppose bien qu'une matière infectieuse est responsable, mais on n'a pas réussi à le prouver. Aucune modification spécifique du métabolisme du système vasculaire ou hormonal n'a été constatée. Nous savons par contre que beaucoup plus de femmes que d'hommes sont affectées. L'arthrose se déclare lorsqu'il y a charge physique ou morale trop harassante, et s'il y a endommagement et usure des articulations. Les causes de l'arthrose sont les suivantes: faiblesse des cartilages à cause de l'hérédité ou d'une charge trop forte sur les articulations, de fractures mal guéries ou d'embonpoint, d'excès sportifs et dérèglements hormonaux.

Les modifications apparaissent aux cartilages, qui perdent de leur élasticité, deviennent cassants et s'effritent. À l'étape suivante, l'os est attaqué. La maladie se déclare généralement sournoisement, mais elle peut aussi débuter soudainement avec des douleurs articulaires, de la fièvre et une faiblesse générale. Les genoux et les articulations des pieds enflent et sont très douloureux. Les muscles sont tendus et, finalement, des crampes se produisent.

Le cas

Anton G., de Vienne, souffrait d'une raideur dans les articulations qui s'accentuait. De temps à autre, généralement après une activité physique légère, il ressentait des douleurs sourdes et lancinantes. Ses articulations des pieds étaient enflées et craquaient à chaque mouvement. Il fut d'abord traité par ondes courtes. Comme les résultats n'étaient que passables, il dut prendre des remèdes et des hormones à très forte dose. Mais il n'eut pas le résultat escompté.

Ce n'est que le jour où Monsieur G. découvrit les mélanges de plantes et qu'il les prit régulièrement que ses douleurs et ses enflures régressèrent. Le craquement dans les articulations disparut complètement. À titre préventif, M. G. continue encore, aujourd'hui, à prendre les infusions.

L'arthrose

Recette 1

Grande bardane
Fleurs de primevère
Feuilles de frêne
Valériane
Prèle des champs
Mélanger environ 5 g par litre d'eau, sucrer avec du miel; boire 1 tasse 3 fois par jour.

Recette 2

Bryone à baies rouges	25 g
Fleurs d'arnica	15 g
Poivron	15 g

Laisser infuser pendant 8 jours dans 100 g d'alcool dénaturé.
Mélanger 1 c. à soupe à 2 c. à soupe d'eau.
Frotter les articulations douloureuses 2 fois par jour avec ce mélange.

Recette 3

Rue de jardin	25 g
Potentille (plante)	25 g
Gui	55 g
Prèle des champs	55 g

1 tasse 3 fois par jour.

La goutte et les rhumatismes

Symptômes et causes

Les douleurs articulaires commencent généralement par une fièvre rhumatismale aiguë, accompagnée de modifications générales. Une myocardite, une modification de la valvule cardiaque ou des éruptions cutanées peuvent aussi se présenter. Les cartilages, les articulations des mains, des coudes et des genoux sont particulièrement touchés. La maladie peut affecter les épaules, les hanches et les doigts. Sans un traitement rapide, la maladie peut attaquer d'autres articulations et provoquer de vives douleurs, des inflammations et des enflures. Les complications peuvent atteindre le cœur, causer une myocardite ou une endocardite. Des éruptions peuvent aussi survenir, ainsi qu'une maladie neurologique, comme la danse de Saint-Guy. Mais il y a d'autres causes possibles: la tuberculose, la syphilis et le pus causé par des staphylocoques et des pneumocoques.

Les douleurs sont analogues dans le cas de la goutte, mais celle-ci provient d'une surconcentration d'acide urique. La goutte est une maladie spécifiquement masculine et n'apparaît chez la femme qu'après la ménopause. La goutte n'a en général aucun signe précurseur. Elle est très souvent déclenchée par un objet tout à fait anodin comme une chaussure mal adaptée ou un repas trop copieux. Les crises surprennent le patient la nuit, causant de fortes douleurs dans une seule articulation. La première crise dure généralement quelques jours. Sans traitement, les attaques augmentent et s'intensifient.

Le cas

Anita T., de Trèves, était secrétaire en chef et travaillait huit heures par jour à sa machine à écrire. Des douleurs dans les articulations la forcèrent à réduire son rythme de travail. Malgré un diagnostic de rhumatisme, toutes les analyses restaient négatives. Même des cures dans des établissements spécialisés ne donnèrent aucun résultat. Finalement, Anita T. essaya les recettes de plantes «secrètes». Peu de temps après, elle remarqua, lors de sa gymnastique quotidienne, que la souplesse de ses doigts s'améliorait. Aujourd'hui, elle peut à nouveau bouger ses doigts comme par le passé.

La goutte

Recette 1

Souci 3 g
Pivoine 2 g
Bleuet 2 g
Bourdaine 10 g
Ortie 20 g
Prèle 25 g
Bouleau 25 g
Sureau 15 g
Douce-amère 10 g
Ulmaire 20 g
Saule 25 g
1 tasse 3 à 4 fois par jour.

Recette 2

Achillée 20 g
Cosses de haricots 15 g
Prunellier 15 g
Feuilles de framboisier 20 g
Prèle 20 g
Millepertuis 25 g
Employer comme dans la recette 1.

Recette 3

Bourdaine 15 g
Réglisse 15 g
Bugrane 10 g
Déné 10 g
Sureau 15 g
Genévrier 10 g
Douce-amère 25 g
Employer comme dans la recette 1.

Recette 4

Saule 25 g
Genévrier 25 g
Pied-de-loup 20 g
Prèle 30 g

Recette 5

Noix 20 g
Aubépine 20 g
Genévrier 20 g
Saule 25 g
Prèle 25 g
Employer comme dans la recette 1.

Recette 6

Bouleau 15 g
Prèle 20 g
Fruit de l'églantier 20 g
Genévrier 15 g
Employer comme dans la recette 1.

Recette 7

Bouleau 45 g
Saule 35 g
Bruyère 55 g
Bugrane 35 g
3 c. à thé pour 500 ml d'eau; boire 3 à 4 fois par jour.

Recette 8

Cochléaria 15 g
Bugrane 25 g
Bourse-à-pasteur 25 g
Rhizonea graminés 45 g
Consoude 20 g
Primevère 30 g
2 c. à soupe par litre d'eau; boire par petites gorgées durant la journée.

Recette 9

Bouleau 35 g
Primevère 20 g
Acore 20 g
Consoude 25 g
Rhizonea graminés 40 g
Anaphalide 15 g
Préparer et employer comme dans la recette 8.

Recette 10

Véronique 25 g
Marrube 25 g
Sureau 20 g
Lierre terrestre 15 g
Absinthe 10 g
Rhizonea graminés 35 g
Violette 25 g
Préparer et employer comme dans la recette 8.

Recette 11

Trèfle d'eau 15 g
Germandrée 15 g
Prèle des champs 15 g
Frêne 15 g
Ortie 15 g
Bouleau 25 g
Pâquerette 20 g
Rhizonea graminés 30 g
Préparer et employer comme dans la recette 8.

Recette 12

Marrube 25 g
Acore 20 g
Violette 25 g
Rhizonea graminés 45 g
Lierre terrestre 25 g
Consoude 20 g
Préparer et employer comme dans la recette 8.

Recette 13

Ortie 35 g
Sanguinaire 15 g
Millepertuis 15 g
Rhizonea graminés 35 g
Sureau 15 g
Anaphalide 25 g
Pivoine 25 g

Recette 14

Violette 15 g
Bourdaine 5 g
Sureau 5 g
Prunellier 15 g
1 c. à thé pour 250 ml d'eau; boire 1 tasse 1 à 2 fois par jour.

Recette 15

Sureau 5 g
Fruit de l'églantier 5 g
Séné 15 g
Rhubarbe 15 g
Menthe poivrée 10 g
Préparer et employer comme dans la recette 14.

Recette 16

Cosses de haricots 15 g
Bouleau 15 g
Fruit de l'églantier 15 g
Ortie 15 g
Préparer et employer comme dans la recette 14.

Recette 17

Pissenlit 15 g
Menthe poivrée 15 g
Bugrane 15 g
Verge d'or 25 g
Bouleau 10 g
Préparer et employer comme dans la recette 14.

Recette 18

Prèle 15 g
Séné 15 g
Pissenlit 25 g
Bouleau 15 g
Fruit de l'églantier 15 g
Menthe poivrée 15 g
Saule 15 g
Camomille 15 g
Préparer et employer comme dans la recette 14.

Recette 19

Chardon Marie 15 g
Chélidoine 10 g
Pissenlit 25 g
Menthe poivrée 15 g
Petite centaurée 15 g
Préparer et utiliser comme dans la recette 14.

Recette 20

Pétasite 15 g
Livèche 15 g

Menthe poivrée	10 g
Fumeterre	15 g
Petite centaurée	5 g

Préparer et utiliser comme dans la recette 14.

Recette 21

Marjolaine	20 g
Pimprenelle	25 g
Lavande	20 g
Véronique	25 g
Millepertuis	25 g
Bouleau	45 g
Ortie	25 g
Bugrane	20 g

Préparer et utiliser comme dans la recette 14.

Recette 22

Valériane	25 g
Germandrée	20 g
Pissenlit	15 g
Saule	30 g
Menthe poivrée	15 g
Bouleau	25 g
Pâquerette	5 g
Trèfle d'eau	30 g

1 c. à soupe par tasse d'eau;
1 tasse 2 fois par jour.

Recette 23

Racine de fraisier	45 g
Céleri	25 g
Genêt	25 g
Chardon bénit	25 g

Préparer et utiliser comme dans la recette 22.

Recette 24

Bouleau	15 g
Gentiane	15 g
Valériane	25 g
Bugrane	15 g
Acore	20 g
Absinthe	15 g
Véronique	20 g
Lierre terrestre	20 g

Préparer et utiliser comme dans la recette 22.

Recette 25

Consoude	20 g
Valériane	25 g
Germandrée	20 g
Millepertuis	25 g
Saule	20 g
Chardon bénit	15 g
Bouleau	20 g
Bugrane	15 g

Préparer et utiliser comme dans la recette 22.

Recette 26

Cochléaria	15 g
Consoude	25 g
Trèfle	25 g
Bouleau	30 g
Acanthus illicifolius	15 g
Anaxagorea luzonensis	25 g

1 tasse 3 fois par jour.

Recette 27

Sureau	30 g
Acore	25 g
Bugrane	25 g
Goniothalamus amuyon	10 g

Employer comme dans la recette 26.

Recette 28

Pissenlit	25 g
Germandrée	25 g
Acorus calamus	15 g
Bouleau	25 g
Primevère	15 g

1 tasse 2 à 3 fois par jour.

Recette 29

Ortie	25 g
Alchémille	25 g
Trèfle d'eau	25 g
Bugrane	30 g
Languas payramidata	15 g
Urena lobata	15 g
Thespesia populnea	10 g

Employer comme dans la recette 28.

Recette 30

Achillée	15 g
Sida refusa	15 g

Écorce de saule 25 g
Saponaire 15 g
Employer comme dans la recette 28.

Les rhumatismes

Recette 31

Tige de spirée 25 g
Violette 25 g
Primevère 25 g
Souci 25 g
1 c. à soupe par tasse d'eau, laisser macérer toute la nuit, faire bouillir; boire 1 tasse 3 fois par jour.

Recette 32

Achillée 35 g
Tige de spirée 45 g
Ortie 40 g
Préparer et employer comme dans la recette 31.

Recette 33

Tige de spirée 25 g
Verge d'or 25 g
Prèle des champs 25 g
Tilleul 20 g
Sureau 25 g
Préparer et employer comme dans la recette 31.

Recette 34

Bugrane 25 g
Chiendent rampant 30 g
Bouleau 30 g
Violette 25 g
Préparer et employer comme dans la recette 31.

Recette 35

Bugrane 30 g
Chiendent rampant 30 g
Bourdaine 15 g
Violette 25 g
Réglisse 20 g
Préparer et employer comme dans la recette 31.

Recette 36

Bourdaine 15 g
Arnica 15 g
Saule 45 g
Prèle 35 g
Préparer et employer comme dans la recette 31.

Recette 37

Saule 30 g
Chiendent rampant 25 g
Violette 30 g
Bourdaine 15 g
Genévrier 10 g
Préparer et employer comme dans la recette 31.

Recette 38

Bouleau 25 g
Bourdaine 5 g
Douce-amère 5 g
Genévrier 5 g
Ortie 15 g
Achillée 15 g
Prèle 30 g
Bugrane 10 g
Préparer et employer comme dans la recette 31.

Recette 39

Bouleau 25 g
Ortie 25 g
Saule 20 g
Bourdaine 25 g
Aigremoine 20 g
Anaphalide 25 g
Primevère 20 g
Mettre 25 g dans 1 litre de cidre froid, faire bouillir, laisser infuser 10 minutes, filtrer, extraire; boire 250 ml par petites gorgées durant la journée.

Recette 40

Graines de lin 15 g
Cochléaria 40 g
Consoude 25 g
Saule 15 g
Bourse-à-pasteur 25 g
Préparer et employer comme dans la recette 39.

Recette 41

Saule	25 g
Bruyère	25 g
Chiendent rampant	20 g
Genévrier	15 g
Bourdaine	15 g
Sorbier sauvage	40 g

Préparer et employer comme dans la recette 39.

Recette 42

Camomille	15 g
Ortie	35 g
Saule	25 g
Bourse-à-pasteur	15 g
Sauge	15 g
Bourdaine	25 g
Cochléaria	25 g

Préparer et employer comme dans la recette 39.

Recette 43

Ortie	45 g
Chiendent rampant	15 g
Sureau	15 g
Hièble	25 g
Bugrane	15 g
Primevère	25 g

Préparer et employer comme dans la recette 39.

Recette 44

Bardane	15 g
Bourdaine	25 g
Reine-des-prés	35 g
Saule	20 g
Sassafras	15 g
Ortie	30 g

Préparer et employer comme dans la recette 39.

Recette 45

Saule	25 g
Ortie	25 g
Plantain	15 g
Primevère	35 g
Pivoine (racine)	20 g

Préparer et employer comme dans la recette 39.

Recette 46

Ortie	15 g
Églantier	15 g
Bouleau	10 g
Genévrier	10 g
Menthe poivrée	20 g

Préparer et employer comme dans la recette 39.

Recette 47

Sureau	15 g
Ortie	15 g
Prèle	15 g
Pissenlit	15 g

Préparer et employer comme dans la recette 39.

Recette 48

Saule	15 g
Pissenlit	15 g
Achillée	15 g
Bouleau	15 g
Prèle	10 g

Préparer et employer comme dans la recette 39.

Recette 49

Herniaire	10 g
Millepertuis	15 g
Bugrane	25 g
Genêt	15 g
Bruyère	10 g
Raisin d'ours	15 g
Sauge	15 g
Acore	10 g
Lavande	10 g

1 tasse le matin.

Recette 50

Sureau	35 g
Saule	30 g
Châtaigne	10 g
Prèle	30 g
Tilleul	35 g

Employer comme dans la recette 49.

Recette 51

Ortie	30 g
Pensée	25 g
Bouleau	30 g

Genêt 20 g
Employer comme dans la recette 49.

Recette 52

Saule 35 g
Bruyère 20 g
Cosses de haricots 30 g
Gentiane 10 g
Achillée 25 g
Employer comme dans la recette 49.

Recette 53

Aspérule odorante 45 g
Noix 15 g
Tilleul 60 g
1 tasse 2 fois par jour.

Recette 54

Bouleau 45 g
Saule 45 g
Bourdaine 10 g
Employer comme dans la recette 53.

Recette 55

Ortie 35 g
Marrube 25 g
Sureau 35 g
Petite centaurée 25 g
Employer comme dans la recette 53.

Recette 56

Absinthe 20 g
Bouleau 45 g
2 c. à soupe par litre d'eau, 1 tasse 2 fois par jour.

Recette 57

Anaphalide 25 g
Basilic 25 g
Tilleul 15 g
Achillée 35 g
Valériane 20 g
3 c. à soupe par litre d'eau; boire par petites gorgées durant la journée.

Recette 58

Verveine 25 g
Chicorée sauvage 20 g
Gentiane 10 g
Feuilles de fraisier 20 g
Alchémille 35 g
Préparer et employer comme dans la recette 57.

Recette 59

Acore 15 g
Bugrane 15 g
Alchémille 20 g
Pivoine 20 g
Bourse-à-pasteur 20 g
Préparer et employer comme dans la recette 57.

Recette 60

Angélique 15 g
Fumeterre 15 g
Saponaire 20 g
Arnica 15 g
Renouée 25 g
Verge d'or 25 g
Saule 15 g
Tige de spirée 20 g
1 c. à thé pour 1 tasse d'eau; boire 1 tasse 2 à 3 fois par jour.

Recette 61

Véronique 15 g
Ortie 15 g
Tussilage 15 g
Chiendent rampant 15 g
Prunelle 10 g
Pensée 10 g
Alchémille 15 g
Pissenlit 15 g
Achillée 15 g
Saponaire 15 g
Préparer et employer comme dans la recette 60.

Recette 62

Bugrane 15 g
Acore 20 g
Achillée 15 g
Genévrier 15 g
Cochléaria 10 g
Menthe poivrée 25 g

Camomille	25 g

Préparer et employer comme dans la recette 60.

Recette 63

Douce-amère	5 g
Ortie	15 g
Bouleau	10 g
Millepertuis	15 g
Tige de spirée	15 g
Chicorée sauvage	10 g
Genévrier	10 g
Cosses de haricots	15 g
Acore	5 g
Achillée	15 g
Pissenlit	10 g

Préparer et employer comme dans la recette 60.

Recette 64

Sureau	25 g
Feuilles de groseillier	35 g
Saule	30 g
Bouleau	20 g

Préparer et employer comme dans la recette 60.

Recette 65

Épervière	25 g
Filipendule	20 g
Feuilles de bégonia	25 g
Feuilles d'artichaut	20 g
Camomille	10 g

Préparer et employer comme dans la recette 60.

Recette 66

Bouleau	25 g
Millepertuis	25 g
Sureau	25 g
Pensée	20 g
Tige de spirée	20 g
Saule	24 g

Préparer et employer comme dans la recette 60.

Recette 67

Cochléaria	15 g
Trèfle d'eau	15 g
Achillée	35 g
Anaphalide	25 g
Trigonelle	30 g

Mettre 4 c. à soupe dans 1 litre de cidre froid, faire bouillir, laisser infuser 10 minutes, filtrer; boire par petites gorgées durant la journée.

Recette 68

Ortie (plante)	45 g
Anaphalide	25 g
Saule	15 g
Absinthe	5 g
Ulmaire	20 g

Préparer et employer comme dans la recette 67.

Recette 69

Sorbier sauvage	25 g
Sauge	25 g
Ortie	35 g
Plantain lancéolé	25 g

Préparer et employer comme dans la recette 67.

Recette 70

Tige de spirée	30 g
Sorbier sauvage	25 g
Bourdaine	15 g
Ortie	35 g
Sassafras	15 g

Préparer et employer comme dans la recette 67.

Recette 71

Primevère	30 g
Fleurs de lilas	10 g
Ortie	35 g
Graines de lin	15 g
Céleri	20 g

Préparer et employer comme dans la recette 67.

Recette 72

Arnica	15 g
Bouleau	20 g
Feuilles d'artichaut	20 g
Frène	25 g
Bourrache	15 g
Filipendule	15 g

1 c. à soupe par tasse d'eau; boire 1 tasse 3 fois par jour.

Recette 73

Frène	35 g
Noix	35 g
Saponaire	30 g

Préparer et employer comme dans la recette 72.

Recette 74

Bourrache	25 g
Sureau	20 g
Frène	20 g
Filipendule	20 g
Menthe	25 g
Tiges de maïs	20 g

Préparer et employer comme dans la recette 72.

Recette 75

Cosses de haricots	15 g
Absinthe	20 g
Écorce de saule	30 g
Trèfle d'eau	35 g

1 tasse 1 à 2 fois par jour.

Le lumbago

Symptômes et causes

Sous le terme populaire de lumbago, on entend toute douleur dans la région lombaire et le sacrum. En général, tous les muscles de cette région sont durcis et bloqués. Un lumbago peut être provoqué par un effort physique trop grand, un mouvement maladroit, des modifications dégénératives de la colonne vertébrale, une réaction allergique, des foyers chroniques d'infection, un pied dont l'arche est affaissée ou d'autres troubles des membres, comme une jambe trop courte. Pour le traitement, il est très important d'avoir un diagnostic exact.

Le cas

Martina F., de Stuttgart, souffrait de scléroses multiples. Toujours assise dans un fauteuil roulant, sa colonne vertébrale s'était tassée. Ses douleurs devinrent si intenses que Madame F. ne pouvait pratiquement plus bouger. Finalement, la patiente essaya quelques infusions de plantes qui provoquèrent une diminution des douleurs aiguës. Avec une pommade dans la région lombaire, elle put guérir son lumbago.

Le lumbago

Recette 1

Écorce de saule	20 g
Fleurs de spirée	30 g
Alchémille	15 g
Ortie (plante)	40 g
Véronique	20 g
Feuilles de bouleau	20 g
Derris trifoliata	30 g

Recette 2

Petite centaurée	35 g
Millepertuis	40 g
Fleurs de sureau	30 g
Genêt	20 g
Aspérule odorante	20 g
Acaypha indica	30 g

Recette 3

Racine d'angélique	30 g
Fleurs de sureau	30 g
Fleurs de tilleul	30 g
Alchémille	35 g
Astonia scholaris	30 g

Recette 4

Baies de genévrier	30 g
Écorce de saule	30 g
Lierre terrestre	30 g
Bugrane	30 g
Amorphophallus campanulatus	30 g

Recette 5

Fleurs de tanaisie	30 g
Rue	35 g
Véronique	20 g
Alchémille	25 g
Primevère	30 g
Anazagora luzonensis	30 g

Recette 6

Genêt	30 g
Acore	30 g
Bruyère	25 g
Feuilles de sauge	25 g
Millepertuis	20 g
Canarium luzonicum	30 g

Recette 7

Fleurs de sureau	40 g
Fleurs de tilleul	30 g
Écorce de saule	30 g
Prèle	20 g
Genêt	30 g
Celasrum paniculata	30 g

Recette 8

Racine de gentiane	30 g
Achillée	30 g
Bruyère	25 g
Prèle des champs	40 g
Pied-de-loup	40 g
Écorce de châtaigner	30 g
Cerbera manghas	35 g

Recette 9

Achillée	40 g
Feuilles de bouleau	40 g
Écorce de saule	30 g
Petite centaurée	30 g
Écorce de bourdaine	30 g
Cassia fistula	30 g

Recette 10

Feuilles de noyer	30 g
Aspérule odorante	30 g
Genêt	40 g
Evolvulus alsinoide	30 g

Les crampes

Symptôme et causes

Une crampe est une contraction douloureuse des muscles ou des organes internes comme l'œsophage, l'estomac, l'intestin, les bronches ou l'utérus. Un simple étirement des muscles, provoqué par le surmenage ou une charge inhabituelle, peut provoquer une crampe de la jambe, une mauvaise irrigation sanguine, un manque de calcium dans le sang ou encore un empoisonnement. Il faut aussi noter les crampes provoquées par les outils de travail comme la machine à écrire et les instruments de musique.

Le cas

Gertrud H., de Hambourg, avait des crampes dans les jambes depuis un certain temps, surtout la nuit. Lorsque les douleurs s'amplifièrent, elle consulta son médecin de famille qui ne découvrit ni rétrécissement vasculaire, ni mauvaise circulation sanguine. La patiente semblait en parfaite santé, mais elle avait toujours ses douleurs. Alors Madame H. entendit parler du fameux effet de certaines plantes sur les crampes. Elle les essaya et une semaine plus tard, elle constata que ses crampes avaient diminué. Deux mois plus tard, elles avaient complètement disparu et elle put à nouveau dormir toute la nuit sans problème.

Les crampes

Recette 1

Anis 35 g

Faire bouillir dans 1 litre d'eau, laisser infuser 10 minutes; boire 1 tasse 2 fois par jour.

Recette 2

Basilic 35 g

Préparer et employer comme dans la recette 1.

Recette 3

Coriandre 35 g

Préparer et employer comme dans la recette 3.

Recette 4

Menthe poivrée 25 g

Préparer et employer comme dans la recette 1.

Recette 5

Réglisse 50 g

Faire bouillir dans 1 litre d'eau, laisser infuser 8 à 10 heures; boire 1 tasse 2 fois par jour.

Recette 6

Fleur de la passion 35 g

Faire bouillir dans 1 litre d'eau, laisser infuser 10 minutes; boire 1 tasse 2 fois par jour.

11.

Les douleurs et les maladies de la tête

L'inflammation et les affections des yeux

Symptômes et causes

La plupart du temps, il s'agit d'une inflammation de la conjonctive des yeux, qui se passe comme dans le cas d'un catarrhe. Le malade ne supporte plus la lumière du jour, les larmes coulent et les paupières sont lourdes. La conjonctive enfle et une sécrétion visqueuse et purulente en coule. Une infection par staphylocoque est souvent à l'origine de ce mal. Il s'agit très rarement d'une infection virale.

Si la conjonctivite n'est pas soignée à temps, elle peut provoquer une inflammation ou la perte de la cornée. Dans les cas graves, le malade a la sensation d'avoir un corps étranger dans l'œil et son état général se détériore. Les conjonctives sont très enflées et rouges. La période d'incubation varie selon le genre de bactéries et d'agents provocateurs de la suppuration. Elle varie entre quelques heures et quelques semaines. Dans le cas de la syphilis, par exemple, la conjonctivite apparaît au bout de trois semaines; dans le cas de la tuberculose, après quatre à six semaines.

Un trouble visuel non corrigé peut aussi conduire à une inflammation des yeux. De même les inflammations dues au vent et aux intempéries ne sont pas rares; les corps étrangers, les rayons solaires et les produits irritants peuvent aussi provoquer une conjonctivite. Les gens sujets au rhume des foins en sont particulièrement affectés.

Le cas

Elfriede D. n'arrêtait pas de souffrir d'inflammations du contour des paupières et ses yeux pleuraient. Parfois l'employée de bureau avait l'impression que sa vue devenait de plus en plus trouble. Elle dut abandonner les gouttes oculaires, qui ne faisaient qu'augmenter les douleurs. D'abord à contrecœur, Elfriede D. prit les infusions de plantes prescrites, et trois semaines plus tard, elle constata une nette amélioration. Et après trois autres semaines, toutes ses douleurs avaient disparu.

Les affections des yeux

Recette 1

Euphrasia	45 g
Fleurs de camomille	45 g
Souci	25 g

1 c. à soupe pour 250 ml d'eau; à employer comme compresses.

Recette 2

Feuilles de guimauve	25 g
Fenouil	30 g
Acore	30 g
Camomille	30 g

Faire bouillir, faire des compresses plusieurs fois par jour, appliquer sur les yeux.

Recette 3

Fleurs de camomille	45 g
Souci	25 g
Euphrasia	45 g

1 c. à soupe par tasse d'eau; appliquer en compresses sur les yeux plusieurs fois par jour.

Recette 4

Alchémille	25 g
Fleurs de sureau	25 g
Fleurs de camomille	25 g
Euphrasia	35 g
Rue	15 g

3 c. à thé pour 500 ml d'eau; y baigner les yeux 3 fois par jour.

Recette 5

Euphrasia	35 g
Fenouil	25 g
Verveine	15 g
Feuilles de mauve	35 g
Sauge	15 g

Préparer et utiliser comme dans la recette 4.

Recette 6

Fleurs de bleuet	25 g
Fleurs d'euphrasia	25 g
Fleurs de mélilot	15 g
Feuilles de plantain	15 g

Faire bouillir le mélange dans de l'eau distillée, employer comme compresses sur les yeux.

L'inflammation des yeux

Recette 7

Euphrasia	25 g
Rue	25 g
Thym	25 g
Fenouil	15 g

1 tasse 2 à 3 fois par jour.

Recette 8

Camomille	25 g
Euphrasia	30 g
Géranium	25 g
Sauge	10 g

Employer comme dans la recette 7.

Recette 9

Rue de jardin	15 g
Valériane	25 g
Euphrasia	30 g
Menthe poivrée	15 g
Mélisse	10 g

Employer comme dans la recette 7.

Recette 10

Fenouil	15 g
Alchémille	25 g
Aloès	10 g
Verveine	10 g

Employer comme dans la recette 7.

Le catarrhe de l'œil

Recette 11

Euphrasia	35 g
Camomille	25 g
Géranium	25 g
Alchémille	25 g
Chélidoine	15 g

3 c. à soupe par litre d'eau; prendre des bains d'yeux plusieurs fois par jour.

Recette 12

Fleurs de sureau	35 g
Guimauve	20 g
Fenouil	20 g
Alchémille	25 g
Géranium	25 g

2 c. à thé pour 250 ml d'eau; prendre des bains d'yeux plusieurs fois par jour.

Les douleurs aux yeux

Recette 13

Euphrasia	25 g
Rue	25 g
Thym	20 g
Fenouil	20 g
Camomille	35 g

Prendre des bains d'yeux plusieurs fois par jour.

Recette 14

Menthe Pouliot	25 g
Valériane	25 g
Euphrasia	35 g
Alchémille	25 g
Fenouil	15 g

Prendre 1 bain d'yeux le soir.

La faiblesse oculaire

Recette 15

Rue de jardin	25 g
Euphrasia	25 g
Aloès	25 g
Alchémille	25 g

Prendre 1 bain d'yeux par jour.

Les yeux larmoyants

Recette 16

Euphrasia	55 g
Rue de jardin	35 g
Fenouil	25 g

Faire macérer dans 1 litre d'alcool à 54 p. 100 pendant 2 semaines à environ 20 °C, filtrer tous les 2 jours, prendre des bains d'yeux le soir.

Les paupières enflées

Recette 17

Fleurs de tilleul	30 g
Feuilles de sureau	30 g

Prendre des bains d'yeux plusieurs fois par jour.

Les maladies de l'oreille

Symptômes et causes

L'oreille, comme tout autre organe des sens, est particulièrement sensible. Les maux d'oreille vont du bourdonnement à la surdité. Dans le cas du premier, il s'agit de bruits qu'on entend et qui ne viennent pas de l'extérieur; des sifflements, sonnerie ou chuintement. La surdité, elle, peut avoir des causes différentes. Elle peut être passagère, provoquée par exemple par un bouchon de cérumen ou par un corps étranger; elle peut être le résultat d'une otite aiguë et extrêmement douloureuse, ou encore venir d'un catarrhe du conduit auditif. La surdité due à une infection chronique de l'oreille moyenne est beaucoup plus profonde. Il y a danger quand l'infection affecte l'oreille interne.

Le cas

Kurt W., de Vienne, avait depuis des années des bourdonnements dans les oreilles, et il commençait à entendre de moins en moins. En sa qualité de chef d'un grand bureau, il avait des difficultés à entendre au téléphone et aussi lorsqu'il rencontrait ses clients. Il avait même abandonné les sorties au concert, qu'il aimait énormément. Finalement, Kurt W. se rendit chez plusieurs spécialistes, mais aucun traitement ne fit effet. Tout à fait par hasard, il tomba sur les recettes indiquées dans ces pages. Après avoir pris régulièrement les infusions, les bruits dans les oreilles diminuèrent. Puis il entendit mieux au point d'entendre les plus doux passages d'une pièce de musique.

Les bourdonnements dans les oreilles

Recette 1

Mélisse	25 g
Lavande	25 g
Absinthe	25 g
Racine d'aspérule	25 g
Alchémille des Alpes	25 g

Mettre 50 g dans 1 litre de cidre froid, faire bouillir, laisser infuser 10 minutes, extraire; boire par petites gorgées dans la journée.

Recette 2

Ballote	45 g

Faire bouillir dans 1 litre d'eau; boire 1 tasse 2 fois par jour.

Recette 3

Menthe	50 g

Préparer et employer comme dans la recette 2.

Recette 4

Mélisse	60 g

Préparer et employer comme dans la recette 2.

Recette 5

Épiaire de marais	50 g

Préparer et employer comme dans la recette 2.

Recette 6

Camomille	25 g
Plantain lancéolé	25 g
Fruit d'églantier	25 g
Menthe poivrée	25 g

1 c. à soupe pour 250 ml d'eau; boire durant la journée.

Recette 7

Petite centaurée	55 g
Absinthe	45 g

Préparer et employer comme dans la recette 6.

Les furoncles dans l'oreille

Recette 8

Géranium	25 g
Fougère	25 g
Anaphalide	25 g
Camomille	25 g
Trigonelle	20 g

Mettre 50 g dans 1 litre d'eau froide, faire bouillir, laisser infuser 10 minutes, mettre dans un tissu et poser sur l'oreille 2 fois par jour.

La surdité

Recette 9

Racine d'aspérule	100 g

Mettre dans 1 litre d'esprit-de-vin pendant 2 semaines, filtrer, extraire; prendre environ 25 gouttes avec 1 c. à soupe d'eau 3 à 4 fois par jour.

La perte de cheveux

Symptômes et causes

Aucun domaine n'est aussi lucratif que celui du soin des cheveux. Presque tous les hommes sont effrayés en constatant un bon matin qu'ils perdent leurs cheveux. Les causes de cette perte sont multiples: une maladie infectieuse, des périodes de jeûne, des soucis et le stress.

La perte de cheveux commence, en général, quelques mois après le début des problèmes sauf dans le cas d'empoisonnement par les métaux où la perte des cheveux se fait très rapidement. Ainsi, dans le cas d'un empoisonnement au mercure, elle commence deux à trois semaines plus tard. Si l'organisme manque de fer, de substances minérales ou de protides, s'il y a hémorragie ou anémie, chimiothérapie ou radiothérapie, les cheveux tombent par poignées.

Mais la perte de cheveux est souvent héréditaire et elle commence, chez le fils, à la même époque qu'elle eut lieu chez le père. Dans des cas très rares, il y a chute de cheveux et de poils sur tout le corps.

Le cas

Karin B., de Hanovre, 28 ans, faisait de l'embonpoint et essayait constamment de nouveaux régimes. Il en résulta une carence de substances minérales. Après quelques mois, elle perdit ses cheveux par poignées, ses ongles devinrent cassants et sa peau perdit sa fraîcheur.

Une amie lui parla des recettes de plantes. Lentement, elle s'habitua au goût quelque peu inhabituel du mélange et prit une infusion régulièrement au petit déjeuner. Sa peau reprit un nouvel éclat, ensuite ses ongles devinrent plus durs, et trois à quatre semaines plus tard, ses cheveux repoussèrent.

La perte des cheveux

Recette 1

Prèle des champs 100 g

Préparer une solution, laver le cuir chevelu 2 fois par jour.

Recette 2

Acore 50 g

Chicorée sauvage 50 g

Préparer et employer comme dans la recette 1.

Recette 3

Ortie 50 g

Feuilles de bouleau 50 g

Préparer et employer comme dans la recette 1.

Recette 4

Bardane	20 g
Ortie	20 g
Bouleau	15 g
Arnica	20 g
Buis	25 g
Romarin	15 g
Lavande	10 g

Faire bouillir dans 2 litres de vinaigre, humidifier le cuir chevelu.

Recette 5

Feuilles de capucine	100 g
Feuilles d'ortie	100 g
Feuilles de buis	100 g
Alcool à 68 p. 100	500 g

Laisser infuser 2 semaines, filtrer; masser le cuir chevelu durant la journée.

Recette 6

Racine de bardane	100 g

Préparer et employer comme dans la recette 1; boire 1 tasse 1 à 2 fois par jour.

Recette 7

Feuilles d'ortie	100 g

Faire bouillir dans 500 ml d'eau environ 1/2 heure, laisser infuser 7 à 8 heures. Après le filtrage, mélanger avc 250 ml de vinaigre de vin. Frotter le cuir chevelu tous les soirs.

Recette 8

Essence de lavande	3 g
Extrait d'ortie	20 g
Extrait de bardane	8 g

Mélanger avec 100 g d'alcool à 90 p. 100 et 100 g d'eau de rose. Frotter le cuir chevelu tous les matins.

Recette 9

Racine de bardane	35 g

Faire bouillir dans 1 litre d'eau, laisser infuser, filtrer, mélanger avec 1 c. à soupe d'alcool à 90 p. 100. Masser le cuir chevelu avec cette préparation le matin.

Recette 10

Cresson de jardin	10 g
Saponaire	10 g
Petite centaurée	10 g

Faire bouillir avec 1 litre d'eau; frotter le cuir chevelu 1 fois par jour.

Recette 11

Feuilles de lierre	50 g

Préparer et employer comme dans la recette 10.

Recette 12

Achillée	50 g

Préparer et employer comme dans la recette 10.

Recette 13

Feuilles de rue	50 g

Préparer et employer comme dans la recette 10.

Recette 14

Bardane	30 g
Ortie	35 g
Rue	35 g

Préparer et employer comme dans la recette 10.

Recette 15

Thym	70 g

Préparer et employer comme dans la recette 10.

Recette 16

Feuilles de bouleau	45 g
Ortie	55 g
Bardane	25 g
Dillenia indica	15 g

Recette 17

Romarin	5 g
Lavande	25 g
Ortie	45 g
Flagela ria indica	25 g

Les maux de tête

Symptômes et causes

Les maux de tête sont un signal d'alarme, un symptôme de divers problèmes : inflammation, migraine, surmenage, tumeur, crainte, tension, nervosité, artériosclérose et maladies des yeux. Dans les cas graves comme les tumeurs du cerveau, les maux de tête sont accompagnés de vomissements et de troubles visuels, qui toutefois peuvent se produire lors d'une simple migraine. Dans les cas d'hypertension, les maux de tête se situent le plus souvent dans la partie arrière de la tête. Les maux de tête peuvent survenir précipitamment et — ce qui est plus grave — durer toute la journée; il est, en tout cas, extrêmement difficile d'en trouver l'origine, car le cerveau est insensible à la douleur, même si le thalamus renferme des canaux conducteurs de douleur.

Les maux de tête deviennent dangereux s'ils sont jumelés à des raideurs de la nuque, à des nausées et à des troubles de la conscience. On peut alors soupçonner une hémorragie cérébrale, une tumeur ou une méningite. D'autres causes, comme l'alcoolisme ou la surconsommation de médicaments, signalent une carence dans l'organisme ou la présence de poison.

La constipation chronique, la myopie, la presbytie, l'inaction, le mauvais sommeil et le stress sous toutes ses formes causent aussi des maux de tête. Les migraines se caractérisent par des douleurs dans la moitié de la tête, une grande sensibilité au bruit et à la lumière, ainsi que par des nausées; chez beaucoup, ces accès se produisent surtout à l'automne. Ce n'est qu'après un diagnostic très exact qu'il est possible de trouver la thérapie adéquate.

Le cas

Anne E., de Toronto, travaillait beaucoup comme coiffeuse, mais elle devenait de plus en plus nerveuse. Après six mois, elle eut des maux de tête qui devinrent bientôt chroniques. Ces douleurs restaient une énigme pour les médecins.

Mais ses maux continuèrent et elle devint de moins en moins capable de travailler. Finalement, elle essaya les infusions de plantes. Très vite ses maux de tête disparurent, et même dans les changements climatiques, elle ne ressentit plus aucun mal.

Les maux de tête

Recette 1

Racine de chardon bénit	20 g
Véronique	20 g
Mélisse	25 g
Rue de jardin	25 g
Racine d'aspérule	20 g
Pimprenelle	20 g

3 c. à soupe par litre d'eau; boire par petites gorgées durant la journée.

Recette 2

Plantain lancéolé	15 g
Camomille	15 g
Racine de chardon bénit	35 g
Mélisse	35 g
Mûres sauvages	25 g

Préparer et boire comme dans la recette 1.

Recette 3

Mélisse	25 g
Gui	15 g
Camomille	15 g
Thym	20 g
Arnica	15 g
Véronique	20 g
Rue	15 g

Préparer et boire comme dans la recette 1.

Recette 4

Fenouil	15 g
Achillée	25 g
Lavande	35 g
Valériane	25 g
Camomille	35 g

Préparer et boire comme dans la recette 1.

Recette 5

Gui	25 g
Mélisse	20 g
Primevère	30 g
Petite centaurée	25 g
Violette	15 g
Valériane	15 g

1 c. à thé pour 1 tasse d'eau, mélanger avec du miel; boire 1 tasse 3 à 4 fois par jour.

Recette 6

Écorce de quinquina	25 g
Guarana	15 g
Bruyère	20 g
Houblon	20 g
Primevère	20 g
Cola	15 g
Achillée	35 g
Langue-de-chien	20 g
Camomille	35 g

1 c. à soupe pour 1 tasse d'eau, laisser infuser 10 minutes, filtrer; boire 1 tasse 2 à 3 fois par jour.

Recette 7

Auricule	30 g
Valériane	30 g
Écorce de saule	30 g
Millepertuis	30 g

Préparer et boire comme dans la recette 6.

Recette 8

Valériane	15 g
Camomille	30 g
Guarana	20 g
Plantain lancéolé	30 g
Fleurs de tilleul	30 g

Préparer et boire comme dans la recette 6.

Recette 9

Mûres sauvages	20 g
Valériane	25 g
Plantain lancéolé	30 g
Achillée	20 g
Camomille	25 g

Préparer et boire comme dans la recette 6.

Recette 10

Gentiane	15 g
Verveine	30 g
Sureau	25 g
Oseille	25 g
Primevère	25 g

Préparer et boire comme dans la recette 6.

Recette 11

Valériane	25 g
Fenouil	25 g
Camomille	15 g
Achillée	35 g
Genévrier	15 g

Préparer et boire comme dans la recette 6.

Recette 12

Chardon bénit (plante)	25 g
Houblon	25 g
Gui	35 g
Saule	35 g
Aubépine	25 g

Préparer et boire comme dans la recette 6.

Les maux de tête causés par les douleurs des yeux

Recette 13

Euphrasie	35 g
Fenouil	20 g
Camomille	20 g
Rue de jardin	35 g
Mélisse	15 g

Faire bouillir avec 2,5 litres d'eau, laisser infuser pendant 10 minutes; laver les yeux plusieurs fois par jour.

Les maux de tête causés par le refroidissement

Recette 14

Alchémille	25 g
Thym	25 g
Menthe poivrée	25 g
Tanaisie	25 g
Mélisse	30 g

4 c. à soupe par litre de vin blanc, laisser infuser 10 minutes, filtrer; prendre 1 c. à soupe 4 à 5 fois par jour.

Les maux de tête causés par le foie

Recette 15

Chardon bénit (plante)	15 g
Écorce de bourdaine	25 g
Gui	25 g
Acacia fernesiana	10 g

Recette 16

Petite centaurée	35 g
Chardon bénit (plante)	15 g
Écorce de bourdaine	15 g
Pissenlit	75 g
Absinthe	5 g

Mélanger le tout et moudre fin; prendre 1 c. à thé mélangée avec 2 à 3 c. à soupe de vin blanc, 4 fois par jour.

Recette 17

Aigremoine	45 g
Petite centaurée	35 g
Gui	40 g
Absinthe	5 g
Racine de chardon bénit	20 g
Trèfle d'eau	20 g

Préparer et prendre comme dans la recette 16.

Recette 18

Pissenlit	35 g
Menthe poivrée	25 g
Pimprenelle d'aspérule	25 g
Sanguinaire	25 g

Recette 19

Mélisse	55 g
Menthe poivrée	15 g
Absinthe	5 g
Sanguinaire	20 g
Alchémille	25 g

Préparer et prendre comme dans la recette 16.

Les maux de tête causés par l'estomac

Recette 20

Ortie	25 g
Alchémille	25 g
Petite centaurée	25 g
Racine de chardon bénit	25 g
Trèfle d'eau	15 g
Leonurus sibiricus	15 g
Wedelia chinensis	15 g

Recette 21

Ortie	25 g
Angélique	25 g
Baies de genévrier	25 g
Racine de chardon bénit	25 g
Alchémille	25 g

4 c. à soupe par litre de vin blanc, laisser infuser 10 minutes; prendre 1 c. à soupe 5 fois par jour.

Recette 22

Aigremoine	15 g
Anis	15 g
Coriandre	25 g
Trèfle d'eau	35 g
Racine de chardon bénit	35 g

Préparer et prendre comme dans la recette 21.

Les maux de tête après les repas

Recette 23

Angélique	25 g
Tanaisie	15 g
Menthe poivrée	35 g
Alchémille	35 g
Gentiane	15 g

Mélanger le tout et moudre fin; ajouter 1 pointe de couteau pleine à 1 c. à soupe de vin blanc et prendre après le repas.

Recette 24

Valériane	15 g
Mélisse	35 g
Gentiane	25 g
Trèfle d'eau	35 g
Tanaisie	15 g

Préparer et prendre comme dans la recette 23.

Recette 25

Absinthe	25 g
Racine de chardon bénit	25 g
Petite centaurée	15 g
Valériane	45 g
Chardon	10 g

Préparer et prendre comme dans la recette 23.

Recette 26

Gentiane	25 g
Véronique	25 g
Thym	25 g
Baies de genévrier	25 g
Menthe poivrée	25 g

Préparer et prendre comme dans la recette 23.

Les maux de tête nerveux

Recette 27

Valériane	50 g

1 tasse 1 à 2 fois par jour.

Les maux de tête périodiques

Recette 28

Genévrier	35 g
Plantain lancéolé	35 g
Camomille	35 g

1 tasse 2 fois par jour.

Les maux de tête causés par des douleurs abdominales

Recette 29

Mélisse	35 g

Gui	35 g
Alchémille	25 g
Valériane	15 g
Lamier	15 g

Mélanger le tout et moudre très fin, mélanger à 2 à 3 c. à soupe de vin blanc et prendre 1 c. à thé
3 à 4 fois par jour.

Recette 30

Camomille	35 g
Safran	15 g
Alchémille	35 g
Ansérine	25 g
Mélisse	25 g

Préparer et prendre comme dans la recette 29.

Recette 31

Écorce de chêne	15 g
Camomille	35 g
Ansérine	25 g
Mélisse	25 g
Camomille	25 g

3 c. à thé pour 500 ml d'eau, infuser 15 minutes, filtrer; boire par petites gorgées durant la journée.

Recette 32

Angélique	25 g
Lamier	35 g
Anaphalide	15 g
Gui	25 g
Alchémille des Alpes	25 g

Préparer et prendre comme dans la recette 31.

Recette 33

Ansérine	35 g
Gui	35 g
Muguet	15 g
Sanguinaire	20 g
Alchémille des Alpes	20 g

Préparer et prendre comme dans la recette 31.

Les maux de tête causés par la digestion

Recette 34

Angélique	25 g
Viola adorata	25 g
Tanaisie	10 g
Terminalia catappa	15 g

Les maux de tête causés par le stress

Recette 35

Aigremoine	15 g
Racine de valériane	25 g
Mélisse	25 g
Centella asiatica	15 g

Recette 36

Mélisse	25 g
Menthe poivrée	15 g
Racine de valériane	25 g
Camomille	25 g
Gardenia augusta	25 g

La migraine

Symptômes et causes

La migraine est douloureuse et se produit par accès, sans toutefois engendrer de complications graves. Environ 25 p. 100 des femmes en souffrent plus ou moins; chez les hommes, le pourcentage est moindre, soit environ 18 p. 100. Dans plus de la moitié des cas il s'agit d'une maladie héréditaire. Il s'agit de douleurs qui peuvent durer une heure ou plusieurs jours; la cause peut être hormonale, mais aussi climatique.

Des troubles visuels et des nausées accompagnent souvent la migraine. Ceux qui en souffrent sont généralement très sévères envers eux-mêmes, très perfectionnistes, fiers et stricts. Ces exigences produisent une tension excessive qui déclenche le mal. Ces personnes ont aussi la bouche sèche ou des maux de ventre, quelquefois des coliques, des sueurs, de la tachycardie, de la pression et, dans certains cas, un blocage de la vessie. Une mauvaise alimentation et certains médicaments peuvent aussi causer une migraine. De toute façon il est très important d'établir un diagnostic neurologique exact pour déceler la méningite ou les tumeurs.

Le cas

Elfriede B., de Vienne, étudiait les mathématiques et la physique. Malgré tous ses efforts, ses résultats n'étaient que moyens à cause de migraines quasi hebdomadaires.

Les changements de temps et les problèmes familiaux lui étaient, entre autres, toujours pénibles. Elle se sentait mal et les nausées ne faisaient qu'empirer les choses; elle vomissait de la bile. Ce n'est qu'après avoir pris les infusions de plantes du Dr Hochenegg qu'Elfriede n'eut plus d'accès aussi forts. Aujourd'hui, elle est complètement remise.

Les migraines

Recette 1

Millepertuis	45 g
Racine de chardon bénit	15 g
Camomille	45 g
Mélisse	20 g
Flagellaria indica	25 g

Recette 2

Houblon	25 g
Racine d'aspérule	35 g
Fleurs de millepertuis	20 g
Euphorbia nerifolia	25 g

Recette 3

Mélisse	45 g
Fenouil	25 g
Achillée de montagne	25 g
Camomille	35 g
Heliotropion indicum	35 g

Recette 4

Rue	25 g
Ginseng	25 g
Véronique	20 g
Pimprenelle	25 g
Hibiscus syriacus	25 g

Recette 5

Mûres sauvages	25 g
Racine de chardon bénit	35 g
Valériane	25 g
Homonoia riparia	35 g

Recette 6

Racine d'orchis	25 g
Achillée de montagne	35 g
Plantain lancéolé	25 g
Camomille	20 g
Gossampinus heptaphylla	25 g

Recette 7

Alchémille	25 g
Mélisse	25 g
Houblon	35 g
Nerium indicum	35 g

Recette 8

Violette	35 g
Thym	35 g
Valériane	30 g
Véronique	35 g
Menthe	25 g
Ocinum sanctum	25 g

Recette 9

Aspérule odorante	25 g
Valériane	20 g
Violette	15 g
Petite centaurée	20 g
Mélisse	20 g

1 tasse 3 fois par jour.

Recette 10

Asaret	25 g
Alchémille des Alpes	20 g
Sostère	25 g
Gui	15 g
Lamier	20 g
Ansérine	20 g

3 c. à thé pour 500 ml d'eau, laisser infuser 15 minutes, filtrer; boire par petites gorgées durant la journée.

Les maux de la bouche: I: Mauvaise haleine, abcès, infection de la muqueuse

Symptômes et causes

L'infection de la muqueuse buccale et la mauvaise haleine liée à une maladie de l'estomac ou des voies respiratoires sont les affections les plus fréquentes. L'infection se manifeste par une rougeur très douloureuse et une enflure; tout comme la muqueuse, la langue brûle et la personne salive trop ou pas assez. Le malade souffre d'inappétence, parfois de maux de tête et de fièvre. La maladie peut être provoquée par des streptocoques, des gonocoques, l'herpès et la rougeole. Les problèmes de gencive ou les prothèses mal ajustées peuvent aussi provoquer l'infection, de même qu'une surexcitation de la muqueuse par les piments, l'alcool et les médicaments, ou encore un manque de vitamines ou un empoisonnement par le plomb ou le mercure.

Le cas

Gunther E., de Kassel, se plaignait d'une inflammation buccale continuelle et ne trouvait aucun remède pour l'aider. Il avait constamment la bouche sèche, la langue lui brûlait tellement que les repas devinrent un supplice. Seules les recettes d'infusions mentionnées ici améliorèrent son état. Après trois semaines, les brûlures avaient disparu, et il put manger normalement.

Mauvaise haleine

Recette 1

Sauge	35 g
Sanguinaire	35 g
Anaphalide	35 g
Alchémille	15 g

1 c. à soupe pour 250 ml d'eau; se rincer la bouche plusieurs fois par jour.

Recette 2

Acore	35 g
Camomille	15 g
Achillée	35 g
Écorce de chêne	25 g
Anaphalide	25 g

Préparer et utiliser comme dans la recette 1.

Recette 3

Lavande	25 g
Sauge	35 g
Gentiane	25 g
Genévrier	25 g

Boire 1 tasse 2 fois par jour.

Recette 4

Lavande	35 g
Gentiane	25 g
Romarin	25 g
Verveine	25 g
Rue	10 g

1 tasse 2 fois par jour.

Recette 5

Menthe poivrée	35 g
Anis	35 g
Cumin	35 g

Se rincer la bouche plusieurs fois par jour.

Recette 6

Anis	35 g
Feuille de laurier	25 g
Menthe poivrée	35 g
Fenouil	25 g
Eucalyptus	25 g
Cumin	25 g

Ajouter à 250 ml d'alcool à 68 p. 100 et à un litre de vin doux, laisser mariner pendant 2 semaines, filtrer, boire 1 petit verre après chaque repas.

Abcès buccal

Recette 7

Graines de lin	15 g
Sanguinaire	15 g
Trigonelle	20 g
Alchémille des Alpes	35 g
Alchémille	35 g

1 c. à thé par tasse d'eau; se rincer la bouche toutes les heures.

Infections de la muqueuse buccale

Recette 8

Sauge	50 g
Menthe poivrée	50 g

1 c. à thé par tasse d'eau, se rincer la bouche toutes les 12 heures.

Recette 9

Sauge	55 g
Camomille	45 g

Préparer et employer comme dans la recette 8.

Recette 10

Thym	25 g
Tormentille	20 g
Sauge	55 g

Préparer et employer comme dans la recette 8.

Recette 11

Thym	35 g
Romarin	45 g
Sauge	20 g

Préparer et employer comme dans la recette 8.

Recette 12

Serpolet	40 g
Camomille	45 g
Feuilles de noyer	15 g

Préparer et employer comme dans la recette 8.

Recette 13

Guimauve	25 g
Bourse-à-pasteur	20 g
Prèle	25 g
Feuilles de mûres sauvages	15 g
Marjolaine	15 g

Préparer et employer comme dans la recette 8.

Recette 14

Aigremoine	25 g
Tormentille	20 g
Cochléaria	25 g
Prèle	25 g
Racine de ratania	25 g

Préparer et employer comme dans la recette 8.

Recette 15

Tormentille	50 g

1 c. à thé par tasse d'eau, laisser reposer toute la nuit, faire bouillir; se rincer la bouche toutes les 2 heures avec la concoction tiède.

Recette 16

Écorce de chêne	20 g
Sauge	20 g
Fenouil	10 g
Tormentille	10 g

Préparer et employer comme dans la recette 15.

Recette 17

Anaphalide	15 g
Sanguinaire	25 g
Sauge	30 g
Consoude	25 g
Alchémille	25 g

1 c. à soupe pour 250 ml d'eau; se rincer la bouche plusieurs fois par jour.

Recette 18

Alchémille	25 g
Pimprenelle	20 g
Camomille	45 g
Molène	20 g
Alchémille des Alpes	15 g

Préparer et employer comme dans la recette 17.

Les maux de la bouche: II: Inflammation de la gencive

Symptômes et causes

L'inflammation de la gencive, la parodontose, est une maladie de civilisation qui se répand de plus en plus. La gencive, la peau de la racine et l'os des alvéoles sont enflammés. Dans cette infection, la gencive se rétracte peu à peu pour découvrir le collet des dents qui deviennent alors lâches et qui finissent par tomber. La consommation excessive de produits de luxe, la malnutrition et le tartre dentaire, le manque de vitamines, les maladies du sang et les mauvais soins dentaires sont les causes de cette parodontose. En outre, la fatigue morale peut aussi être néfaste. La parodontose peut être guérie avec les tisanes.

Le cas

Anna A., de Londres, était professeur de musique et avait des problèmes professionnels et familiaux. L'enseignement lui devint de plus en plus insupportable. Elle se plaignait souvent d'inflammations de la gencive avec des saignements. Lorsqu'elle perdit ses incisives, son dentiste lui conseilla de se faire extraire toutes les autres dents parce que toutes commençaient à bouger.

Madame A. prit ses rendez-vous étalés sur six mois. Entre-temps, elle voulut quand même essayer de sauver ses dents. Elle entendit parler de recettes de plantes qui avaient été bénéfiques à certains de ses amis. Dès la première semaine de sa cure, les saignements de la gencive diminuèrent. Madame A. put à nouveau manger une pomme sans avoir plein de sang dans sa bouche. Cela s'est passé il y a six ans et depuis, Madame A. n'a plus perdu une seule dent à cause de la parodontose. Ses gencives sont de nouveau très saines et rosées. Ce qui est étonnant, c'est que les infusions eurent aussi un effet calmant sur Madame A. qui, maintenant, peut de nouveau exercer sa profession sans problème.

L'inflammation de la gencive

Recette 1

Arnica	15 g
Sauge	35 g
Camomille	50 g

1 c. à soupe par tasse d'eau; se rincer la bouche plusieurs fois par jour.

Recette 2

Sanguinaire	55 g
Écorce de chêne	45 g

Préparer et employer comme dans la recette 1.

Recette 3

Sauge	30 g
Arnica	30 g

Préparer et employer comme dans la recette 1.

Recette 4

Sauge 25 g
Trigonelle 25 g
Guimauve 25 g
Joubarbe 20 g
Camomile 25 g

1 c. à soupe pour 500 ml d'eau; se rincer la bouche plusieurs fois par jour.

Recette 5

Sanguinaire 30 g
Sauge 25 g
Alchémille 25 g

Préparer et employer comme dans la recette 4.

Recette 6

Acore 25 g

Faire bouillir dans 1 litre d'eau; se rincer la bouche plusieurs fois par jour.

Recette 7

Sauge 50 g

Préparer et employer comme dans la recette 6.

Recette 8

Écorce de chêne 30 g

Faire infuser dans 1 litre de vin pendant 2 à 4 jours; se rincer la bouche plusieurs fois par jour.

Recette 9

Camomille 30 g
Sauge 25 g
Asystasia gangetica 15 g
Anona reticulata 15 g

Se rincer la bouche plusieurs fois par jour.

Recette 10

Feuilles de mûres sauvages 25 g
Achillée 25 g
Millepertuis 25 g
Feuilles de myrtilles 10 g
Cicca acida 10 g
Costus speciosus 10 g
Dillenia indica 15 g

Employer comme dans la recette 9.

Recette 11

Camomille 25 g
Carissa carandas 10 g
Sauge 25 g
Cynodon dactylon 15 g

Recette 12

Sauge 35 g
Alchémille 25 g
Sanguinaire 40 g
Blumea lacera 30 g

Recette 13

Camomille 50 g
Sauge 45 g
Guimauve 20 g
Trigonelle 35 g
Cisus quadrangularis 30 g

Recette 14

Sauge 35 g
Écorce de chêne 45 g
Trigonelle 25 g
Camomille 50 g
Hibiscus sabdariffa 25 g

Recette 15

Carissa carandas 35 g
Camomille 55 g
Sauge 45 g
Sanguinaire 35 g
Anona muricata 25 g

Recette 16

Bourse-à-pasteur 45 g
Camomille 35 g
Arnica 15 g
Brassica capiata 35 g

Les saignements et autres maladies du nez

Symptômes et causes

Les saignements de nez sont provoqués par des facteurs extérieurs, blessures ou corps étrangers, ou par des maladies générales où il y a, entre autres, modification du sang (l'anémie par exemple), ainsi que par des maladies des vaisseaux sanguins. Il peut y avoir saignement de nez si la pression sanguine monte, comme lors d'un effort physique intense, mais aussi dans les cas de maladies cardiaques ou rénales et du foie. L'hypertonie, la rougeole, la coqueluche et l'artériosclérose sont autant de causes. Le nez lui-même peut être affecté par la furonculose, l'eczéma ou un catarrhe.

Le cas

Hildegard T., de Munich, était une excellente vendeuse dans un grand magasin à rayons. Elle craignait cependant d'être congédiée parce qu'elle devait souvent quitter son travail à cause de saignements de nez qui parfois tachaient la marchandise. Le médecin lui avait conseillé de se mettre des tampons d'ouate dans les narines, mais ce n'était que temporaire et le mal continuait. Une collègue lui parla alors des mélanges de plantes du Dr Hochenegg. Après le traitement, les saignements de nez s'espacèrent. Depuis deux ans déjà, il ont complètement disparu. Hildegard T. put continuer son travail sans problème et depuis, elle est devenue chef de rayon.

Les saignements de nez

Recette 1

Géranium	20 g
Gui	20 g
Violette	25 g
Plantain lancéolé	15 g
Bourse-à-pasteur	40 g

3 c. à soupe pour 1 litre d'eau; boire 1 tasse par jour.

Recette 2

Bourse-à-pasteur	65 g
Gui	25 g
Racine d'aspérule	20 g

Préparer et boire comme dans la recette 1.

Recette 3

Ortie	25 g
Sanguinaire	50 g
Écorce de chêne	35 g

Achillée 40 g
1 c. à soupe pour 250 ml d'eau, mouiller du coton et introduire dans les narines.

Recette 4

Prèle 100 g
Préparer et employer comme dans la recette 3.

Recette 5

Tormentille 35 g
Écorce de chêne 25 g
Préparer et employer comme dans la recette 3.

Recette 6

Renouée 100 g
Préparer et employer comme dans la recette 3.

Recette 7

Ortie 100 g
Préparer et employer comme dans la recette 3.

Recette 8

Plantain lancéolé 100 g
Préparer et employer comme dans la recette 3.

Recette 9

Bourse-à-pasteur 100 g

L'eczéma du nez

Camomille 100 g

Furoncle nasal

Camomille 100 g
Préparer et employer comme dans la recette 3.

Le catarrhe

Pimprenelle 25 g
Viellus (plante) 45 g
Sauge 25 g
Camomille 45 g
2 c. à soupe pour 500 ml d'eau; se gargariser plusieurs fois par jour.

Les mucosités nasales

Racine de saponaire 100 g
1 c. à thé pour 1 tasse d'eau, laisser reposer toute la nuit, faire bouillir; rincer le nez plusieurs fois par jour.

12.

Les maladies neurologiques

Le zona

Sympômes et causes

Le zona est causé par une infection virale qui provoque l'inflammation d'un ganglion. Au début, la peau qui recouvre le nerf malade rougit et brûle; il se forme ensuite de petites bulles. S'il s'agit d'un nerf de la colonne vertébrale, de petites cloques se développent au-dessus de la taille et il peut se passer cinq à huit jours avant que la maladie ne se déclare. Dans les meilleurs cas, le zona peut passer avec quelques petites cloques, sans fièvre ni douleurs intenses; par contre la fièvre peut se manifester et de petites cloques commencent alors à saigner et à s'envenimer et le malade souffre terriblement. Si l'encéphale est atteint, il s'agit d'une maladie grave; la moitié de la tête, la moitié du front, une partie du visage ou du cou sont recouvertes de cloques; une surdité unilatérale peut s'ensuivre, ainsi qu'une calvitie ou une cécité partielles.

Le cas

Elfriede P., de Baden-Baden, se réveilla un matin avec une forte rougeur autour de la taille. Comme elle ne ressentait aucune douleur, elle n'y fit pas attention, mais dès le lendemain, elle eut des douleurs et des cloques qui brûlaient légèrement apparurent. Elle commença à se sentir de plus en plus mal et les cloques se répandirent autour de sa taille. Le huitième jour, la fièvre monta et la douleur l'empêcha de dormir. Le médecin appelé à son chevet diagnostiqua un zona grave et voulut l'hospitaliser parce qu'elle vivait seule. Mais Madame P. refusa et pria une voisine de l'aider. Celle-ci fouilla les livres sur les plantes et les infusions. Elle trouva finalement un mélange que Madame P. ingurgita. Elle put bientôt quitter le lit. Elle avait bu trois à quatre tasses par jour de ce mélange et avait fait des compresses avec la décoction. Depuis, Madame P. n'a plus fait de rechute.

Les maladies neurologiques

Recette 1

Sauge	30 g
Écorce de chêne	25 g
Camomille	15 g
Alchémille	10 g
Mélilot	15 g
Avoine	20 g

4 c. à soupe par litre d'eau, laisser infuser, filtrer, mettre les plantes dans un tissu et appliquer 3 à 4 fois par jour.

Recette 2

Racine de valériane	35 g
Douce-amère	35 g
Fumeterre	30 g
Alchémille	35 g

4 c. à soupe par tasse d'eau; boire 1 tasse 3 fois par jour.

Recette 3

Grains de trigonelle	35 g
Paille d'avoine	30 g
Camomille	15 g
Genévrier (plante)	30 g

Préparer et boire comme dans la recette 2.

Recette 4

Écorce de chêne	25 g
Camomille	15 g
Fleurs de tilleul	15 g
Sauge	25 g
Mélilot (plante)	30 g
Pensée (plante)	20 g

Préparer et boire comme dans la recette 2.

La sciatique

Symptômes et causes

Une des maladies neurologiques les plus courantes est l'inflammation du nerf sciatique. La douleur part du nerf sciatique dans les fesses et descend à l'arrière des jambes jusqu'aux pieds. La sciatique est due à une pression exercée sur les nerfs de la colonne vertébrale qui sortent des interstices entre les vertèbres. La cause la plus courante est le déplacement d'un disque, qui sert d'amortisseur entre les vertèbres. Plus de 85 p. 100 des cas de sciatique sont causés par une hernie discale.

En général, des douleurs surviennent un peu avant l'apparition de la maladie. Un faux mouvement ou une charge trop lourde peuvent alors provoquer des douleurs intenses. Mais les douleurs peuvent aussi surgir après plusieurs jours et augmenter énormément selon les mouvements: se baisser, se tourner ou élever la jambe. Le nerf sciatique est le plus long du corps et par conséquent il est le plus exposé aux inflammations.

Le cas

Après beaucoup de travail, Antoine N., de Freising, avait réussi à se construire une petite maison familiale. En parfaite santé jusque-là, il commença subitement à souffrir de maux de dos qui augmentaient et diminuaient, de sorte qu'après un certain temps, Monsieur N. s'y était habitué. Mais un jour, après une journée normale, il fut subitement pris d'une douleur poignante dans la fesse gauche, le long de la jambe et jusqu'à la pointe des pieds. La nuit suivante, il fut réveillé brutalement par une douleur violente qui prit une ampleur telle qu'il ne put se lever. On l'emmena à l'hôpital et on lui fit quelques piqûres pour calmer la douleur. Cependant, le médicament ne put éliminer la cause du mal. Suite à un trop grand effort pendant des années, Monsieur N. souffrait d'une inflammation du nerf sciatique. Les médicaments chimiques prescrits eurent des effets secondaires dangereux pour le foie et les reins. Ce n'est qu'après avoir pris régulièrement divers mélanges de plantes et des infusions que son état s'améliora. La douleur diminua et disparut complètement sans jamais revenir.

La sciatique

Recette 1

Lierre terrestre 35 g
Bugrane 30 g
Tanaisie 35 g
1 tasse 3 fois par jour.

Recette 2

Millepertuis 35 g
Rue 35 g
Primevère 30 g
1 tasse 3 fois par jour.

Recette 3

Avoine 100 g
Faire bouillir 1 c. à soupe dans 250 ml d'eau, filtrer, boire 1 tasse 2 à 3 fois par jour.

Recette 4

Lierre terrestre 15 g
Bugrane 25 g
Peuplier (plante) 15 g
Anaphalide 35 g
Oseille 15 g
Tanaisie 15 g
3 c. à soupe par litre d'eau, laisser infuser 10 minutes, filtrer; boire par petites gorgées plusieurs fois par jour.

Recette 5

Bourse-à-pasteur 15 g
Molène 10 g
Anaphalide 15 g
Chicorée sauvage 5 g
Achillée 15 g
Préparer et boire comme dans la recette 4.

Recette 6

Achillée 45 g
Bardane 40 g
Bourse-à-pasteur 25 g
Bugrane 20 g
2 c. à soupe dans 250 ml d'eau, laisser infuser 15 minutes, filtrer, mélanger avec du miel et du citron et boire par petites gorgées durant la journée.

Les névralgies

Symptômes et causes

Une impression de surdité et un picotement douloureux dans certains points nerveux sont des signes de névralgie qui apparaissent fréquemment au visage (névralgie faciale). Il est indispensable de consulter un spécialiste, le seul qui soit à même de constater s'il s'agit vraiment de névralgie ou d'un symptôme de sclérose multiple ou d'une autre maladie grave.

La maladie peut être causée par l'alcool ou des métaux lourds qui exercent des pressions sur différents nerfs, ce qui provoque alors un affaiblissement général, une atrophie musculaire, des douleurs ainsi que des troubles sensitifs. Pour traiter les névralgies, les mélanges de plantes qui désintoxiquent et qui éliminent l'eau sont particulièrement recommandés.

Le cas

Le travail de Sybille S. exigeait qu'elle conserve une position stationnaire qui l'ankylosait. Cela lui occasionna des douleurs de plus en plus vives dans les épaules d'abord, puis dans les bras, à un point tel qu'elle ne pouvait ni les étendre ni les lever. Aucun médicament ne fit effet et ce n'est qu'après de longues recherches que Madame S. entendit parler des recettes à base de plantes du Dr Hochenegg. Quelques semaines plus tard, les douleurs diminuèrent et Madame S. put de nouveau remuer les bras sans aucune douleur.

Les névralgies

Recette 1

Racine de valériane	20 g
Camomille	45 g
Feuilles de rue	20 g
Oldenlandia biflora	15 g

Recette 2

Arnica	15 g
Camomille	20 g
Gui	20 g
Mélisse	45 g
Streblus asper	20 g

Recette 3

Rue	25 g
Menthe poivrée	20 g
Racine de chardon bénit	20 g
Achillée	35 g
Sida cordifolia	15 g

Recette 4

Feuilles de framboisier	20 g
Romarin	20 g
Absinthe	10 g
Mélisse	25 g
Pogostemon cablin	15 g

Recette 5

Racine d'orchis	20 g
Lamier	20 g
Alchémille des Alpes	35 g
Romarin	15 g
Argyreia nervosa	15 g

Recette 6

Millepertuis	35 g
Rue	20 g
Ortie	20 g
Achillée	35 g
Cestrum nocurnum	20 g

Recette 7

Anacycle	20 g
Millepertuis	45 g
Baies de genévrier	15 g
Fleurs d'aubépine	20 g
Lagenaria siceraria	15 g

Recette 8

Racine de chardon bénit	45 g

Orchis (plante)	20 g
Lamier	20 g
Armoise	15 g
Cardiospermum halicacabum	20 g

La faiblesse

Symptômes et causes

Les troubles qui prennent leur origine dans le système nerveux sont appelés faiblesse ou nervosité; ils sont provoqués par le manque de sommeil, le surmenage, les soucis, l'énervement, la nicotine, l'alcool, la surconsommation de médicaments et le stress. Mais ce sont avant tout les problèmes psychologiques qui provoquent une faiblesse nerveuse.

Parmi les symptômes on compte l'agitation, les maux de tête, les vertiges, le fait de rougir et de blêmir, l'irritation, la diarrhée, la crainte et le doute.

Le concept de nervosité n'est pas uniforme. On classe sous cette étiquette diverses maladies psychologiques, neurologiques et psychiatriques. Les recettes ci-dessous ont avant tout un effet calmant pour les dépressions, les troubles neurologiques, l'irritabilité ou l'ambivalence.

Le cas

Friedrich Y., de Dortmund, ne se sentait plus vraiment bien depuis quelques années. Il pouvait difficilement faire son travail parce qu'il était constamment de mauvaise humeur. Il prit de nombreux médicaments pour dormir et se calmer, mais leur effet fut temporaire et ils le rendaient somnolent; ils finirent en outre par ne plus produire d'effet du tout. Les traitements psychothérapiques et les longues thérapies de dialogue ne réussirent pas plus à rétablir son équilibre. Seuls les mélanges de plantes aidèrent Monsieur Y. à sortir de son désespoir profond et inexplicable.

La faiblesse nerveuse

Recette 1

Fleurs de houblon	25 g
Camomille	25 g
Fleurs de lavande	15 g
Réglisse	10 g
Enhydra fluctuans	20 g

Recette 2

Origan	25 g
Fleurs de houblon	25 g
Mélisse	20 g
Angélique	20 g
Nerium indicum	15 g

Recette 3

Fleurs de bruyère	25 g
Menthe poivrée	20 g
Trèfle d'eau	25 g
Fleurs de mauve	20 g

Recette 4

Menthe frisée	25 g
Valériane	15 g
Millepertuis	35 g
Feuilles de mûres	20 g
Dolichandrone spanthacæ	15 g

Recette 5

Pointes de houblon	20 g
Romarin	5 g
Racine de valériane	25 g
Millepertuis	20 g
Merremia umbelata	25 g

Recette 6

Racine de valériane	25 g
Racine de gentiane	20 g
Feuilles de framboisier	35 g
Feuilles de rue	25 g
Sauge	5 g
Operculina turpenthum	15 g

Recette 7

Camomille	25 g
Rue	25 g
Mélisse	35 g
Racine d'orchis	25 g
Mastoma polystachium	35 g

Recette 8

Camomille	15 g
Céleri	15 g
Mélisse	30 g
Véronique	35 g
Valériane	25 g

3 à 4 c. à soupe par litre d'eau; boire 1 tasse 3 fois par jour.

Recette 9

Alchémille des Alpes	15 g
Millepertuis	35 g
Racine de chardon bénit	20 g
Mélisse	35 g
Aspérule odorante	15 g

Préparer et boire comme dans la recette 8.

Recette 10

Véronique	15 g
Romarin	25 g
Menthe poivrée	15 g
Primevère	40 g
Violette	25 g

Préparer et boire comme dans la recette 8.

Recette 11

Valériane	35 g
Houblon	25 g
Millepertuis	35 g
Rue	15 g
Orchis	10 g

Préparer et boire comme dans la recette 8.

Recette 12

Bourrache	35 g
Camomille	15 g
Alchémille	35 g
Angélique	20 g

Préparer et boire comme dans la recette 8.

Recette 13

Camomille	25 g
Achillée	30 g
Réglisse	25 g
Houblon	35 g
Lavande	20 g
Menthe poivrée	15 g

1 c. à soupe pour 1 tasse d'eau; boire 1 tasse 3 fois par jour.

Recette 14

Houblon 35 g
Origan 35 g
Camomille 30 g
Préparer et boire comme dans la recette 13.

Recette 15

Lavande 30 g
Valériane 30 g
Trèfle d'eau 40 g
Menthe poivrée 30 g
Préparer et boire comme dans la recette 13.

Recette 16

Valériane 35 g
Mélisse 35 g
Aigremoine 25 g
Bruyère 25 g
Préparer et boire comme dans la recette 13.

Recette 17

Mélisse 65 g
Romarin 25 g
Fenouil 25 g
Préparer et boire comme dans la recette 13.

Recette 18

Angélique 25 g
Houblon 25 g
Fleurs d'oranger 25 g
Valériane 20 g
Mélisse 25 g
Préparer et boire comme dans la recette 13.

Recette 19

Basilic 35 g
Absinthe 25 g
Valériane 45 g
Aubépine 25 g
Préparer et boire comme dans la recette 13.

Recette 20

Camomille 45 g
Feuilles de saule 25 g
Primevère 25 g
Angélique 25 g
Préparer et boire comme dans la recette 13.

Recette 21

Lavande 25 g
Aubépine 35 g
Basilic 25 g
Menthe 35 g
Préparer et boire comme dans la recette 13.

Recette 22

Lavande 25 g
Mélisse 45 g
Trèfle d'eau 35 g
Préparer et boire comme dans la recette 13.

Recette 23

Achillée 50 g
Boire 1 tasse le soir.

L'insomnie

Recette 24

Camomille 25 g
Houblon 25 g
Anis 45 g
Aneth 35 g
Boire 1 tasse par jour.

Recette 25

Lavande 25 g
Achillée 20 g
Mélisse 20 g
Valériane 15 g
Employer comme dans la recette 23.

Recette 26

Aneth 25 g
Menthe poivrée 25 g
Fenouil 20 g
Employer comme dans la recette 23.

Recette 27

Houblon 20 g
Valériane 30 g

Lamier	15 g
Bruyère	20 g
Fleurs d'oranger	25 g

Employer comme dans la recette 23.

Recette 28

Millepertuis	25 g
Valériane	35 g
Houblon	45 g

Employer comme dans la recette 23.

Recette 29

Valériane	10 g
Serpolet	10 g
Cumin	10 g
Fenouil	10 g
Primevère	10 g
Véronique	10 g
Rue	10 g
Tilleul	10 g
Lamier	10 g

Employer comme dans la recette 23.

Recette 30

Alchémille des Alpes	15 g
Thym	35 g
Menthe poivrée	15 g
Violette	25 g
Valériane	30 g

2 c. à soupe pour 500 ml d'eau; boire 1 tasse le soir.

Recette 31

Houblon	35 g
Primevère	35 g
Thym	35 g
Gentiane	20 g
Valériane	25 g
Alchémille	15 g
Mélisse	15 g

Préparer et boire comme dans la recette 30.

Recette 32

Achillée	15 g
Valériane	35 g
Bruyère	25 g
Houblon	35 g

Préparer et boire comme dans la recette 30.

Recette 33

Primevère	25 g
Violette	20 g
Myrte	15 g
Fleurs d'oranger	25 g
Racine d'anacycle	20 g

Préparer et boire comme dans la recette 30.

Recette 34

Gentiane	10 g
Houblon	15 g
Mélisse	10 g
Violette	15 g
Aspérule odorante	10 g
Lamier	15 g
Valériane	20 g
Thym	15 g
Primevère	20 g

Préparer et boire comme dans la recette 30.

Recette 35

Chicorée sauvage	15 g
Bourrache	25 g
Véronique	25 g
Valériane	20 g
Absinthe	10 g
Chardon bénit	15 g

Boire 1 tasse le soir.

Recette 36

Trèfle d'eau	25 g
Valériane	35 g
Angélique	35 g
Menthe poivrée	35 g

Employer comme dans la recette 35.

Recette 37

Mélisse	25 g
Bruyère	25 g
Valériane	50 g

Employer comme dans la recette 35.

Recette 38

Prèle	35 g
Houblon	15 g

Aubépine 45 g
Valériane 15 g
Genévrier 25 g
Employer comme dans la recette 35.

Recette 39

Fleurs de tilleul 30 g
Feuille de buis 15 g
Menthe poivrée 45 g
1 c. à soupe pour 500 ml d'eau; boire 1 tasse 3 fois par jour.

Recette 40

Souci 25 g
Valériane 25 g
Menthe poivrée 25 g
Mélisse 25 g
Saule de rivière 20 g
Préparer et boire comme dans la recette 39.

Les fourmillements dans les jambes

Symptômes et causes

Dans cette maladie, les minuscules terminaux des nerfs s'enflamment sous la surface de la peau, ce qui est particulièrement douloureux. Les causes principales sont essentiellement l'empoisonnement par des alcaloïdes ou des métaux. Souvent, le corps réagit de façon particulièrement intensive à l'alcool ou à des traces de métaux comme le plomb, le mercure ou le cadmium.

Les douleurs sont difficiles à calmer. Mais dans ce cas, des mélanges de plantes peuvent avoir un effet positif s'ils sont employés régulièrement. Si les fourmillements ne sont pas traités, ils peuvent conduire à des troubles de la démarche et de l'équilibre.

Le cas

Lucie K., de Sarrebruck, était vendeuse dans un magasin de mode. Elle resta affectée, physiquement et psychiquement après avoir donné naissance à un enfant anormal et que son mari ait exigé le divorce. Lorsqu'elle commença à sentir des picotements, elle n'y prêta guère attention. Mais comme elle travaillait debout, les douleurs s'accentuèrent au point qu'elle eut l'impression d'être installée sur un tas de fourmis. Ni les bas spéciaux ni l'élévation des jambes ne la soulagèrent.

Pourtant, aucune anomalie n'apparaissait, ni à la colonne vertébrale ni aux articulations, et la circulation sanguine était aussi normale. Finalement, un spécialiste découvrit que Mme K. souffrait d'une inflammation nerveuse toute particulière. On lui prescrivit une infusion de plantes. Les maux régressèrent dès qu'elle eut utilisé un paquet et demi de plantes et un peu plus tard, les brûlures et fourmillements disparurent complètement. Aujourd'hui, Mme K. peut de nouveau travailler à plein temps dans son magasin de mode.

Les fourmillements dans les jambes

Recette 1

Achillée	50 g

Boire 1 tasse le soir.

Recette 2

Menthe	15 g
Ménianthe	35 g

Boire 1 tasse 3 fois par jour.

13.

Les troubles psychiques

L'anxiété

Symptômes et causes

Des conflits sous-jacents et irrésolus sont souvent à l'origine des états d'anxiété permanents ou sporadiques. La crainte peut modifier les fonctions importantes du corps: la circulation sanguine, la tension et le rythme cardiaque. L'anxiété est un malaise psychique provoqué par une menace réelle ou supposée. La peur est due à une cause réelle qui donne un malaise physique comme par exemple un manque d'oxygène ou une sensation d'étouffement.

Si l'anxiété est particulièrement intense devant certains objets ou événements, on parle de phobie: il s'agit d'une crainte injustifiée dont la personne ne peut se libérer par une réflexion rationnelle. Bien au contraire, la crainte a tendance à s'accroître toujours. Cette anxiété commence généralement dès l'enfance ou la puberté. Elle devient par la suite de plus en plus forte et exige alors une thérapie. Mais le traitement de l'anxiété s'est révélé très difficile.

C'est ainsi qu'on n'arrive qu'à de piètres résultats avec tous les remèdes pharmaceutiques et les antidépressifs ne font pas plus d'effet. On a même utilisé les électrochocs pour traiter l'anxiété chronique, mais ils ont des effets secondaires graves.

Le cas

Renate F. de Stuttgart, ne pouvait dormir depuis quelques mois. Des états morbides d'angoisse, inexplicables, l'empêchaient de trouver le repos. Si par hasard elle réussissait à se distraire un peu, elle ressentait, immédiatement après, une anxiété encore plus vive. Ni les produits psychopharmaceutiques ni les électrochocs n'eurent d'effet. Ce n'est que grâce aux infusions que Renate F. sentit s'améliorer son état. Depuis un an, elle est entièrement libérée de ce mal.

Les troubles physiques

Recette 1

Houblon	15 g
Valériane	15 g
Fenouil	30 g
Mélisse	25 g
Menthe poivrée	25 g

Recette 2

Anis	15 g
Racine de valériane	25 g
Écorce de bourdaine	25 g
Fleurs de lavande	5 g

Recette 3

Fleurs de la passion	25 g
Feuilles de mélisse	25 g
Fleurs de tilleul	25 g
Petite centaurée	25 g

Recette 4

Achillée	25 g
Camomille	25 g
Fleurs de la passion	30 g

Recette 5

Pointe de houblon	15 g
Valériane	15 g
Menthe poivrée	35 g

1 tasse 3 fois par jour.

Recette 6

Anis	15 g
Racine de valériane	35 g
Écorce de bourdaine	15 g
Camomille	25 g
Fleurs de tilleul	15 g
Achillée	25 g

1 tasse 3 fois par jour.

Recette 7

Romarin	15 g
Fenouil	15 g
Mélisse	5 g

1 tasse 3 fois par jour.

Recette 8

Fleurs de la passion	20 g
Fleurs de lavande	15 g
Camomille	15 g
Fleurs d'aubépine	15 g

1 tasse 3 fois par jour.

Recette 9

Trèfle d'eau	15 g
Camomille	25 g
Menthe poivrée	15 g
Achillée	25 g

Petite centaurée 25 g
Absinthe 25 g
1 tasse 3 fois par jour.

Recette 10

Racine de valériane 25 g
Fleurs de la passion 20 g
Fleurs d'aubépine 20 g
Feuilles de mélisse 20 g
Fleurs de lavande 15 g
Menthe poivrée 15 g
1 tasse 3 fois par jour.

Recette 11

Violette 25 g
Livèche 15 g
Fleurs de tilleul 15 g
Valériane 35 g
Camomille 25 g
1 tasse 2 à 3 fois par jour.

Recette 12

Valériane 25 g
Racine de chardon bénit 25 g
Alchémille des Alpes 25 g
Rue de vigne 25 g
Fleurs de tilleul 25 g
Mélanger le tout avec 1 litre de vin blanc pendant 10 jours, extraire et prendre 4 fois par jour 1 c. à soupe.

Recette 13

Véronique 3 g
Thym 25 g
Alchémille des Alpes 15 g
Valériane 35 g
Mélisse 15 g
Mettre le tout dans 1 litre de vin blanc pendant 10 jours, filtrer; boire un petit verre 3 à 4 fois par jour.

Recette 14

Camomille 15 g
Véronique 25 g
Thym 15 g
Mélisse 35 g
Valériane 15 g
Fleurs de tilleul 10 g
Menthe poivrée 15 g
Baies de genévrier 10 g
1 tasse 3 fois par jour.

Recette 15

Valériane 55 g
Armoise 15 g
Alchémille des Alpes 15 g
Arnica 15 g
Violette 25 g
1 tasse 2 à 3 fois par jour.

Recette 16

Racine d'aspérule odorante 35 g
Valériane 25 g
Violette 35 g
Arnica 15 g
Drosère 15 g
1 tasse 2 à 3 fois par jour.

Recette 17

Véronique 15 g
Lavande 20 g
Genévrier 15 g
Valériane 20 g
Violette 25 g
Racine d'aspérule 15 g
Mélisse 15 g
Fleurs de tilleul 10 g
Mettre dans 1 litre d'alcool à 60 p. 100 pendant 10 jours; prendre 20 gouttes 5 à 6 fois par jour.

La dépression

Symptômes et causes

La tristesse et la bonne humeur sont des états normaux qui font partie de la vie. On parle de dépression dans les cas où tristesse et souci deviennent si intenses que le malade ne réagit plus à aucun calmant.

C'est surtout en Europe centrale et en Amérique du Nord que les gens souffrent de dépression. Une personne sur 10 est confrontée à cette maladie une fois dans sa vie. Les dépressions surgissent la nuit et transforment complètement la personne. Pendant la crise, le malade voit tout en noir; il se trouve laid, petit, indigne, et il pense que la vie ne vaut plus la peine d'être vécue. Certains malades font même des dépressions physiques. Tout ce qui signifiait auparavant joie et plaisir devient futile. Un sentiment de désolation et d'isolement s'empare du malade, en même temps qu'il se renferme de plus en plus sur lui-même. On enregistre de nombreux symptômes physiques comme les maux de tête, une pression dans la région du cœur, des clignotements des yeux, une fatigue progressive et une grande timidité.

Dans les cas particulièrement graves, la dépression peut évoluer en psychose et occasionner une perte d'orientation. Le dépressif a tendance à s'enfermer dans une prétendue maladie physique qui, évidemment, conduit le médecin à poser un faux diagnostic. Même si, physiquement, il est impossible de déceler quoi que ce soit, le malade se plaint de douleurs et de souffrances imaginaires. Ce qui est significatif chez un dépressif, c'est que même sa voix se transforme. Son ton est monocorde, bas, lent et il s'en tient au strict minimum.

Le cas

Renate K. de Brème, avait tout dans la vie. Elle travaillait dans l'usine de son mari et avait quatre enfants en parfaite santé. Elle n'avait donc aucun souci d'ordre matériel. Mais soudain, en pleine nuit, elle eut des élancements au cœur, puis elle eut l'impression d'un poids considérable sur la poitrine. Finalement, cette femme perdit tout intérêt à la vie; elle se retira dans un coin pour éviter les problèmes. Les infusions de plantes n'eurent pas d'effet non plus, au début, parce que Mme K. se recroquevillait sur elle-même et était terriblement crispée. Il fallut quelques mois pour que les premiers effets se fissent sentir. Il est évident que le traitement d'une dépression doive être jumelé à un traitement médical ou thérapeutique.

Pour s'épanouir

Recette 1

Chardon bénit (plante)	50 g
Mélisse	50 g

1 tasse 3 fois par jour.

La dépression

Recette 2

Millepertuis	45 g
Racine d'orchis	15 g
Racine de véronique	20 g
Mélisse	20 g
Argemone mexicana	25 g

Recette 3

Ortie (plante)	25 g
Cresson de fontaine	35 g
Fleurs de millepertuis	20 g
Desmodium gangeticum	25 g

Recette 4

Mélisse	45 g
Racine de gentiane	25 g
Aspérule odorante	25 g
Houblon	35 g
Calocarpum sapota	25 g

Recette 5

Aspérule odorante	25 g
Ginseng	25 g
Hydrocotyle minor	20 g
Jasminum sambac	5 g
Lavande	30 g

Recette 6

Thym	25 g
Racine de chardon bénit	35 g
Valériane	25 g
Chrysanthemum indicum	15 g

Recette 7

Racine d'orchis	25 g
Achillée de montagne	35 g
Racine d'aspérule	20 g
Camomille	20 g
Cajanus cajan	35 g

Recette 8

Alchémille	25 g
Alchémille des Alpes	25 g
Houblon	35 g
Asplenium nidus	35 g

Recette 9

Gentiane	40 g
Thym	35 g
Valériane	30 g
Véronique	35 g
Menthe poivrée	25 g
Capparis horrida	25 g

Recette 10

Mélisse	40 g
Menthe poivrée	25 g
Orchis	15 g
Alchémille des Alpes	15 g
Millepertuis	35 g

Mettre dans 1 litre de vin blanc froid, faire bouillir, laisser infuser 10 minutes, filtrer, extraire; boire 12 tasses 3 fois par jour.

Recette 11

Valériane	25 g
Alchémille	15 g
Thym	25 g
Violette	45 g
Racine de chardon bénit	10 g

Préparer et boire comme dans la recette 10.

L'hypocondrie

Sympômes et causes

On désigne sous le terme d'hypocondrie l'illusion de souffrir d'une ou de plusieurs maladies. Il ne s'agit en réalité que d'inquiétudes irraisonnées, mais aucune preuve logique ne peut convaincre le malade du contraire. Le comportement hypocondriaque est très souvent lié à une douleur personnelle profonde comme la perte d'un être cher, la solitude ou la colère.

Le cas

Gerda F., de Vienne, était une jeune mariée très occupée par son nouvel intérieur. Mais à côté de cela, elle était constamment dérangée par les appels de sa mère qui lui parlait de ses maladies. Madame F. ne voulait pas dire à sa mère que toutes ces maladies étaient imaginaires, mais finalement, à la voir de plus en plus préoccupée par ses maladies, Mme F. essaya de l'aider par des infusions de plantes. La mère en prit trois fois par jour et leur trouva bon goût. De jour en jour, elle se sentit mieux et tous ses maux disparurent. Quelques semaines plus tard, elle déclara à sa fille n'avoir pas été aussi bien depuis des années. Elle continua à prendre les infusions à titre préventif.

L'hypocondrie

Recette 1

Chicorée sauvage	25 g
Valériane	25 g
Rue	20 g
Mélisse	25 g
Menthe poivrée	25 g

1 tasse 3 fois par jour.

Recette 2

Feuilles de fraisier des bois	25 g
Serpolet	20 g
Aspérule odorante	30 g
Germandrée	25 g

1 c. à soupe pour 250 ml d'eau; boire par gorgées pendant la journée.

Recette 3

Citronnelle	25 g
Menthe poivrée	25 g
Houblon	25 g
Valériane	25 g

Préparer et employer comme dans la recette 2.

Recette 4

Menthe poivrée	25 g
Citronnelle	25 g
Houblon	25 g
Lavande	25 g

Préparer et employer comme dans la recette 2.

L'hystérie

Symptômes et causes

L'hystérie est une névrose qui débute souvent dans la jeunesse. D'ailleurs, contrairement à l'opinion générale, les hommes sont tout aussi sujets à l'hystérie que les femmes; ce sont surtout des personnes qui manquent de maturité devant le danger ou qui n'ont aucun sens des responsabilités. Pour son entourage, l'hystérique est impulsif, influençable et comédien. Or, les symptômes comme l'aphonie, la cécité, la surdité, les paralysies et les douleurs ne sont pas simulés sciemment, mais réellement ressentis. Il peut aussi y avoir des crises qui laissent croire à une crise d'épilepsie. Par surcroît, le malade souffre souvent, en même temps, de difficultés sexuelles et de peurs spécifiques.

Le cas

Herta B., de Lubeck, avait divorcé il y a bien des années et s'était retirée dans une petite maison d'un faubourg de la ville avec sa jeune fille. Cette dernière fit la connaissance d'un homme et emménagea bientôt avec lui. Chaque fois qu'elle rencontrait sa mère, celle-ci lui faisait des scènes injustifiées; elle pleurait et restait inconsolable. Ce comportement ne fit qu'empirer. Un jour, Madame B. appela sa fille et lui demanda de venir d'urgence, parce qu'elle n'était plus en mesure de sortir de son lit. Lorsque la jeune fille arriva, la mère se tenait sur le pas de la porte, faisant comme si de rien n'était. Puis un peu plus tard, elle recommença à lui faire des reproches illogiques et fondit en larmes. À ce moment-là, la jeune fille exigea que sa mère aille voir un médecin, mais les médicaments prescrits lui causèrent des douleurs stomacales terribles. Finalement, la jeune fille entendit parler de la sélection d'herbes médicinales par une collègue de bureau. Madame B. prit régulièrement les préparations prescrites et bientôt, sa fille put constater que sa mère allait beaucoup mieux.

L'hystérie

Recette 1

Aspérule odorante	25 g
Germandrée	25 g
Serpolet	25 g
Feuilles de fraisier des bois	25 g

1 c. à soupe pour 250 ml d'eau, laisser infuser 15 minutes, filtrer; boire par petites gorgées.

Recette 2

Valériane	25 g
Menthe poivrée	55 g
Trèfle d'eau	20 g

1 c. à soupe pour 250 ml d'eau, laisser infuser 2 heures, filtre; boire après les repas du mdi et du soir.

Recette 3

Menthe poivrée	30 g
Houblon	25 g
Valériane	25 g
Citronnelle	20 g

Préparer et employer comme dans la recette 2.

Recette 4

Houblon	25 g
Lavande	20 g
Citronnelle	30 g
Menthe poivrée	25 g

3 c. à soupe pour 500 ml d'eau, laisser infuser 2 heures; boire 1 tasse 2 fois par jour.

Recette 5

Citronnelle	20 g
Basilic	15 g
Houblon	25 g
Lierre terrestre	20 g
Menthe poivrée	20 g

Préparer et employer comme dans la recette 4.

Recette 6

Camomille	10 g
Valériane	10 g
Racine d'œillet	10 g
Mélisse	15 g
Sanguinaire	10 g
Sauge	15 g
Angélique	15 g
Alchémille des Alpes	10 g
Alchémille commune	10 g
Rue	5 g
Gentiane	5 g

3 c. à soupe pour 1 litre d'eau; boire durant la journée par petites gorgées.

L'alcoolisme

Symptômes et causes

Les buveurs invétérés sont malades, c'est connu aujourd'hui. Ils sont incapables de freiner leur consommation d'alcool comme les autres personnes. L'alcoolique, même s'il ne boit pas, reste quand même un alcoolique. Après des années d'abstinence, un seul petit verre d'alcool peut le faire retomber. L'alcool fait partie des rares éléments dont une forte proportion passe directement de l'estomac au sang. De ce fait, le taux d'alcool dans le sang monte très rapidement et l'effet de l'alcool se fait sentir. La plupart des personnes réagissent prudemment dès les premiers effets ressentis et consomment moins ou s'abstiennent; en revanche, d'autres augmentent la consommation d'alcool avec les années jusqu'au moment où arrivent les vrais problèmes avec toutes leurs conséquences. À la fin, c'est l'autodestruction.

Le cas

Werner B., de Cologne, était ce qu'on appelle un gars particulièrement bon: père de famille modèle, réussissant au bureau, bref un homme envié, du moins selon les apparences. Mais chaque fois qu'il prenait un petit verre de trop, il devenait agressif et injuste. Avec le temps sa famille en souffrit de plus en plus. Au travail, Monsieur B. faisait des efforts, mais le soir en famille, il éclatait; amis et connaissances commencèrent à s'en détourner. Il ne supportait plus les scènes avec sa femme dès qu'il avait bu un petit verre de trop. Mais après chaque scène, il regrettait beaucoup. Enfin, il se laissa convaincre de combattre cet alcoolisme qu'il reconnaissait lui-même. Il essaya plusieurs remèdes et médicaments, mais son penchant pour l'alcool revenait toujours. Les infusions recommandées par un ami firent tout d'abord peu d'effet. Ce n'est qu'après avoir pris des infusions spéciales de plantes médicinales qu'il obtint un succès durable.

L'alcoolisme

Recette 1

Fleurs de romarin	100 g

Faire bouillir 6 à 7 c. à soupe dans 1 litre d'eau environ 15 minutes; boire 1 tasse 2 à 3 fois par jour.

Recette 2

Rauwolfie	20 g
Serpolet	100 g

5 c. à soupe dans 1 litre d'eau, laisser infuser très peu de temps; prendre 1 c. à soupe toutes les 2 à 3 heures.

14.

Les anomalies de la glande thyroïde

Le goitre

Symptômes et causes

On appelle goitre une augmentation du volume de la glande thyroïde. Cette dernière peut être hyperactive, hypoactive ou encore normale, mais le goitre apparaît en général dans les cas où il n'y a ni hyperactivité ni hypoactivité, et surtout chez les femmes. Des modifications hormonales du corps comme la grossesse ou la ménopause peuvent jouer un rôle. Un blocage de la glande thyroïde ou encore une mauvaise assimilation d'iode peuvent être à l'origine du goitre. Il existe deux formes de goitre: le goitre sporadique et le goitre simple; celui-ci se retrouve surtout dans les régions où le sol et l'eau potable manquent d'iode, élément indispensable pour la thyroïde.

Certains goitres ne sont qu'apparents, comme le grossissement du cou, et ils ne créent pas de douleurs. D'autres, par contre, grossissent au point d'entraver la respiration et la déglutition, et bloquent la circulation sanguine.

Le cas

Mme Sybille M., de Nuremberg, était en ménopause et en souffrait énormément. Pourtant cette femme de 39 ans prenait tout cela avec humour et acceptait ces modifications naturelles de son corps. Cependant, après quelques mois, elle eut une grosse enflure au cou, puis un goitre. Elle essaya d'abord de le camoufler avec ses vêtements, mais après quelque temps, elle commença à avoir de la difficulté à avaler. Le goitre était très visible et finalement, elle fut prise de fatigue en montant les escaliers et elle manquait d'air au moindre effort; elle commença alors à s'inquiéter. Une amie qui avait eu les mêmes problèmes lui conseilla les mélanges de plantes. Madame M. les prit d'une façon régulière et effectivement, ses malaises diminuèrent et disparurent complètement. L'enflure aussi diminua et disparut.

Le goitre

Recette 1

Cresson de fontaine	25 g
Fucus	45 g
Pimprenelle	15 g
Verveine	15 g
Scrofulaire	25 g

1 c. à thé pour 1 tasse d'eau, laisser infuser 10 minutes, filtrer; boire 1 tasse par jour par petites gorgées.

Recette 2

Fucus	25 g
Gentiane	15 g
Gratteron	15 g
Verveine	25 g
Bétoine	25 g
Valériane	25 g

Préparer et employer comme dans la recette 1.

Recette 3

Fucus	35 g
Écorce de chêne	25 g
Marrube	15 g
Valériane	15 g
Mélisse	35 g

Préparer et employer comme dans la recette 1.

Recette 4

Bétoine	15 g
Mélisse	15 g
Genêt	25 g
Gentiane	15 g
Fucus	35 g
Gratteron	15 g

Préparer et employer comme dans la recette 1.

L'hyperthyroïdie

Symptômes et causes

L'hyperthyroïdie est un dérangement du métabolisme qui est suractivé et accélère l'assimilation des aliments. On en distingue deux sortes: la maladie de Basedow ou goitre exophtalmique et le goitre modulaire.

La maladie de Basedow est sept à huit fois plus fréquente chez les femmes que chez les hommes. Elle survient entre 30 et 40 ans et peut être consécutive à un fardeau moral, à une infection ou à des transformations hormonales. La maladie se traduit par une grande nervosité, une perte de poids, une tachycardie, une diarrhée, une perte de cheveux, des sensations de chaleur ainsi qu'un sentiment de crainte constante. Très souvent dans ces cas, il se forme un goitre. Les yeux saillants sont aussi symptomatiques de la maladie. En effet, l'activité excessive de la thyroïde provient d'un dérèglement de l'hypophyse qui provoque un excès de graisse dans l'orbite oculaire. En outre des mains chaudes et humides et un léger tremblement des doigts écartés sont également des symptômes de la maladie.

Dans le cas de l'adémone de la thyroïde, une partie de la glande thyroïde devient plus grande, ce qui peut entraîner de graves dommages au cœur.

Le cas

Annabella H., de Bayreuth, remarqua qu'elle devenait de plus en plus nerveuse. Elle souffrait de tachycardie continuelle et perdait visiblement du poids. Elle essaya de faire semblant de rien, mais un soir, au souper, elle ne put plus cacher le tremblement de ses doigts. Son mari et ses enfants se firent beaucoup de souci. Elle dut leur promettre de rendre visite au médecin dès le lendemain. Celui-ci constata un hyperfonctionnement de la glande thyroïde, et il lui prescrivit des médicaments. Mais son état ne s'améliora pas, bien au contraire. Ses yeux devinrent de plus en plus saillants, comme s'ils sortaient de leur orbite. Le médecin l'envoya alors chez un spécialiste qui, après une série d'analyses, conseilla l'intervention chirurgicale. Mais Mme H. la craignait. En dernier recours, elle essaya certaines infusions et constata, tout heureuse, que ses yeux redevenaient normaux et que le tremblement des mains diminuait. Au bout de quelques semaines, Mme H. se sentait de nouveau en bonne forme. Un nouvel examen démontra que l'hyperfonctionnement avait complètement disparu.

L'hyperthyroïdie

Recette 1

Fucus 45 g
Trèfle 45 g
Cônes de houblon 25 g
Osmonde royale 20 g
1 c. à soupe pour 1 tasse d'eau; boire 1 tasse 1 fois le matin.

Recette 2

Véronique 15 g
Écorce de chêne 15 g
Fleurs de houblon 15 g
Lichen d'Irlande 10 g
Millepertuis 15 g
Mélisse 15 g
Souci 15 g
Romarin 10 g
Prunellier 10 g
Mélèze 10 g
Préparer et employer comme dans la recette 1.

Recette 3

Anis 25 g
Valériane 15 g
Gratiole 10 g
Fumeterre 15 g
Réglisse 25 g
Saponaire 20 g
Pissenlit 25 g
Préparer et employer comme dans la recette 1.

Recette 4

Sauge 15 g
Angélique 25 g
Chicorée sauvage 20 g
Absinthe 15 g
Baies de genévrier 20 g
Petite centaurée 15 g
Préparer et employer comme dans la recette 1.

Recette 5

Renouée 20 g
Achillée 25 g
Pissenlit 45 g
Cresson de fontaine 25 g
Écorce de bourdaine 20 g
Véronique 15 g
Préparer et employer comme dans la recette 1.

Recette 6

Réglisse 15 g
Racine de bardane 10 g
Racine de pissenlit 15 g
Sassafras 10 g
Saponaire (racine) 20 g
Racine de garance 35 g
1 tasse 1 fois le matin.

Recette 7

Sassafras 40 g
Racine de garance 45 g
Réglisse 25 g
Préparer et employer comme dans la recette 6.

Recette 8

Fucus 20 g
Scrofulaire 15 g

Géranium	20 g
Romarin	20 g
Prunellier	15 g
Fumeterre	20 g
Cresson de fontaine	20 g

1 c. à soupe pour 1 tasse d'eau; boire 1 tasse par jour par petites gorgées.

Recette 9

Marrube	25 g
Valériane	25 g
Fucus	15 g
Scrofulaire	10 g
Verveine	25 g
Racine de gentiane	10 g
Genêt (plante)	15 g
Gaillet	20 g
Pissenlit	15 g
Chardon à foulon	15 g

Préparer et employer comme dans la recette 8.

Recette 10

Fucus	20 g
Scrofulaire	15 g
Cresson de fontaine	20 g
Fumeterre	20 g
Joubarbe	20 g
Souci	15 g
Gaillet	20 g

Recette 11

Fruit de l'églantier	25 g
Écorce de bourdaine	20 g
Bouleau	30 g
Fucus	30 g

Préparer et employer comme dans la recette 8.

Recette 12

Fenouil	15 g
Consoude	15 g
Bardane	10 g
Renouée	15 g
Fucus	25 g
Verveine	20 g
Cresson de fontaine	25 g

Préparer et employer comme dans la recette 8.

Recette 13

Pensée	25 g
Anis	15 g
Réglisse	15 g
Tussilage	25 g
Fucus	45 g

Préparer et employer comme dans la recette 8.

Recette 14

Menthe poivrée	15 g
Renouée	10 g
Fucus	35 g
Véronique	55 g

Préparer et employer comme dans la recette 8.

15.

Les troubles du métabolisme

Les maladies du métabolisme

Symptômes et causes

Le métabolisme comprend l'ensemble des phénomènes chimiques de l'organisme qui répartissent les éléments nutritifs assimilés par le corps. Les troubles du métabolisme sont, entre autres, la goutte ou le diabète, souvent conditionnés par des carences d'enzymes qui apparaissent peu après la naissance ou dès les premières années de la vie ou par des troubles héréditaires d'assimilation des acides aminés et des matières albuminoïdes, des hydrates de carbone et des substances minérales.

Le cas

Enfant, Edmund G., de Hambourg, avait déjà des difficultés avec certains aliments; adulte, il souffrait d'eczéma ou d'autres allergies cutanées. Il avait fréquemment des accès de fièvre inexplicables, qui disparaissaient d'eux-mêmes. Monsieur G. évitait le lait et toute albumine animale qui lui avaient longtemps causé des diarrhées et des vomissements. Aucun médicament prescrit n'améliorait son état. Lorsqu'un jour il eut une diarrhée et des vomissements terribles après avoir mangé du poisson, il alla trouver le Dr Hochenegg qui lui prépara un mélange de plantes à prendre en infusion trois fois par jour. Après deux mois, Monsieur G. était entièrement rétabli et presque guéri d'un eczéma assez important.

Les maladies du métabolisme

Recette 1

Feuilles de fraisier	10 g
Cumin	10 g
Pimprenelle	15 g
Persil	10 g
Menthe poivrée	20 g
Achillée	20 g
Petite centaurée	15 g
Romarin	10 g
Lavande	10 g
Millepertuis	15 g

1 tasse 2 fois par jour par petites gorgées.

Recette 2

Pissenlit	20 g
Prèle des champs	20 g
Ortie	20 g
Oseille	15 g
Chicorée sauvage	15 g

Employer comme dans la recette 1.

Diabète

Symptômes et causes

Le diabète est un trouble héréditaire ou lié à une mauvaise assimilation des glucides. Cette maladie provient d'une hypoproduction d'insuline, hormone sécrétée par le pancréas. Le mot diabète signifie le passage du sucre à travers le corps; ce sont les traces constantes de sucre dans l'urine qui permettent de le diagnostiquer. Chez les enfants ou de jeunes personnes, cette maladie peut surgir soudainement; chez les personnes plus âgées, elle passe inaperçue et n'est découverte que lors des examens réguliers; comme les symptômes sont généralement minimes, le malade n'en tient pas compte, et la maladie n'est très souvent révélée que lors de complications graves.

Cette maladie se manifeste par un excès de sucre dans le sang et dans l'urine, par une élimination excessive d'urine plus abondante, des démangeaisons, une grande soif, de la fatigue et une perte de poids, une bouche sèche, des plaies qui guérissent mal, des névralgies dans les jambes, des troubles de la vue, des pertes de mémoire, une certaine surdité et des crises nerveuses.

Si la maladie persiste, il se produit souvent des complications vasculaires dans les jambes, par exemple. Un diabétique a deux fois plus de risques de devenir tuberculeux.

Le cas

Albert G., de Copenhague, était prédisposé au diabète. À 45 ans, il avait un taux de sucre supérieur à la normale. Il évacuait régulièrement du sucre dans son urine, ce qui l'affaiblissait considérablement. On lui prescrivit des remèdes pour faire baisser le taux de sucre. Mais en dernier recours il fit une cure de plantes. La première semaine il ne se passa rien; ce n'est qu'après un certain temps qu'il eut des résultats spectaculaires. Albert G. n'a maintenant plus de sucre dans l'urine et les résultats de ses analyses laissent voir que son taux de sucre est normal.

Le diabète

Recette 1

Rue	20 g
Cosses de haricot	25 g
Feuilles de myrtilles	20 g
Pissenlit (plante)	25 g

1 tasse avant les repas 3 fois par jour.

Recette 2

Cosses de haricot	25 g
Feuilles de myrtilles	20 g
Rue	25 g
Pensée	25 g

Employer comme dans la recette 1.

Recette 3

Cosses de haricot	15 g
Ortie	15 g
Bouleau	25 g
Feuilles de myrtilles	55 g

Employer comme dans la recette 1.

Recette 4

Cosses de haricot	25 g
Alchémille	25 g
Feuilles de myrtilles	50 g

Employer comme dans la recette 1.

Recette 5

Cosses de haricot	45 g
Menthe poivrée	35 g
Pissenlit	15 g
Douce-amère	15 g

2 c. à thé pour 1 tasse d'eau; boire 1 tasse le matin à jeun et une tasse le soir.

Recette 6

Pensée	45 g
Feuilles de bouleau	25 g

Ortie 30 g
2 c. à thé pour 1 tasse; boire
1 tasse 1 fois par jour.

Recette 7

Feuilles de rue 25 g
Graines de rue 15 g
Pissenlit 15 g
Cosses de haricot 15 g
Feuilles de myrtilles 25 g
1 c. à soupe pour 1 litre; boire
1 tasse 2 à 3 fois par jour.

Recette 8

Pissenlit 30 g
Feuilles d'airelles 20 g
Feuilles de myrtilles 20 g
Baies de genévrier 30 g
Feuilles de mûres 20 g
Cosses de haricot 30 g
1 c. à thé pour 1 tasse; boire
1 tasse 2 à 3 fois par jour.

Recette 9

Graines de chardon Marie 35 g
Feuilles de myrtilles 15 g
Graines de trigonelle 25 g
Graines de rue 25 g
2 c. à soupe pour 250 ml; boire
1 tasse 2 fois par jour.

Recette 10

Ortie 15 g
Bouleau 15 g
Trigonelle 15 g
Cosses de haricots 25 g
Rue 10 g
Pissenlit 10 g
Graines de chardon Marie 10 g
Feuilles de myrtilles 10 g
Préparer et employer comme dans la recette 9.

Recette 11

Feuilles de myrtilles 15 g
Cosses de haricots 15 g
Ortie 15 g
Menthe poivrée 15 g
Fleurs d'hibiscus 15 g
Fleurs de tilleul 10 g
1 c. à thé pour 250 ml; boire
1 tasse 2 fois par jour.

Recette 12

Feuilles de myrtilles 15 g
Pissenlit 15 g
Mélisse 15 g
Fruit de l'églantier 15 g
Cosses de haricots 15 g
Bouleau 15 g
Préparer et employer comme dans la recette 9.

Recette 13

Feuilles de myrtilles 35 g
Bouleau 20 g
Fumeterre 25 g
Eucalyptus 20 g
Genêt à balai 25 g
Cosses de haricots 20 g
1 tasse 3 fois par jour.

Recette 14

Racine d'œillet 35 g
Potentille 25 g
Cosses de haricots 20 g
Feuilles de mûres 20 g
Feuilles de myrtilles 20 g
1 tasse 2 à 3 fois par jour.

Recette 15

Feuilles de myrtilles 55 g
Feuilles de fraisier 30 g
Tanaisie 25 g
1 tasse 2 à 3 fois par jour.

Recette 16

Feuilles d'airelles 25 g
Racine de pissenlit 25 g
Feuilles de pissenlit 20 g
Feuilles de myrtilles 20 g
Sanguinaire 20 g
Baies de genévrier 20 g
1 tasse 3 fois par jour.

Recette 17

Cosses de haricots 25 g
Rue 25 g
Pensée 25 g
Andiatum caudatum 15 g
1 tasse 2 à 3 fois par jour.

Recette 18

Feuilles de myrtilles 25 g
Pissenlit 15 g

Alstonia cholaris 15 g
Cassia sphera 15 g
Employer comme dans la recette 17.

Recette 19

Feuilles de bouleau 25 g
Camomille 25 g
Ortie 15 g
Ipomoæ aquatica 25 g
Physalis minima 15 g
Préparer et employer comme dans la recette 17.

Recette 20

Liseron des champs 15 g
Ortie 15 g
Racine de bardane 25 g
Catharanthus roseus 15 g
Employer comme dans la recette 17.

Recette 21

Alchémille 15 g
Valériane 25 g
Cosses de haricots 25 g
Graine de chardon Marie 25 g
Stenolobium stans 25 g
Luffa acutangula 25 g
Rhizophora mucronata 25 g
Employer comme dans la recette 17.

Recette 22

Feuilles de fraisier 10 g
Cumin 10 g
Pimprenelle 15 g
Persil 10 g
Menthe poivrée 20 g
Achillée 20 g
Petite centaurée 15 g
Romarin 10 g
Lavande 10 g
Millepertuis 15 g
1 tasse 2 fois par jour par petites gorgées.

Recette 23

Pissenlit 20 g
Prêle des champs 20 g
Ortie 20 g
Oseille 20 g
Chicorée sauvage 15 g
Employer comme dans la recette 17.

L'hydropisie

Symptômes et causes

L'hydropisie est un épanchement de sérosité dans une cavité naturelle du corps, suivi d'un amas de liquides à l'extérieur des vaisseaux. Le patient peut prendre quelques kilos avant de remarquer la maladie. À l'aide d'un traitement efficace, le liquide peut être évacué assez rapidement.

L'hydropisie peut toucher des organes isolés ou tout le corps. Si elle part du cœur, on parle d'hydropisie du cœur, si elle part du foie (durcissement ou cirrhose), on parle d'hydropisie du ventre. Si les reins ne fonctionnent pas suffisamment ou si le pompage du cœur est trop faible, le liquide reste dans le corps. Le manque de protides ou un blocage du système lymphathique comptent parmi les autres causes.

Dans les cas d'insuffisance cardiaque, l'hydropisie est plus douloureuse la nuit; les jambes et les chevilles sont alors les plus affectées.

Le cas

Konrad G. avait les jambes enflées tous les soirs, ses pieds le faisaient souffrir, et chaque pas était un supplice. Les remèdes pour éliminer la sérosité étaient sans effet, ainsi que les plantes vendues dans le commerce. Les tentatives de plusieurs médecins de retirer l'eau des jambes restaient sans succès. Ce ne furent que les recettes du Dr Hochenegg qui amenèrent une amélioration. Après la cinquième semaine de cure, les jambes et les pieds du malade redevinrent normaux et mobiles. Les douleurs disparurent complètement.

L'hydropisie

Recette 1

Aubépine	25 g
Prèle des champs	25 g
Absinthe	25 g
Genévrier	25 g

1 tasse 2 à 3 fois par jour.

Recette 2

Sureau	25 g
Prèle des champs	25 g
Ortie	25 g
Acore	20 g
Bouleau	20 g
Millepertuis	25 g

Préparer et employer comme dans la recette 1.

Recette 3

Ortie	25 g
Prèle des champs	25 g
Cosses de haricots	20 g
Bouleau	20 g
Genêt	20 g

Préparer et employer comme dans la recette 1.

Recette 4

Cumin	15 g
Oignon	35 g
Sureau	15 g
Persil	25 g
Genévrier	30 g

1 c. à soupe pour 500 ml d'eau; boire 1 tasse 2 à 3 fois par jour.

Recette 5

Bouleau	100 g

1 c. à thé pour 1 tasse d'eau; boire 1 tasse 3 à 4 fois par jour.

Recette 6

Bugrane	15 g
Genévrier	10 g
Bouleau	35 g
Achillée	20 g
Ortie	20 g
Prèle des champs	20 g

2 c. à thé pour 1 tasse d'eau; boire 1 tasse le matin.

Recette 7

Bugrane	30 g
Réglisse	25 g
Genévrier	30 g

Persil 25 g
Préparer et employer comme dans la recette 6.

Recette 8

Prèle des champs 25 g
Romarin 25 g
Sanguinaire 20 g
Genévrier 45 g
Sureau 25 g
Hièble 20 g
1 tasse 2 fois par jour.

Recette 9

Persil 25 g
Raisin d'ours 20 g
Cosses de haricots 20 g
Romarin 20 g
Hièble 35 g
Genévrier 20 g
Bouleau 20 g
Préparer et employer comme dans la recette 8.

Recette 10

Persil 15 g
Pétasite 15 g
Oignon 25 g
Alchémille des Alpes 15 g
Genévrier 25 g
Hièble 30 g
Racine d'aspérule 25 g
3 à 4 c. à soupe pour 1 litre de vin blanc, laisser infuser 10 minutes; prendre 1 c. à thé 5 à 6 fois par jour.

Recette 11

Anaphalide 15 g
Bugrane 25 g
Oignon 25 g
Alchémille des Alpes 25 g
Ortie 15 g
Romarin 35 g
Préparer et employer comme dans la recette 10.

Recette 12

Absinthe 15 g
Oignon 15 g
Romarin 45 g
Hièble 25 g
Reine des prés 20 g
Préparer et employer comme dans la recette 10.

Recette 13

Alchémille des Alpes 25 g
Pied-de-loup 15 g
Oignon 25 g
Alchémille 15 g
Romarin 20 g
Inule 10 g
Préparer et employer comme dans la recette 10.

Recette 14

Oignon 25 g
Romarin 15 g
Aigremoine 25 g
Mélisse 15 g
Ortie 20 g
Préparer et employer comme dans la recette 10.

Recette 15

Alchémille commune 25 g
Alchémille des Alpes 25 g
Persil 25 g
Æva lanata 10 g
1 tasse 2 à 3 fois par jour.

Recette 16

Ortie 25 g
Bugrane 30 g
Romarin 25 g
Amaranthus paniculatas 15 g
Alchémille de Alpes 25 g
Basella rubra 15 g
Préparer et employer comme dans la recette 15.

Recette 17

Romarin 25 g
Absinthe 10 g
Hièble 25 g
Blumæ lacera 15 g
Préparer et employer comme dans la recette 15.

Recette 18

Inula 15 g
Camomille 25 g

Pied-de-loup	25 g
Romarin	25 g
Amaranthus spinosus	10 g

Préparer et employer comme dans la recette 15.

Recette 19

Bouleau	25 g
Genêt à balai	25 g
Véronique	10 g
Ortie	25 g
Prèle	15 g
Ajuga bracteosa	15 g

Préparer et employer comme dans la recette 15.

Recette 20

Bugrane	15 g
Sureau	25 g
Baies de genévrier	15 g
Pensée	25 g
Réglisse	10 g
Benincasa hispide	15 g

Préparer et employer comme dans la recette 15.

16.

Les maladies du système digestif

Les éructations

Symptômes et causes

Les maladies du foie, de la vésicule, les maux d'estomac, ainsi que des surexcitations du système neuro-végétatif, suite à une plaie opératoire, causent des éructations. Dans d'autres cas, il s'agit d'une mauvaise digestion de certains aliments. Les gens atteints d'un cancer ont, par exemple, une aversion contre la viande; s'ils en mangent quand même, ils peuvent avoir des éructations pendant des heures.

L'aversion contre certains aliments peut permettre de poser des diagnostics valables. Dans le cas du cancer du pancréas, les éructations se produisent essentiellement après avoir mangé des aliments riches en protides; dans le cas du cancer de l'estomac ou d'un ulcère de l'estomac, elles font suite à l'ingestion d'agrumes ou d'une nourriture acide.

Les éructations peuvent aussi être causées par des troubles psychiques et nerveux, ainsi que par une faiblesse digestive générale. Et dans les cas les plus bénins, elles sont provoquées par l'air avalé.

Le cas

Friedrich F., de Hambourg, souffrait d'éructations prononcées et nauséabondes qui survenaient tant au cours des repas quotidiens que durant son travail. Ce n'est qu'après avoir commencé une cure des plantes prescrites par le Dr Hochenegg qu'une amélioration rapide eut lieu. À cela il faut ajouter que monsieur F. a arrêté de fumer du jour au lendemain et renoncé à la consommation de boissons alcooliques. Par précaution, il continue de boire les préparations de plantes.

Les éructations

Recette 1

Pelures de pomme	20 g
Baies de genévrier	20 g
Trèfle d'eau	15 g
Asplenium nidus	35 g

Recette 2

Baies de prunellier	20 g
Chardon à foulon (plant)	20 g
Absinthe	10 g
Camomille	20 g
Calocarpum capota	35 g

Recette 3

Gentiane	15 g
Baies de genévrier	30 g
Absinthe	10 g
Camomille	25 g
Mélisse	15 g

Recette 4

Camomille	45 g
Absinthe	35 g
Petite centaurée	35 g
Saida acuta	20 g
Zingiberis officinale	45 g

Les coliques

Symptômes et causes

Des mouvements violents de l'intestin peuvent provoquer un tiraillement des organes internes qui, à son tour, provoque des douleurs comme des crampes très douloureuses qui durent longtemps. On parle alors de coliques. Les coliques biliaires, intestinales et néphrétiques sont particulièrement violentes. Elles sont généralement accompagnées de symptômes végétatifs: le malade a de fortes sueurs, des nausées ou encore des syncopes.

Contrairement aux douleurs extérieures, qui peuvent être intenses et brèves, la douleur interne a un caractère qu'on ne saurait méconnaître. Elle semble venir du plus profond de l'être; elle est aiguë, lancinante, difficile à localiser et ses limites sont ardues à définir. La douleur suscitée par des coliques est différente parce qu'elle est dirigée par les tissus mêmes de la moelle épinière. L'intensité de cette douleur dépend souvent de facteurs psychologiques et physiques. De toute évidence, il faut faire faire des examens médicaux.

Le cas

Zoltan K., de Budapest, avait un travail dangereux et fatigant dans une mine de charbon. Avec les années s'ajoutaient soucis et énervements. Le moindre énervement attaquait son estomac. Il en arriva à ne presque plus pouvoir manger; il avait des crampes de la gorge à l'anus. Dès qu'il mangeait, il avait des éructations, des crampes, des coliques et des nausées. Après des années de supplice, Zoltan essaya les recettes de plantes indiquées ci-dessous. En peu de temps son état s'améliora.

Les coliques

Recette 1

Racine de gentiane	25 g
Pariétaire	45 g
Arecacatechu	25 g

Recette 2

Ansérine	15 g
Camomille	45 g
Angélique	25 g
Mikania cordata	35 g

Recette 3

Alchémille	25 g
Rue	35 g
Menthe poivrée	35 g
Genévrier	25 g
Tetrogania expansa	25 g

Recette 4

Anis	25 g
Camomille	25 g
Fenouil	25 g
Menthe poivrée	35 g
Psycharena manilensis	25 g

Recette 5

Fenouil	25 g
Camomille	46 g
Ansérine	35 g
Angélique	25 g
Gracilaia lichenoides	25 g

Recette 6

Achillée	35 g
Pointes de genévrier	25 g
Pimprenelle	35 g
Trigonelle	25 g
Polanisia icosandra	25 g

Recette 7	
Achillée	15 g
Gaillet	25 g
Épiaire de forêt	25 g
Onagre	15 g
Adenostemma lavanie	25 g

Recette 8	
Alchémille	25 g
Ortie	25 g
Sanicle	35 g
Cumin	25 g
Jasminum sambac	5 g

Les maux de ventre

Symptômes et causes

Les maux de ventre proviennent de maladies très diverses. À partir de petits foyers de maladie, les douleurs peuvent irradier dans tout le ventre. D'autres douleurs sont localisées plus facilement. Ainsi, les douleurs de l'estomac restent limitées à la moitié du ventre; les douleurs intestinales, au niveau du ventre et les douleurs du gros intestin, au bas-ventre. Les maladies de certains organes peuvent être détectées non seulement grâce à leur localisation, mais aussi à l'aide des douleurs. C'est ainsi que l'on décrit les douleurs de l'ulcère duodénal et de l'estomac comme une douleur perçante, avec des périodes d'accalmie. Les douleurs intestinales sont des coliques. Les douleurs d'une colique néphrétique partent de la région des reins et descendent le long de l'urètre. Les douleurs diffèrent encore plus quand on compare les douleurs internes aux douleurs externes. Ces dernières partent de la peau et des muqueuses environnantes. On décrit cette douleur comme une douleur claire, alors que la douleur interne profonde est une douleur sourde et sombre.

Le cas

Johannes V., de Linz, ne supportait plus son petit déjeuner. Au réveil, il avait envie de vomir, ce qui lui causait même des problèmes pour se brosser les dents. Avant le repas de midi, il ressentait une douleur indéfinissable. Dès qu'il avait avalé une bouchée, son ventre était gonflé et sa digestion ne se faisait plus. Il lui était impossible de prendre les médicaments prescrits, parce qu'ils lui causaient immédiatement des maux de ventre. Un ami lui parla des préparations de plantes qui ne firent effet qu'après un certain temps.

Les maux de ventre

Recette 1

Bourse-à-pasteur	35 g
Gui	15 g
Camomille	15 g
Menthe poivrée	15 g
Angélique	25 g
Mélisse	25 g

1 c. à thé pour 1 tasse d'eau; boire 1 tasse 1 fois par jour.

Recette 2

Menthe poivrée	25 g
Camomille	25 g
Cumin	25 g
Tanaisie	25 g
Angélique	25 g

Préparer et employer comme dans la recette 1.

Recette 3

Angélique	35 g
Ansérine	25 g
Fenouil	25 g
Aneth	15 g
Marjolaine	15 g

Recette 4

Trigonelle	30 g
Camomille	25 g
Menthe poivrée	30 g
Achillée	25 g
Petite centaurée	30 g
Stenolibium stans	20 g

Recette 5

Fenouil	25 g
Romarin	20 g
Alchémille	20 g
Alchémille des Alpes	30 g
Angélique	20 g
Camomille	30 g
Sesamum orientale	20 g

Recette 6

Camomille	30 g
Ansérine	40 g
Mélisse	40 g
Acore	30 g
Samadera indica	30 g

Recette 7

Camomille	25 g
Acore	20 g
Millepertuis	30 g
Petite centaurée	20 g
Scirpus grossus	25 g

Recette 8

Mélisse	30 g
Ansérine	30 g
Menthe poivrée	40 g
Fenouil	25 g
Portulaca oleracæ	25 g

Recette 9

Fenouil	30 g
Primevère	25 g
Ansérine	25 g
Acore	15 g
Menthe poivrée	30 g
Salix tetrasperma	25 g

Recette 10

Mélisse	20 g
Gingembre	25 g
Camomille	30 g
Thym	25 g
Absinthe	5 g
Rhuizophora mucronata	25 g

Recette 11

Ansérine	25 g
Absinthe	5 g
Camomille	40 g
Thym	30 g

Le hoquet

Symptômes et causes

Le hoquet est provoqué par une contraction maladive du diaphragme. Ce n'est pas une maladie en soi, mais le hoquet peut, s'il revient régulièrement ou s'il est permanent, être un signe d'une maladie, comme une péritonite. Le hoquet court et peu fréquent est provoqué la plupart du temps par le fait de manger et de boire trop rapidement ou encore par des boissons alcoolisées.

Le cas

Gisèle E. de Mannheim, avait depuis quelque temps des hoquets qui duraient assez longtemps. Mme E. remarquait que ce hoquet se produisait surtout quand elle devait effectuer plusieurs tâches simultanément au bureau. Lorsqu'elle entendit parler de produits naturels, elle décida immédiatement de les essayer. Elle se fit préparer un mélange spécial et prit les infusions. Au bout d'une semaine, elle remarqua déjà une diminution de l'intensité du hoquet. Finalement, celui-ci devint de plus en plus rare. Un mois plus tard, elle eut encore une fois un hoquet et ce fut terminé.

Le hoquet

Recette 1

Valériane	25 g
Anis	25 g
Mélisse	35 g
Menthe poivrée	35 g

1 c. à soupe pour 1 tasse d'eau; au besoin boire par petites gorgées.

Recette 2

Camomille	45 g
Menthe poivrée	45 g
Gentiane	20 g

Préparer et employer comme dans la recette 1.

Recette 3

Menthe poivrée	35 g
Thym	35 g
Gentiane	15 g
Tormentille	15 g
Petite centaurée	10 g

Préparer et employer comme dans la recette 1.

Recette 4

Fenouil	25 g
Achillée	45 g
Petite centaurée	40 g

Préparer et employer comme dans la recette 1.

Recette 5

Trèfle d'eau	35 g
Véronique	35 g
Gentiane	20 g
Absinthe	5 g
Acore	25 g

Mettre dans 1 litre de vin blanc pendant 2 semaines, filtrer; prendre 1 c. à thé 4 à 5 fois par jour.

Recette 6

Genévrier	25 g
Absinthe	25 g
Gentiane	15 g
Trèfle d'eau	30 g

Préparer et employer comme dans la recette 5.

Recette 7

Menthe poivrée	35 g
Absinthe	30 g
Gentiane	35 g
Anis	35 g
Petite centaurée	35 g

1 tasse 3 fois par jour.

Recette 8

Pelures de pomme	25 g
Baies de genévrier	25 g
Trèfle d'eau	15 g

Préparer et employer comme dans la recette 7; prendre 1 tasse 2 à 3 fois par jour.

La dyspepsie

Symptômes et causes

Le mécanisme digestif est excessivement sensible à tout genre de troubles. Les symptômes de la dyspepsie peuvent être très divers et ne se localisent généralement pas sur un seul organe. En règle générale, les douleurs poignantes et brûlantes se situent dans le haut du ventre. Manger peut supprimer la douleur ou encore l'accentuer. Très souvent, la dyspepsie est provoquée par des problèmes psychiques, car dans les cas de dépressions, il y a aussi des douleurs dans le ventre. Les radiographies ou les contrastes ne peuvent pas donner des renseignements exacts au sujet de l'état du patient.

Le cas

Lena K. se sentait mal depuis un certain temps. Elle avait toujours des problèmes digestifs reliés à une sensation d'avoir trop mangé. Finalement, elle ne mangeait plus que des bouillies de flocons d'avoine et des soupes. Mais même cette diète ne put l'aider. Ne sachant plus que faire, car tous les essais thérapeutiques échouèrent, Mme K. essaya les infusions décrites ci-dessous et elle les but en écoutant de la musique. Son état s'améliora lentement. Aujourd'hui elle peut de nouveau travailler et s'occuper de son intérieur. Dès les moindres symptômes de dyspepsie, elle reprend ses infusions pour éviter une rechute.

La dyspepsie

Recette 1

Gentiane	20 g
Thym	20 g
Alchémille	15 g
Inula	35 g
Véronique	20 g
Pongamia pinnata	20 g

Recette 2

Petite centaurée	35 g
Racine de chardon bénit	20 g
Fleurs de fougère	20 g
Trèfle d'eau	15 g
Feuilles de mûres	20 g
Tephrosia purpuræ	15 g

Recette 3

Verveine	20 g
Sanguinaire	20 g
Feuilles de noyer	15 g
Alchémille	35 g
Sida acuta	15 g

Recette 4

Chardon à foulon	20 g
Anis	20 g
Coriandre	20 g
Baies de genévrier	15 g
Mollugo oppositifolia	20 g

Recette 5

Trèfle d'eau	25 g
Acore	35 g
Véronique	20 g
Alchémille	25 g
Corchorus capsularis	15 g

L'inflammation du pancréas

Symptômes et causes

L'inflammation du pancréas peut se passer en douceur ou encore être très douloureuse. Des crises répétées conduisent à une forme chronique de ce mal. On n'a pas encore pu expliquer la cause de l'inflammation du pancréas. Mais on constate que près de la moitié des cas sont reliés à des calculs biliaires. Environ 35 à 40 p. 100 des autres cas résultent de l'abus d'alcool. Parmi les autres causes se trouvent les maladies vasculaires et les infections. Les symptômes peuvent être très variés; ils se manifestent sous forme de douleurs passagères ou stables, de crampes dans la poitrine ou dans le dos. Comme symptômes de la maladie, il peut y avoir des selles très grasses, un flux de salive, des vomissements, de la diarrhée, des maux d'estomac, un manque d'appétit, des brûlures d'estomac et des ballonnements.

Le cas

Ulrich R., de Bielefeld, se plaignait depuis des années de problèmes digestifs et de son incapacité à supporter divers aliments. La viande grasse surtout lui causait des maux d'estomac. Monsieur R. consulta plusieurs médecins, mais les médicaments prescrits n'eurent aucun effet durable. Après que des amis lui eurent conseillé les infusions de plantes, il en prit selon des recettes précises et spéciales, et son état s'améliora étonnamment au bout de trois semaines. Même en mangeant des aliments qui auparavant lui avaient causé des douleurs, il n'eut plus aucune brûlure d'estomac. Sa digestion redevint parfaite.

L'inflammation du pancréas

Recette 1

Petite centaurée	20 g
Achillée	20 g
Rue de jardin	20 g
Fumeterre	20 g
Basilic	20 g

1 tasse 2 à 3 fois par jour.

Recette 2

Bourse-à-pasteur	30 g
Violette	30 g
Renouée	25 g
Aigremoine	25 g

1 c. à soupe pour 1 tasse; prendre 1 tasse 3 fois par jour.

Recette 3

Arnica	15 g
Camomille	15 g
Menthe poivrée	15 g
Valériane	25 g
Pissenlit	25 g

Préparer et employer comme dans la recette 2.

Recette 4

Houblon	15 g
Aigremoine	15 g
Absinthe	15 g
Menthe poivrée	15 g
Genêt (plante)	10 g
Mélisse	20 g

Préparer et employer comme dans la recette 2.

Recette 5

Gentiane	25 g
Bourse-à-pasteur	25 g
Violette	20 g
Chicorée sauvage	20 g
Camomille	30 g

Recette 6

Fruits du chardon Marie	25 g
Racine de rhubarbe	15 g
Absinthe	30 g
Cumin	15 g
Menthe poivrée	35 g

Préparer et employer comme dans la recette 2.

La cystite

Symptômes et causes

La douleur la plus courante est l'inflammation chronique et aiguë de la vessie. Cette maladie apparaît la plupart du temps après une infection des reins, de l'urètre ou de la prostate. Un simple refroidissement peut causer une inflammation de la vessie. Des facteurs psychologiques peuvent aussi jouer un rôle. Cette maladie est 10 fois plus répandue chez la femme que chez l'homme. Des examens approfondis sont particulièrement importants pour détecter des rétrécissements, des calculs de l'urètre ou des anomalies de la vessie.

La cystite présente les symptômes suivants: besoin douloureux et fréquent d'uriner, levers nocturnes et brûlures dans la région de la vessie. Dès que l'infection de la vessie atteint le bassin rénal, le malade souffre de maux de dos, de fièvre, de frissons et de nausées.

Presque chaque impureté de l'urine peut être signe d'une inflammation de la vessie, car normalement l'urine ne contient aucune bactérie.

Le cas

Gerhard M., de Linz, vivait retiré depuis des années parce qu'une forte douleur de la vessie le forçait à aller à la toilette toutes les 10 minutes. Les médecins lui conseillèrent une intervention chirurgicale parce que son infection de la vessie avait atteint un stade critique et que sa prostate avait pris la dimension d'un œuf. Monsieur M. la refusa, car son père était mort d'une intervention analogue. Un ami lui parla des herbes du Dr Hochenegg. Après quelques semaines de traitement, l'inflammation diminua et un examen ultérieur démontra que l'intervention suggérée aurait été inutile.

La cystite

Recette 1

Prèle	20 g
Feuilles de raisin d'ours	20 g
Feuilles de bouleau	20 g
Bruyère	20 g
Herniaire	10 g
Abutilon indicum	25 g

Recette 2

Feuilles de raisin d'ours	20 g
Racine de hièble	20 g
Pensée	15 g
Sauge	20 g
Verge d'or	20 g
Vitex negundo	30 g

Recette 3

Graines de persil	20 g
Cosses de haricots	20 g
Prèle des champs	20 g
Feuilles de bouleau	20 g
Gracilaria lichenoides	30 g

Recette 4

Feuilles de raisin d'ours	25 g
Genêt	25 g
Prèle	20 g
Feuilles de bouleau	15 g
Orthosiphon aristatus	25 g

Recette 5

Tiges de maïs	20 g
Réglisse	20 g
Racine de chiendent	20 g
Vernonia cinerea	25 g

Recette 6

Fleurs de guimauve	25 g
Véronique	20 g
Feuilles de sauge	20 g
Camomille	20 g
Portulaca quadrifida	25 g

Recette 7

Abutilon indicum	25 g
Aerua lanata	20 g
Cissampelos pareira	20 g
Arachis hypogaea	15 g

Recette 8

Millepertuis	30 g
Violette	35 g
Reine des prés	30 g

3 c. à soupe pour 1 litre d'eau; prendre 1 tasse 3 fois par jour.

Recette 9

Prèle des champs	100 g

3 c. à thé pour 500 ml d'eau; prendre 1 tasse 3 fois par jour.

Recette 10

Ortie	25 g
Fruit d'églantier	25 g
Pensée	25 g
Lamier	25 g

1 c. à thé pour 1 litre d'eau; boire 1 tasse 2 à 3 fois par jour.

Recette 11

Souci	4 g
Racine d'asperge	8 g
Verge d'or	10 g
Menthe poivrée	15 g
Cosses de haricots	15 g
Prèle	15 g
Herniaire	15 g
Raisin d'ours	25 g
Bouleau	25 g
Ortie	25 g

2 c. à thé pour 500 ml d'eau; boire 1 tasse 3 fois par jour.

Recette 12

Fenouil	15 g
Sureau	15 g
Cumin	10 g
Ortie	15 g
Persil	35 g
Genévrier	30 g

1 c. à thé pour 1 tasse; boire 1 tasse 1 à 2 fois par jour.

Recette 13

Fenouil	25 g
Persil	30 g
Céleri	30 g
Asperge	25 g

Préparer et employer comme dans la recette 12.

Recette 14

Sauge 35 g
Camomille 35 g
Achillée 45 g
Laisser infuser avec 1 litre d'eau pendant 10 minutes, ajouter à l'eau du bain.

Recette 15

Mélisse 35 g
Raisin d'ours 25 g
Guimauve 15 g
Graines de lin 15 g
Écorce de chêne 15 g
1 tasse 2 fois par jour.

Recette 16

Raisin d'ours 15 g
Pensée 15 g
Verge d'or 15 g
Véronique 15 g
Sauge 15 g
Prèle 15 g
Persil 15 g
1 tasse 1 à 2 fois par jour.

Recette 17

Pensée 25 g
Prèle 25 g
Réglisse 25 g
Bugrane 25 g
Livèche 25 g

Recette 18

Raisin d'ours 35 g
Bouleau 25 g
Trèfle d'eau 15 g
Graines de lin 15 g
Réglisse 15 g
1 tasse 2 fois par jour.

Recette 19

Raisin d'ours 40 g
Herniaire 40 g
Bugrane 15 g
Pimprenelle 15 g
Réglisse 15 g
1 tasse 2 fois par jour.

Recette 20

Ortie 15 g
Verge d'or 15 g
Bugrane 15 g
Achillée 15 g
Genévrier 15 g
Prèle 25 g
Bouleau 35 g
1 tasse 3 à 4 fois par jour.

Recette 21

Raisin d'ours 25 g
Genêt 25 g
Renouée 25 g
Prèle 45 g
1 tasse 3 fois par jour.

Recette 22

Guimauve 15 g
Raisin d'ours 25 g
Véronique 25 g
Sauge 25 g
Prèle 45 g
1 tasse 3 fois par jour.

Recette 23

Bouleau 25 g
Raisin d'ours 25 g
Stigmates de maïs 15 g
Réglisse 20 g
Chiendent rampant 25 g
1 c. à thé pour 1 tasse; boire 1 tasse 3 fois par jour.

Recette 24

Valériane 25 g
Mélisse 25 g
Ansérine 35 g
Rue 35 g
1 c. à thé pour 1 tasse; boire plusieurs fois par jour avec du lait chaud.

Recette 25

Prèle 30 g
Raisin d'ours 30 g
Guimauve 30 g
Sauge 30 g
1 c. à soupe pour 250 ml d'eau; 1 tasse 3 fois par jour.

Recette 26

Herniaire 25 g
Raisin d'ours 30 g

Graines de lin	25 g
Livèche	30 g

Préparer et employer comme dans la recette 25.

Recette 27

Raisin d'ours	20 g
Verge d'or	20 g
Véronique	25 g
Sauge	30 g
Persil	25 g
Prèle	20 g
Pensée	20 g

Env. 1 c à soupe pour 125 ml; boire par petites gorgées durant la journée.

Recette 28

Raisin d'ours	30 g
Graines de lin	25 g
Livèche	30 g
Pimprenelle	30 g

2 c. à thé pour 1 tasse d'eau, macérer, faire bouillir; prendre 1 tasse 3 fois par jour.

Recette 29

Prèle	30 g
Raisin d'ours	30 g
Guimauve	30 g
Sauge	30 g
Herniaire	30 g
Graines de lin	25 g
Livèche	30 g

Préparer et employer comme dans la recette 24.

Recette 30

Livèche	30 g
Bugrane	25 g
Réglisse	30 g
Genévrier	30 g

1 c. à soupe pour 2 tasses; boire 1 tasse 1 fois le matin.

Recette 31

Bouleau	25 g
Raisin d'ours	25 g
Stigmates de maïs	25 g
Réglisse	25 g
Chiendent rampant	25 g

1 c.à thé pour 1 tasse; boire 1 tasse 3 fois par jour.

Recette 32

Raisin d'ours	20 g
Verge d'or	20 g
Véronique	20 g
Sauge	24 g
Persil	20 g
Prèle	20 g
Pensée	20 g

1 c. à soupe pour 125 ml d'eau; boire par petites gorgées durant la journée.

Recette 33

Livèche	25 g
Bugrane	25 g
Réglisse	25 g
Genévrier	25 g
Pensée	15 g
Anis	10 g
Persil	10 g

1 c. à soupe ou 1 tasse; boire 1 tasse 1 à 2 fois par jour.

Les calculs rénaux

Symptômes et causes

Ceux qui sont souvent assis et qui se nourrissent mal ont les meilleures prédispositions pour la formation de calculs rénaux, mais les inflammations bactérielles chroniques peuvent aussi être une cause du mal. La plupart du temps, les calculs qu'on retrouve le plus souvent chez l'homme sont formés de calcium et d'acide urique. En deux à trois ans, il se forme jusqu'à deux nouvelles pierres.

Les calculs rénaux occasionnent rarement de très fortes douleurs ou des coliques. Dans le cas des coliques néphrétiques, les douleurs se situent dans la région lombaire et dans le bas de la face antérieure de la cage thoracique. Parfois les douleurs suivent la gravelle en direction de l'urètre. Malgré les coliques qui laissent craindre le pire au malade, les calculs s'évacuent parfois d'eux-mêmes sans complication mais s'ils restent bloqués, il y a risque d'infection de l'urètre. L'écoulement de l'urine est bloqué et cause des malaises, des nausées, et même des troubles circulatoires et des faiblesses.

Le cas

Cécile N., de Toronto, souffrait de douleurs rénales, un mal d'ailleurs héréditaire. Depuis des générations, il y avait une prédisposition aux calculs néphritiques dans la famille de sa mère. À 18 ans, Cécile N. sentait souvent des pressions urinaires, mais elle ne pouvait uriner que difficilement et douloureusement. Quelques semaines plus tard, elle eut de violentes coliques néphrétiques. Les examens médicaux démontrèrent des calculs dans les reins et dans la vessie. Cécile dut finalement interrompre ses études en histoire de l'art. Ses essais d'évacuer les calculs en buvant de l'eau minérale n'eurent aucun succès. Ce n'est que la consommation constante de tisanes qui empêcha la formation de nouveaux calculs rénaux. Son urine redevint parfaite.

Les maladies des reins en général

Recette 1

Fruit d'églantier	15 g
Camomille	15 g
Millepertuis	25 g
Chicorée sauvage	25 g
Basilic	35 g
Géranium	15 g

30 g pour 1 litre d'eau; boire par petites gorgées durant la journée.

Recette 2

Racine d'aspérule	35 g
Bugrane	15 g
Ansérine	25 g
Bouleau	25 g

Millepertuis 25 g
Préparer et employer comme dans la recette 1.

Recette 3

Verge d'or 30 g
Millepertuis 25 g
Bugrane 15 g
Alchémille des Alpes 30 g
Ansérine 25 g
Préparer et employer comme dans la recette 1.

Recette 4

Fruit d'églantier 35 g
Coing 40 g
Genévrier 25 g
Préparer et employer comme dans la recette 1.

Recette 5

Renouée 35 g
Aigremoine 40 g
Véronique 25 g
Préparer et employer comme dans la recette 1.

Recette 6

Millepertuis 25 g
Alchémille des Alpes 25 g
Mauve 25 g
1 tasse 2 à 3 fois par jour.

Recette 7

Ortie 25 g
Herniaire 30 g
Chiendent rampant 25 g
Homnoia riparia 15 g
Racine d'armoise 25 g
Ixora chinensis 15 g
Préparer et employer comme dans la recette 6.

Recette 8

Chélidoine 15 g
Herniaire 10 g
Sureau 25 g
Imperata cylindrica 15 g
Préparer et employer comme dans la recette 6.

Recette 9

Pissenlit (plante) 20 g
Camomille 25 g
Feuilles de raisin d'ours 25 g
Feuilles de bouleau 25 g
Erioseman chinense 10 g
Préparer et employer comme dans la recette 6.

Recette 10

Feuilles de bouleau 25 g
Bugrane 25 g
Armoise 25 g
Ortie 25 g
Prèle 15 g
Pandanus tectorius 15 g
Préparer et employer comme dans la recette 6.

Recette 11

Bugrane 15 g
Feuilles de raisin d'ours 25 g
Baies de genévrier 15 g
Scolopendre 25 g
Guimauve 25 g
Ocium sanctum 15 g
Préparer et employer comme dans la recette 6.

Recette 12

Renouée 25 g
Pimprenelle 25 g
Bugrane 25 g
Raisin d'ours 25 g
Bourse-à-pasteur 25 g
Préparer et employer comme dans la recette 6.

Recette 13

Aigremoine 25 g
Racine de garance 35 g
Glands 25 g
Verge d'or 25 g
Pivoine 25 g

Recette 14

Fruit d'églantier 15 g
Bourse-à-pasteur 45 g
Chicorée 20 g
Hièble 20 g
Préparer et employer comme dans la recette 6.

Recette 15

Raisin d'ours	15 g
Lierre	15 g
Genévrier	20 g
Prèle	15 g
Romarin	15 g
Réglisse	20 g
Cumin	20 g
Hièble	20 g

1 c. à thé pour 1 tasse d'eau; boire 1 tasse 3 fois par jour.

Recette 16

Bugrane	20 g
Pissenlit	20 g
Anis	10 g
Bourse-à-pasteur	15 g
Raisin d'ours	25 g
Persil	10 g
Livèche	20 g

Préparer et employer comme dans la recette 15.

Recette 17

Raisin d'ours	20 g
Genêt	15 g
Prèle	30 g
Renouée	20 g
Genévrier	15 g
Hièble	25 g

Préparer et employer comme dans la recette 15.

Recette 18

Verveine	20 g
Prèle des champs	25 g
Chardon bénit (plante)	25 g
Plantain	25 g

Préparer et employer comme dans la recette 15.

Recette 19

Chiendent rampant	15 g
Rue	25 g
Chélidoine	25 g
Bugrane	15 g
Bouleau	15 g
Genévrier	15 g
Potentille	25 g

Préparer et employer comme dans la recette 15.

Recette 20

Renouée	30 g
Aigremoine	20 g
Airelle rouge	30 g
Prèle des champs	25 g
Ortie	25 g

Préparer et employer comme dans la recette 15.

Recette 21

Bardane	25 g
Pissenlit	20 g
Bugrane	30 g
Fruit d'églantier	25 g
Cosses de haricots	50 g

Préparer et employer comme dans la recette 15.

La pyélite

Symptômes et causes

Les pyélites se manifestent par une pression au niveau de la douzième côte, par des douleurs dans la région rénale, par une pression urinaire et par une urine trouble. Dans le cas d'une infection grave, le malade a des poussées de fièvre qui peuvent être provoquées par un blocage d'urine, une amygdalite, une infection dentaire ou des furoncles. Dans ces cas, l'agent activant le pus passe par le sang pour arriver aux reins.

Le cas

Hans K., de Regensbourg, avait un commerce qui marchait très bien depuis des décennies, mais il eut des problèmes financiers et de gros soucis. Les crédits bancaires allaient lui être refusés. Sa santé s'en trouva altérée, mais il ne voulut pas tenir compte du mal qui l'atteignait et il continua à travailler malgré une forte fièvre. Il y a un an, il eut de fortes brûlures et des douleurs en urinant, douleurs qui montaient de la vessie jusqu'aux reins. Il souffrait du dos, et son ventre était extrêmement sensible. Sa température montait à 39,8 °C. Il devait rester à la maison. Un client lui conseilla de prendre un mélange de plantes médicinales. Il en prit 10 tasses quotidiennement. Il put ensuite uriner avec beaucoup moins de douleurs. Au bout de trois semaines, ses douleurs dans le dos ne ressemblaient plus qu'à une pression sourde. M. K. continua de boire ses infusions régulièrement et quelques semaines plus tard, il fut complètement guéri.

La pyélite

Recette 1

Feuilles de bouleau	20 g
Véronique	20 g
Racine de garance	30 g
Baies de genévrier	30 g
Areca catechu	30 g

Recette 2

Herniaire	30 g
Camomille	45 g
Alchemilla alpina	20 g
Fruit d'églantier	30 g
Canna indica	20 g

Recette 3

Prèle	30 g
Verge d'or	20 g
Camomille	20 g
Cosses de haricots	30 g
Prèle des champs	40 g
Indigofera tinctoria	20 g

Recette 4

Basilic (plante)	30 g
Feuilles de bouleau	30 g
Prèle des champs	30 g
Achillée	35 g
Racine de bugrane	30 g
Ximenia americana	20 g

Recette 5

Petite centaurée	30 g
Camomille	45 g
Prèle	30 g
Verge d'or	40 g
Argemone mexicana	20 g

Recette 6

Achillée	35 g
Pointes de genévrier	20 g
Millepertuis	35 g
Prèle	30 g
Racine de sarsaparille	30 g
Raisin d'ours	30 g
Canna indica	20 g

Recette 7

Baies de genévrier	30 g
Graines de persil	30 g
Fruit d'églantier	20 g
Achillée	20 g
Camomille	40 g
Luffa acutangula	20 g

Recette 8

Camomille	40 g
Verge d'or	30 g
Achillée	35 g
Feuilles de bouleau	30 g
Microglossa volubilis	20 g

Recette 9

Véronique	15 g
Persil	15 g
Genévrier	15 g
Bouleau	15 g
Fruit d'églantier	15 g
Verge d'or	15 g
Sarsaparilla	15 g
Racine de garance	15 g

1 c. à soupe pour 1 tasse d'eau; boire 1 tasse 3 fois par jour.

Recette 10

Basilic	15 g
Pâquerette	15 g
Camomille	25 g
Bouleau	15 g
Millepertuis	15 g
Géranium	15 g
Chicorée sauvage	15 g

Préparer et employer comme dans la recette 9.

Recette 11

Herniaire	15 g
Raisin d'ours	25 g
Bouleau	15 g
Bugrane	15 g
Cosses de haricots	15 g
Fruit d'églantier	15 g

Préparer et employer comme dans la recette 9.

Recette 12

Bouleau	35 g
Prèle	25 g
Basilic	15 g
Verge d'or	25 g

Préparer et employer comme dans la recette 9.

Recette 13

Ansérine	25 g
Raisin d'ours	25 g
Pimprenelle	25 g
Anaphalide	25 g
Houx	25 g

30 g pour 1 litre d'eau; boire par petites gorgées durant la journée.

La néphrite

Symptômes et causes

Toute inflammation des reins comporte des complications. L'inflammation surgit généralement suite à l'introduction de bactéries dans les voies urinaires. Des modifications anatomiques des voies urinaires favorisent l'infection. Les femmes sont plus sujettes à cette maladie que les hommes.

Les frissons, les douleurs lombaires et les poussées de fièvre sont des signes caractéristiques de néphrite. Le rein concerné est généralement très sensible à la pression. Chez les enfants, les symptômes ne sont souvent pas si évidents, et c'est pourquoi on n'arrive pas à détecter la maladie à son début. L'inflammation peut être détectée par une analyse d'urine, qui contient dans ce cas des protides. Cette élimation de protides affaiblit progressivement; en outre le visage enfle et la tension artérielle augmente.

Le cas

Antoine S., de Cologne, avait attrapé une néphrite pendant sa captivité en Sibérie. Le froid, la faim et le manque de nourriture déclenchèrent la maladie. Cet instituteur souffrait d'hypertension, de faiblesse, d'élimination insuffisante d'urine et de douleurs à la vessie. Pendant ses cours, il devait s'asseoir souvent parce qu'il se sentait faible. Lors d'un examen radiologique, on constata un rétrécissement du rein et les médecins lui conseillèrent de le faire enlever. C'est juste à ce moment-là qu'il entendit dire par un de ses amis que certaines préparations de plantes pouvaient avoir des effets bénéfiques sur les reins. Quelque peu sceptique, il ne pouvait s'imaginer qu'une infusion à partir de plantes puisse guérir une maladie organique. Mais au bout d'une année, son état s'était amélioré de telle sorte qu'un nouvel examen radiologique ne révélait pratiquement plus de trace de la maladie. Aujourd'hui, Monsieur B. n'a pratiquement plus de douleurs.

La néphrite

Recette 1

Ansérine	20 g
Alchémille des Alpes	15 g
Verge d'or	25 g
Camomille	25 g
Anacadium occidentale	10 g

Recette 2

Racine de bugrane	20 g
Achillée	25 g
Millepertuis	25 g
Racine d'aspérule	20 g
Basella rubra	15 g
Eriosema chinense	25 g
Pandanus luzonensis	15 g

Recette 3

Feuilles de fraisier	25 g
Ortie	45 g
Feuilles de bouleau	55 g
Graines de lin	35 g
Quisqualis indica	20 g

Recette 4

Baies de genévrier	35 g
Fruit de l'églantier	25 g
Racine de bugrane	25 g
Racine de pissenlit	25 g
Psidium guajava	30 g

Recette 5

Verge d'or	20 g
Chicorée sauvage	15 g
Sauge	10 g
Tagetes erecta	15 g

Recette 6

Racine de pimprenelle	35 g
Feuilles de raisin d'ours	25 g
Livèche	35 g
Fruit du persil	20 g
Michelia champaca	35 g

Recette 7

Graines de lin	35 g
Genêt	25 g
Baies de genévrier	35 g
Sida cordifolia	25 g

Recette 8

Genévrier	35 g
Graines de coing	35 g
Fruit d'églantier	55 g
Renouée des oiseaux	25 g
Lycopodium cernuum	35 g

Recette 9

Verge d'or	25 g
Millepertuis	45 g
Fruit d'églantier	35 g
Chicorée sauvage	25 g
Bixa orellana	25 g

Recette 10

Chicorée sauvage	35 g
Géranium	25 g
Basilic	25 g
Camomille	45 g
Bacopa monniera	35 g

Recette 11

Feuilles de mûres	15 g
Feuilles de fraisier	15 g
Bouleau	25 g
Ortie	15 g
Graines de lin	30 g

1 c. à thé pour 1 tasse d'eau; boire 1 tasse 2 fois par jour.

Recette 12

Persil	10 g
Fruit d'églantier	15 g
Bouleau	20 g
Chiendent rampant	20 g
Livèche	15 g
Mauve	10 g
Pimprenelle	15 g
Bugrane	25 g
Raisin d'ours	20 g

Préparer et employer comme dans la recette 11.

Recette 13

Genêt	45 g
Graine de lin	40 g
Genévrier	15 g

Préparer et employer comme dans la recette 11.

Recette 14

Persil	15 g
Paille d'avoine	35 g
Aspérule odorante	15 g
Sureau	25 g
Tiges de cerises	15 g
Cosses de haricots	35 g
Prèle	20 g

1 c. à soupe pour 250 ml d'eau, ajouter du miel et du citron; prendre 1 tasse plusieurs fois par jour.

Recette 15

Bouleau	45 g
Gui	25 g
Prèle	40 g

Préparer et employer comme dans la recette 11.

Recette 16

Verge d'or	65 g
Basilic	25 g
Bouleau	60 g

Préparer et employer comme dans la recette 11.

Recette 17

Guimauve	35 g
Sureau	35 g
Angélique	35 g
Mûre sauvage	35 g
Chiendent rampant	30 g

Mélanger le tout et mettre dans 2,5 litres de vin blanc, laisser infuser 1 journée, faire bouillir et laisser réduire jusqu'à 3/4 litre; prendre 1 tasse 3 fois par jour.

Recette 18

Prèle	20 g
Plantain lancéolé	20 g
Sauge	20 g
Fruit d'églantier	20 g
Genévrier	20 g

1 c. à soupe pour 250 ml d'eau; boire 125 ml le soir et le matin.

Recette 19

Bourrache	25 g
Joubarbe	35 g
Raisin d'ours	25 g

1 c. à soupe pour 1 tasse d'eau; prendre 1 tasse 3 fois par jour.

Recette 20

Raisin d'ours	30 g
Prèle des champs	30 g
Fruit d'églantier	30 g
Verge d'or	30 g

Préparer et employer comme dans la recette 19.

Recette 21

Guimauve	35 g
Renouée	45 g
Bugrane	25 g
Persil	15 g

Préparer et employer comme dans la recette 19.

Recette 22

Ortie	25 g
Mauve	25 g
Bouleau	45 g
Feuilles de fraisier	25 g

Préparer et employer comme dans la recette 19.

Recette 23

Bouleau	15 g
Fruit d'églantier	15 g
Chicorée sauvage	15 g
Géranium	15 g
Bugrane	15 g
Pâquerette	15 g
Basilic	15 g
Millepertuis	15 g
Camomille	25 g

Préparer et employer comme dans la recette 19.

Recette 24

Bouleau	15 g
Fruit d'églantier	45 g
Raisin d'ours	25 g
Herniaire	15 g
Cosses de haricots	15 g
Bugrane	15 g

Préparer et employer comme dans la recette 19.

Recette 25

Livèche	25 g
Menthe poivrée	25 g
Fruit d'églantier	55 g
Maté	25 g

Préparer et employer comme dans la recette 19.

Recette 26

Bouleau	35 g
Prèle	25 g
Rue	25 g
Basilic	15 g

Préparer et employer comme dans la recette 19.

Recette 27

Véronique	25 g
Romarin	25 g
Fruit d'églantier	25 g
Bouleau	25 g
Persil	25 g
Rue	25 g

Préparer et employer comme dans la recette 19.

Recette 28

Bouleau	65 g
Verge d'or	25 g
Réglisse	20 g

Recette 29

Rauwolfie	25 g
Gui	25 g
Bouleau	35 g
Réglisse	30 g

Préparer et employer comme dans la recette 19.

Les douleurs anales

Symptômes et causes

Le bien-être de beaucoup de gens dépend de l'élimination suffisante et régulière des intestins. Si cette évacuation ne se fait pas pendant un certain temps, la personne peut avoir des maux de tête, de ventre et des dépressions. De plus, il peut en résulter des fissures anales, des crampes anales, des infections et des démangeaisons. Les fissures anales produisent de fortes douleurs avant et après l'évacuation des selles. Les douleurs peuvent durer longtemps. La fissure anale peut être provoquée par les hémorroïdes, après une rectite ou encore après une intervention chirurgicale.

Le cas

Werner A., de Dusseldorf, avait déjà depuis quelque temps des démangeaisons désagréables dans la région anale. Il ne pouvait se les expliquer et ne voulait pas voir le médecin pour une peccadille. Finalement, comme elles devenaient de plus en plus désagréables, il se rendit chez son médecin de famille qui, incapable de détecter une maladie, prescrivit cependant à son patient une pommade à appliquer deux fois par jour. Il devait aussi surveiller l'effet du savon et des produits de lavage employés qui pouvaient causer une allergie. Il se conforma aux indications du médecin, mais ses démangeaisons continuèrent. C'est alors qu'il prit connaissance des mélanges de plantes du Dr Hochenegg. Il se fit ausculter par lui et obtint des recettes de plantes particulièrement adaptées à son cas. Au bout de deux semaines, il y avait déjà une amélioration sensible. Un mois plus tard, M. A. pouvait rester assis des heures durant sans ressentir aucune douleur.

Les douleurs anales

Recette 1

Consoude	25 g
Ortie	25 g
Sanguinaire	25 g
Bourse-à-pasteur	15 g
Écorce de chêne	15 g
Achillée	15 g
Mouron	15 g

1 tasse 2 fois par jour.

Recette 2

Alchémille	25 g
Consoude	25 g
Sanicle	15 g
Bourse-à-pasteur	15 g
Molène (plante)	15 g
Plantain	15 g
Sanguinaire	15 g

1 tasse 2 fois par jour.

Les démangeaisons anales

Recette 3

Achillée	25 g
Bourse-à-pasteur	25 g
Ortie	35 g
Molène (plante)	35 g
Pimprenelle	25 g

1 tasse 2 fois par jour.

Recette 4

Ortie	25 g
Pimprenelle	15 g
Achillée	15 g
Pied-de-loup	15 g
Sanguinaire	15 g
Baies de genévrier	20 g
Écorce de chêne	15 g
Fumeterre	10 g

1 tasse 2 fois par jour.

Les crampes anales

Recette 5

Ansérine	45 g
Camomille	15 g
Pied-de-loup	15 g
Angélique	35 g
Absinthe	25 g
Menthe poivrée	10 g
Racine de chardon bénit	10 g
Fenouil	10 g

1 tasse 1 fois par jour.

Recette 6

Ansérine	45 g
Angélique	25 g
Camomille	25 g
Absinthe	3 g
Menthe poivrée	25 g

1 tasse 1 fois par jour.

Recette 7

Ansérine	45 g
Camomille	25 g
Angélique	25 g
Absinthe	2 g
Fenouil	15 g
Sanguinaire	10 g
Consoude	10 g

1 tasse 1 fois par jour.

La fissure anale

Recette 8

Fumeterre	45 g
Camomille	25 g
Prèle	25 g

1 tasse 3 fois par jour.

Recette 9

Racine de véronique	55 g
Écorce de châtaignier	35 g
Racine de guimauve	35 g
Feuilles de noisetier	25 g
Feuilles d'ortie	25 g

1 tasse 3 fois par jour.

Recette 10

Liseron des champs (plante)	15 g
Racine de douce-amère	15 g
Racine de polypose	15 g
Écorce de bourdaine	15 g
Feuilles de myrtilles	15 g
Racine de badiane	15 g

Racine de pissenlit	15 g
Achillée	15 g
Racine de chicorée sauvage	15 g

1 tasse 3 fois par jour.

Recette 11

Plantain grand	15 g
Écorce de bourdaine	25 g
Fenouil	15 g
Cumin	15 g
Feuilles de mauve	15 g
Plantain lancéolé	15 g
Racine de tormentille	25 g
Genévrier	15 g

1 tasse 3 fois par jour.

La flatulence

Symptômes et causes

Pendant la digestion, il se forme des gaz; mais l'excès de gaz qui cause des douleurs et des crampes doit être considéré comme une maladie. Dans ce cas, les gaz pressent sur le cœur ou le diaphragme. Il peut en résulter des coliques ou de la constipation. Une absence d'acide chlorhydrique, une maladie des intestins ou une congestion dans les cas d'insuffisance cardiaque ou, encore, de mauvaises habitudes alimentaires et une mauvaise nourriture peuvent en être les causes. Avaler de l'air peut aussi provoquer des accumulations douloureuses de gaz dans l'abdomen. Ces flatulences sont surtout fréquentes après avoir mangé des haricots, des petits pois ou d'autres légumes secs. Dans le cas de pourriture bactérielle, il se développe surtout du méthane, de l'hydrogène et de l'acide hydrosulfurique. Lors de flatulence due à l'absorption d'air, il se produit plutôt des gaz à base d'azote. Si des bactéries se propagent dans l'intestin, la formation de gaz s'accentue.

Le cas

Elisabeth E., de Londres, faisait des cures d'amaigrissement l'une après l'autre de peur de prendre quelques livres.Elle se trouvait toujours trop grosse quoiqu'elle eût le poids idéal. De temps à autre, elle faisait des excès et mangeait n'importe quoi. Cette mauvaise façon de manger endommageait sa flore intestinale et après chaque repas, elle avait des gaz et des crampes qui ressemblaient à des coliques. Les médicaments courants n'eurent aucun effet, car finalement le corps était immunisé contre ces antibiotiques et autres remèdes pour la digestion. Seule une discipline liée à une cure de plantes lui permirent de guérir.

Les infusions en général

Recette 1

Anis	20 g
Camomille	45 g
Fenouil	20 g
Anona reticulata	20 g

Recette 2

Anis	25 g
Achillée	20 g
Absinthe	35 g
Cyperus rotundus	20 g

Recette 3

Racine d'angélique	35 g
Menthe poivrée	45 g
Achillée	20 g
Camomille	45 g
Zingiber officinale	20 g

Recette 4

Fenouil	35 g
Cumin	35 g
Menthe poivrée	35 g
Camomille	45 g
Tylcophora brevipes	20 g

Recette 5

Arcangelisia flava	35 g
Cumin	35 g
Mélisse	20 g
Aigremoine	35 g

Recette 6

Mélisse	20 g
Achillée de montagne	35 g
Anis	20 g
Petite centaurée	35 g
Myrica rubra	35 g

Recette 7

Angélique	25 g
Graines de coriandre	35 g
Graines de céleri	35 g
Lippia nodiflora	35 g

Recette 8

Anis	35 g
Mélisse	35 g
Feuilles de lierre	15 g
Cumin	35 g
Aigremoine	35 g
Scopunia dulcis	35 g

La flatulence

Recette 9

Menthe poivrée	15 g
Camomille	15 g
Valériane	15 g
Cumin	5 g

1 tasse 3 fois par jour.

Recette 10

Anis	25 g
Cumin	25 g
Fenouil	25 g

1 tasse 2 fois par jour.

Recette 11

Racine de guimauve	25 g
Réglisse	25 g
Chiendent rampant	20 g
Camomille	15 g
Fenouil	15 g

1 tasse 2 fois par jour.

Recette 12

Menthe poivrée	25 g
Sureau	25 g
Fenouil	20 g
Cumin	20 g
Anis	20 g
Prunellier	20 g

1 tasse 2 à 3 fois par jour.

Recette 13

Fenouil 20 g
Anis 20 g
Cumin 15 g
Coriandre 20 g
Racine d'angélique 20 g
1 tasse 3 fois par jour.

Recette 14

Menthe poivrée 35 g
Camomille 35 g
Valériane 25 g
Coriandre 15 g
Acore 15 g
1 tasse 2 à 3 fois par jour.

Recette 15

Anis 15 g
Fenouil 15 g
Menthe poivrée 20 g
Camomille 25 g
Écorce de bourdaine 25 g
1 c. à thé pour 1 tasse d'eau, laisser infuser 3 à 4 heures, faire bouillir, filtrer; prendre 1 tasse plusieurs fois par jour.

Recette 16

Absinthe 10 g
Achillée 10 g
Prèle 10 g
Racine de tormentille 25 g
1 tasse 3 fois par jour.

Recette 17

Camomille 20 g
Menthe poivrée 20 g
Valériane 20 g
Anis 20 g
1 tasse 3 fois par jour.

Recette 18

Hièble 25 g
Aneth 20 g
Cumin 25 g
1 tasse 3 fois par jour.

Recette 19

Achillée 30 g
Absinthe (plante) 25 g
Graines d'anis 30 g
Thym (plante) 30 g

Recette 20

Racine de gentiane 20 g
Fenouil 20 g
Acore 20 g
Camomille 20 g
Menthe poivrée 20 g
Petite centaurée 15 g
1 c. à thé pour 250 ml d'eau; boire après les repas.

Recette 21

Cardamone 15 g
Acore 10 g
Valériane 20 g
Menthe poivrée 35 g
Camomille 30 g
Préparer et employer comme dans la recette 20.

Recette 22

Anis 5 g
Camomille 25 g
Cumin 5 g
Feuilles de mélisse 25 g
1 tasse 2 fois par jour.

Recette 23

Anis 25 g
Basilic 25 g
Fenouil 20 g
Thym 25 g
Préparer et employer comme dans la recette 20.

Recette 24

Anis 20 g
Pelures de grenade 15 g
Camomille 25 g
Aigremoine 20 g
Achillée 25 g
Préparer et employer comme dans la recette 20.

Recette 25

Racine de gentiane 15 g
Fenouil 15 g
Racine d'acore 15 g
Camomille 20 g
Cumin 10 g
Menthe poivrée 20 g
Petite centaurée 15 g
Préparer et employer comme dans la recette 20.

Recette 26

Cumin 15 g
Mélisse 15 g
Menthe poivrée 15 g
Achillée 20 g
Petite centaurée 25 g
Préparer et employer comme dans la recette 20.

Recette 27

Feuilles de lierre 25 g
Racine d'angélique 45 g
Graines de coriandre 25 g
Graines de céleri 25 g
Graines de badiane 25 g
1 c. à soupe pour 250 ml d'eau; prendre 1 tasse après chaque repas.

Recette 28

Menthe poivrée 25 g
Feuilles d'absinthe 20 g
Faire bouillir avec 500 ml d'eau, filtrer; boire 1 tasse au besoin.

Recette 29

Fenouil 25 g
Achillée (plante) 25 g
Feuilles de sauge 25 g
Feuilles d'absinthe 5 g
Faire bouillir avec 1 litre d'eau, filtrer; prendre 1 tasse avant chacun des repas.

Recette 30

Menthe poivrée 30 g
Fenouil 30 g
Grainei d'anis 30 g
3 à 4 c. à soupe pour 1 litre d'eau; boire avant le repas au besoin.

Recette 31

Fleurs de foin 55 g
1 c.à thé pour 1 tasse d'eau; boire 1/2 h avant et après le repas par petites gorgées.

Recette 32

Graines de céleri 30 g
Graines d'aneth 30 g
Graines de carottes sauvages 30 g
Graines de cumin 30 g
Graines de coriandre 30 g
Graines de fenouil 30 g
Graines de livèche 30 g
1 tasse après chaque repas.

Recette 33

Anis 35 g
Aneth 30 g
Absinthe 20 g
Valériane 15 g
Cumin 15 g
Fenouil 15 g
Mettre 5 c. à thé dans 3 tasses d'eau le soir, faire bouillir le matin, filtrer; boire 1 tasse 1/2 heure avant chaque repas.

Recette 34

Anis 25 g
Fenouil 25 g
Camomille 25 g
Cumin 25 g
Serpolet 25 g
3 c. à soupe pour 250 ml, boire 3 fois par jour avant les repas.

Recette 35

Fenouil 1 g
Anis 1 g
Fleurs de sureau 1 g
Feuilles de séné 1 g
Faire bouillir avec 250 ml d'eau, laisser infuser 2 heures; prendre 3 fois par jour avant les repas.

Recette 36

Trèfle d'eau 20 g
Gentiane 20 g
Sauge 25 g
Achillée 30 g
Petite centaurée 30 g
Menthe poivrée 30 g
1 c. à soupe pour 250 ml d'eau, à prendre 1/2 h avant les repas.

Recette 37

Aneth (plante) 25 g
Anis 25 g

Sauge 25 g
Angélique 25 g
Cumin 25 g
1 c. à soupe pour 250 ml d'eau; boire après les repas.

Recette 38

Menthe poivrée 25 g
Citronnelle 25 g
Trèfle d'eau 25 g
Petite centaurée 25 g
Sauge 25 g
3 c. à soupe pour 500 ml d'eau; prendre 1 tasse 3 fois par jour, avant les repas.

Recette 39

Fleurs de lavande 15 g
Clou de girofle 10 g
Menthe poivrée 15 g
Sauge 25 g
Marjolaine 15 g
Serpolet 10 g
Racine d'angélique 15 g
Acore 10 g
Zédoaire 10 g
1 c. à soupe pour 1 tasse d'eau; 500 ml après chaque repas.

Recette 40

Fleurs de camomille 35 g
Menthe poivrée 35 g
Cumin 15 g
Anis 15 g
Racine de valériane 25 g
Prendre 3 fois par jour, environ 1/2 heure avant les repas.

L'entérite et les autres maladies de l'intestin

Symptômes et causes

Dans chaque maladie intestinale, il faut examiner la forme, la solidité et la fréquence des selles pour établir le diagnostic. La présence de sang dans les selles n'est pas à négliger. L'élimination de gras explique la transformation et l'utilisation de la nourriture dans le corps.

Dans les cas de diarrhées répétitives, il s'agit généralement d'une infection chronique des intestins avec tendance à la formation d'ulcères dans l'intestin grêle. Les plus touchées sont les personnes entre 15 et 45 ans. Il s'agit souvent d'une hypersensibilité, et plus particulièrement d'une allergie à certains aliments. À cela s'ajoutent des infections bactérielles. La défécation est très douloureuse, et on y détecte une mucosité de sang et de pus. Lors de chaque entérite, il faut envisager les maladies ou produits suivants: colitis ulcerosa, cancer, empoisonnement par le plomb, nicotine, alcool, benzol ou essence, abus de laxatifs, maladie du pancréas, voies biliaires et tuberculose des intestins.

Les symptômes les plus importants sont les évacuations liquides avec des mucosités, les mélanges de pus, les envies de vomir, les crampes intestinales, les états de faiblesse, les poussées de fièvre, l'inappétence, le refus de nourriture et la perte de poids. Les saignements des intestins, complications les plus courantes, ne peuvent guère être arrêtés et reviennent généralement à intervalles réguliers.

Chez les malades souffrant de maladies chroniques de l'intestin, le danger du cancer de l'intestin est très grand.

Le cas

Après une simple grippe, Doris S., de Kassel, fit une entérite. L'évacuation des selles était accompagnée de crampes particulièrement douloureuses. Juste avant l'intervention qu'elle devait subir aux intestins, elle entendit parler des recettes à base de plantes.

Après quelques jours, elle remarqua déjà une sensible amélioration et deux semaines plus tard, elle put manger son plat favori: l'escalope viennoise avec de la salade de pommes de terre. L'intervention s'avéra donc inutile.

Les saignements de l'intestin

Recette 1

Consoude	25 g
Écorce de chêne	25 g
Achillée	15 g
Sanguinaire	15 g
Gui	15 g
Anaphalide	15 g
Bourse-à-pasteur	25 g

3 c. à soupe pour 1 litre d'eau, faire bouillir, filtrer; boire par petites gorgées durant la journée.

Recette 2

Guimauve	30 g
Myrtilles	25 g
Sureau	30 g
Camomille	25 g
Souci	30 g
Achillée	35 g

1 tasse 3 fois par jour.

Recette 3

Écorce de bourdaine	10 g
Feuilles de noyer	10 g
Réglisse	15 g
Fenouil	25 g
Guimauve	35 g
Graines de lin	30 g

1 c. à thé pour 1 tasse d'eau; prendre 1 tasse matin et soir.

Recette 4

Ortie	25 g
Sanicle	15 g
Plantain lancéolé	25 g
Syzgium cumini	15 g

Recette 5

Bulbe d'inula	25 g
Trigonelle	25 g
Alchémille (plante)	30 g
Racine de réglisse	25 g
Fleurs de tilleul	35 g

1 c. à soupe pour 1 tasse d'eau; prendre 1 tasse 3 fois par jour.

Recette 6

Racine de guimauve	55 g
Mauve	35 g
Racine de chiendent	55 g
Feuille de cheveu-de-Vénus	35 g

1 c. à soupe pour 1 tasse d'eau; prendre 1 tasse matin et soir.

Recette 7

Ortie	35 g
Racines de guimauve	35 g
Graines de grenades	25 g
Baies de laurier	25 g
Feuilles d'olivier	45 g

1 c. à soupe pour 1 tasse d'eau; prendre 1 tasse le matin à jeun et le soir.

Recette 8

Écorce de chêne	25 g
Racine d'aspérule	25 g
Consoude	25 g
Solanum verbascifolium	10 g

Recette 9

Baies de genévrier	25 g
Achillée	15 g
Sauge	25 g
Camomille	25 g
Tacca pinnabafida	15 g

Recette 10

Sanguinaire	10 g
Bourse-à-pasteur	25 g
Linaigrette	25 g
Paille d'avoine	25 g
Feuilles de chêne	15 g
Tamarindus indica	15 g
Thespasia populnea	15 g

Recette 11

Thypha capensis	15 g
Spathodea campanulata	25 g
Sondias purpura	15 g
Pimprenelle	15 g

La putréfaction intestinale

Recette 12

Écorce de chêne	25 g
Racine d'aspérule	20 g
Anaphalide	25 g
Linaigrette	25 g
Millepertuis	20 g
Paille d'avoine	20 g
Consoude	25 g

3 c. à soupe pour 1 litre d'eau, faire bouillir, laisser infuser, filtrer; boire par petites gorgées durant la journée.

L'ulcère intestinal

Recette 13

Ortie	35 g
Sanicle	25 g
Alchémille	15 g
Consoude	20 g
Plantain lancéolé	15 g
Feuilles de chêne	15 g

Préparer et employer comme dans la recette 12.

Les coliques intestinales

Recette 14

Feuilles de menthe poivrée	20 g

Faire bouillir avec 500 ml d'eau; boire au besoin.

Recette 15

Feuilles de chêne	15 g
Bourse-à-pasteur	7 g
Plantain lancéolé	10 g

Faire bouillir avec 1 litre d'eau, filtrer; prendre 1 tasse toutes les heures chaque jour pendant 2 semaines.

Recette 16

Feuilles de fraisier	7 g
Pimprenelle	10 g
Tormentille	10 g
Petite centaurée	8 g

Préparer et employer comme dans la recette 15.

Recette 17

Ansérine	25 g
Angélique	45 g
Trèfle d'eau	15 g
Gentiane	25 g
Cumin	15 g

Mélanger le tout et faire bouillir avec 1,5 litre de vin rouge pendant 3 à 4 minutes, filtrer; boire 500 ml par jour par petites gorgées.

Recette 18

Absinthe	35 g
Fenouil	20 g
Camomille	35 g
Pied-de-loup	20 g
Menthe poivrée	45 g

3 c. à soupe pour 1 litre d'eau, boire par petites gorgées.

Recette 19

Ansérine	25 g
Camomille	25 g
Valériane	25 g
Racine d'angélique	45 g
Menthe poivrée	15 g

Préparer et employer comme dans la recette 18.

Recette 20

Inula	25 g
Racine de dictame	25 g
Pimprenelle	20 g
Ansérine	35 g
Racine d'angélique	45 g

Préparer et employer comme dans la recette 18.

Recette 21

Achillée	25 g
Pelures de citron	15 g
Gentiane	20 g
Cumin	20 g
Trèfle d'eau	25 g
Coriandre	25 g

Préparer et employer comme dans la recette 18.

Les crises intestinales

Recette 22

Ansérine	15 g
Ortie	8 g

Mélanger et faire bouillir avec 1 litre de vin blanc, 1 c.à soupe 4 fois par jour.

Les intestins encrassés

Recette 23

Pimprenelle	45 g
Racine d'aspérule	15 g
Baies de genévrier	45 g
Ortie (plante)	25 g
Sanicle	15 g
Bourdaine	15 g

2 c. à soupe pour 500 ml d'eau, faire bouillir, filtrer; boire chaque fois 1 tasse le matin et le soir.

Recette 24

Thym	35 g
Consoude	15 g
Baies de genévrier	15 g
Pimprenelle	45 g

Préparer et employer comme dans la recette 23.

Recette 25

Pimprenelle	25 g
Millepertuis	15 g
Gui	35 g
Fleurs de prunellier	15 g
Alchémille	35 g

3 c. à soupe pour 1 litre d'eau; boire par petites gorgées (estomac vide).

Recette 26

Écorce de chêne	25 g
Alchémille	25 g
Sanicle	25 g
Consoude	25 g
Ortie	25 g

Préparer et employer comme dans la recette 25.

Recette 27

Rhizoma graminis	30 g
Ansérine	30 g
Alchémille des Alpes	25 g
Camomille	55 g
Linaigrette	25 g

Préparer et employer comme dans la recette 25.

Recette 28

Bourse-à-pasteur	25 g
Plantain lancéolé	25 g
Consoude	25 g
Petite centaurée	25 g
Lierre terrestre	25 g

Préparer et employer comme dans la recette 25.

Recette 29

Millepertuis	35 g
Achillée	35 g
Pimprenelle	15 g
Ortie	35 g
Sanicle	25 g
Verveine	25 g

Préparer et employer comme dans la recette 25.

Recette 30

Sanicle	25 g
Consoude	25 g
Pissenlit	25 g
Ulmaire	5 g
Anaphalide	15 g
Ortie	25 g
Sanguinaire	25 g

Préparer et employer comme dans la recette 25.

Recette 31

Ansérine	25 g
Alchémille	25 g
Écorce de chêne	45 g
Anis	15 g
Ulmaire	25 g
Linaigrette	25 g

Préparer et employer comme dans la recette 25.

La fistule rectale

Recette 32

Écorce de chêne	35 g
Anaphalide	25 g
Sanicle	25 g
Camomille	25 g
Linaigrette	15 g
Guimauve	25 g

25 g du mélange pour 1 litre d'eau, faire infuser à froid, faire bouillir 5 minutes, laisser infuser 10 minutes, filtrer; prendre un bain de siège aussi chaud que possible.

Recette 33

Feuilles de noyer	30 g
Pimprenelle	30 g
Écorce de chêne	30 g
Camomille	25 g
Tagète	45 g

Recette 34

Lierre terrestre	25 g
Achillée	25 g
Anaphalide	25 g
Écorce de chêne	25 g
Camomille	25 g
Souci	45 g

Préparer et employer comme dans la recette 32.

Recette 35

Pimprenelle	25 g
Consoude	25 g
Alchémille	25 g
Écorce de chêne	25 g
Camomille	25 g
Tagète	25 g

Préparer et employer comme dans la recette 32.

La faiblesse rectale

Recette 36

Pimprenelle	25 g
Tanaisie	25 g
Souci	25 g
Écorce de chêne	25 g
Sanicle	25 g

Ortie	25 g

50 g du mélange pour 1 litre d'eau, faire bouillir, filtrer, extraire, 6 à 8 c. à soupe par jour.

Recette 37

Millepertuis	25 g
Ortie	45 g
Achillée	25 g
Lierre terrestre	45 g
Menthe poivrée	25 g

Préparer et employer comme dans la recette 36.

Recette 38

Sanguinaire	30 g
Plantain lancéolé	30 g
Consoude	45 g
Véronique	25 g
Gentiane	25 g

Préparer et employer comme dans la recette 36.

Recette 39

Achillée	45 g
Pimprenelle	25 g
Consoude	45 g
Alchémille	25 g
Plantain lancéolé	25 g

Préparer et employer comme dans la recette 36.

Le prolapsus intestinal (externe)

Recette 40

Alchémille	25 g
Sanguinaire	25 g
Écorce de chêne	25 g
Gui	25 g
Consoude	25 g

Environ 6 c. à soupe pour 2 litres d'eau, mélanger froid, faire bouillir, laisser infuser, filtrer; prendre un bain de siège 3 fois par semaine pendant 2 minutes.

Le prolapsus intestinal (interne)

Recette 41

Alchémille	25 g
Linaigrette	25 g
Gui	25 g
Feuilles de chêne	15 g
Bourse-à-pasteur	35 g

Environ 3 c. à soupe pour 500 ml d'eau, mélanger froid, faire bouillir, laisser infuser 10 minutes, filtrer; boire 1 tasse 2 fois par jour.

La diarrhée

Symptômes et causes

La diarrhée est généralement un symptôme d'accompagnement de maladies diverses telles que les troubles digestifs, l'empoisonnement alimentaire, les troubles de la flore intestinale, les infections ou les maladies provoquées par des parasites ainsi que les maladies neuro-végétatives. Dans le cas d'une diarrhée prolongée, il est bon de chercher la cause profonde. Si la diarrhée est reliée à de la fièvre, il faut penser à une infection bactérienne. Dans le cas d'une diarrhée avec perte de poids, il faut songer à un trouble de résorption. Il faut distinguer différentes sortes de diarrhées: la diarrhée aiguë, la diarrhée chronique et l'incontinence, impossibilité de retenir ses selles. Dans le cas d'une diarrhée prolongée, il est essentiel de surveiller le sang, les bactéries et les muqueuses. Il peut éventuellement s'agir d'un abus de laxatifs.

Le cas

Grete S., de Munich, avait beaucoup de problèmes professionnels. Elle ne pouvait rester assise longtemps dans son travail, à cause de fortes douleurs. Lors du moindre énervement, elle avait une diarrhée qu'elle ne pouvait presque pas contrôler. Dans de pareilles conditions, son travail de secrétaire était en danger, car les longues dictées et le travail assis devaient être interrompus à maintes reprises. Grete S. modifiait constamment sa nourriture, mais la diarrhée ne disparaissait guère. Les différentes thérapies qu'elle essaya n'eurent pas plus de succès. Elle prit des infusions mais il lui fallut beaucoup de temps pour obtenir un résultat positif. Sa persévérance fut récompensée puisqu'elle fut entièrement libérée de ses douleurs trois à quatre mois plus tard.

La diarrhée

Recette 1

Sanguinaire	35 g
Camomille	45 g
Fruits de myrtille	25 g
Rumex crispus	35 g

Recette 2

Acore	35 g
Achillée	20 g
Camomille	35 g
Murraya panniculata	25 g

Recette 3

Racine de tormentille	45 g
Menthe poivrée	45 g
Achillée de montagne	20 g
Camomille	45 g
Oxalis repens	20 g

Recette 4

Pied-de-loup	35 g
Camomille	55 g
Menthe poivrée	35 g
Écorce de chêne	45 g
Grewia asiatica	35 g

Recette 5

Aigremoine	35 g
Pied-de-loup	35 g
Sauge	35 g
Ximenia americana	35 g

Recette 6

Racine d'arnica	20 g
Achillée de montagne	35 g
Alchémille des Alpes	25 g
Écorce de chêne	35 g
Typha capensis	35 g

Recette 7

Absinthe	35 g
Prèle des champs	35 g
Millepertuis	35 g
Zanthoxylum rhetsu	35 g

Recette 8

Arnica	15 g
Camomille	35 g
Menthe poivrée	20 g
Thé noir	55 g
Lichen d'Irlande	35 g
Tectona grandis	35 g

Recette 9

Absinthe	10 g
Camomille	30 g
Écorce de chêne	20 g

1 c. à thé pour 250 ml d'eau; prendre 1 petite tasse quand on a soif.

Recette 10

Sanguinaire	25 g
Fleurs de myrtilles	25 g
Lichen d'Irlande	25 g
Sauge	25 g
Alchémille des Alpes	25 g

1 c. à soupe pour 1 tasse; boire 1 tasse chaque jour.

Recette 11

Sanguinaire	25 g
Écorce de chêne	25 g
Myrtilles	25 g
Acore	25 g
Camomille	25 g
Millepertuis	25 g

Préparer et employer comme dans la recette 10.

Recette 12

Racine de tormentille	30 g

Préparer et employer comme dans la recette 10.

Recette 13

Fleurs d'arnica	10 g
Pied-de-loup	10 g
Écorce de chêne	20 g
Camomille	15 g
Aigremoine	15 g
Menthe poivrée	15 g
Réglisse	15 g
Racine de tormentille	20 g
Absinthe	15 g
Prèle des champs	15 g

Préparer et employer comme dans la recette 10.

Recette 14

Écorce de chêne	15 g
Prèle	15 g
Pulmonaire	25 g

1/2 c. à soupe pour 1 tasse; prendre 1 tasse 2 fois par jour.

Recette 15

Lichen d'Irlande	20 g
Racine de tormentille	20 g
Camomille	25 g
Écorce de chêne	25 g
Myrtilles	25 g

1 c. à thé pour 1 tasse; boire 1 tasse plusieurs fois par petites gorgées.

Recette 16

Absinthe	15 g
Prèle	35 g
Achillée	35 g
Racine de tormentille	35 g

Préparer et employer comme dans la recette 15.

Recette 17

Racine de tormentille	30 g
Renouée des prés	30 g
Bourse-à-pasteur	40 g

Préparer et employer comme dans la recette 15.

Recette 18

Écorce de chêne	15 g
Racine de tormentille	15 g
Feuilles de myrtilles	20 g
Myrtilles	20 g
Camomille	30 g

Préparer et employer comme dans la recette 15.

Recette 19

Racine de tormentille	45 g
Écorce de chêne	55 g

Préparer et employer comme dans la recette 15.

Recette 20

Potentille (plante)	30 g
Racine de valériane	30 g
Feuilles de mélisse	30 g

1 c. à soupe pour 250 ml d'eau; boire 1 fois par jour.

Recette 21

Écorce de chêne	15 g
Racine de tormentille	15 g
Feuilles de myrtilles	15 g
Myrtilles	20 g
Fleurs de camomille	55 g

1 c. à soupe pour 250 ml d'eau, prendre 1 tasse 3 fois par jour.

Recette 22

Bourse-à-pasteur	50 g

1 tasse plusieurs fois par jour.

Recette 23

Chardon bénit	20 g
Camomille	20 g
Menthe poivrée	20 g
Feuilles de séné	20 g
Achillée	20 g
Pensée	20 g

1 tasse 1 à 2 fois par jour.

Recette 24

Myrtilles	55 g
Écorce de chêne	30 g
Sanguinaire	30 g

1 tasse 2 à 3 fois par jour.

Recette 25

Sanguinaire	25 g
Lichen d'Irlande	25 g
Écorce de chêne	35 g
Myrtilles	30 g
Camomille	30 g

1 tasse 3 fois par jour par petites gorgées.

Recette 26

Myrtilles	25 g
Écorce de chêne	25 g
Sanguinaire	20 g
Consoude	25 g
Thym	25 g

2 fois par jour par petites gorgées.

Recette 27

Racine d'orchis	100 g
Myrtilles séchées	100 g

1/2 c. à thé pour 125 ml de vin rouge; boire chaud par petites gorgées.

Recette 28

Menthe poivrée	25 g
Tanaisie	25 g
Écorce de chêne	20 g
Sanguinaire	20 g
Consoude	20 g

Préparer et employer comme dans la recette 27.

Recette 29

Sanguinaire	25 g
Menthe poivrée	15 g
Fleurs de camomille	15 g

2 c. à thé pour 125 ml d'eau; prendre 1 tasse 3 fois par jour.

Recette 30

Myrtilles séchées	25 g
Feuilles de mélisse	15 g
Fleurs de camomille	15 g

Préparer et employer comme dans la recette 29.

Recette 31

Thym	25 g
Menthe poivrée	15 g
Écorce de chêne	15 g
Sanguinaire	15 g
Fleurs de camomille	15 g

Préparer et employer comme dans la recette 29.

Recette 32

Feuilles de mauve	55 g
Feuilles de mûres	45 g
Feuilles de guimauve	50 g

Feuilles de tussilage	45 g
Fleurs de camomille	55 g
Menthe poivrée	55 g

5 c. à soupe pour 1 litre d'eau, laisser infuser 3 heures, filtrer; boire à la place de l'eau.

Recette 33

Menthe poivrée	50 g
Fleurs de camomille	50 g

Préparer et employer comme dans la recette 32.

Recette 34

Fleurs de tilleul	25 g
Aigremoine	15 g
Feuilles de rosiers	10 g
Fleurs de camomille	30 g
Germandrée sélectionnée	10 g
Fruit d'églantier	15 g

3 c. à soupe pour 500 ml d'eau, laisser infuser 1 heure; boire durant la journée aussi chaud que possible.

Recette 35

Menthe poivrée	25 g
Citronnelle	25 g
Saule de rivière	25 g
Germandrée sélectionnée	25 g

Préparer et employer comme dans la recette 32.

Recette 36

Feuilles de myrtilles	30 g
Graines de coing	25 g
Feuilles de menthe poivrée	30 g

Préparer et employer comme dans la recette 32.

La constipation

Symptômes et causes

Qui n'a jamais souffert de constipation? Qui n'a jamais senti cette sensation de lourdeur insupportable qui peut dégénérer en crampes? Le corps entier semble donner l'alarme: attention, ici il y a quelque chose qui ne va pas. Et ce sont en effet des signaux d'alarme. La constipation peut avoir des causes diverses. Elle peut partir d'une simple position assise jumelée à un manque d'exercice, tout comme elle peut être causée par des conflits psychiques ou une mauvaise alimentation.

La constipation peut aussi indiquer un cancer ou une occlusion intestinale. Dans ces cas-là, seul le spécialiste est à même d'en juger.

Du reste, il n'y a pas de barème qui puisse définir la fréquence de la défécation. Il n'existe guère d'autres processus du corps à être exposés à autant de variantes. Une évacuation intestinale allant de trois fois par jour jusqu'à deux fois par semaine peut être considérée comme normale. La nourriture comme les particularités individuelles et culturelles peuvent jouer un rôle décisif dans certains cas.

Le cas

Rita S., de Cologne souffrait depuis des années de constipation. Aucun remède ne l'aidait. «C'était si terrible que je plongeais dans une sorte d'hystérie avec des crises de larmes.» Elle se fit donner les recettes ci-dessous. «Une semaine plus tard, je n'avais plus de problèmes d'intestins», explique-t-elle. Depuis, Mme S. n'a plus de problèmes digestifs.

La constipation

Recette 1

Racine de pissenlit 25 g
Écorce de bourdaine 30 g
Feuilles d'ortie 25 g
Boire 1 tasse de cette infusion matin et soir.

Recette 2

Anis 25 g
Fenouil 25 g
Feuilles de séné 35 g
Réglisse 25 g

Recette 3

Croton caudatus fol 25 g
Ceipa pentandra fol 10 g
Sida thombifolia 5 g
Ocimum basilicum 15 g
Acalypha indica 25 g
Boire chaud au moins 2 tasses par jour.

Recette 4

Pensée 50 g
Prunellier 50 g
1 c. à soupe pour 500 ml d'eau; prendre 1 tasse 1 fois par jour.

Recette 5

Anis 20 g
Sureau 45 g
Fenouil 20 g
Feuilles de séné 35 g
1 c. à soupe pour 1 tasse d'eau; prendre 1 tasse, par petites gorgées, 1 fois par jour.

Recette 6

Prunellier 35 g
Feuilles de séné 35 g
Bourdaine 30 g
Graines de lin 35 g
Aloès 5 g
1 c. à soupe pour 1 tasse; boire 1 tasse le soir.

Recette 7

Anis 25 g
Feuilles de séné 35 g
Chicorée sauvage 25 g
Menthe poivrée 35 g
1 c. à soupe pour 1 tasse d'eau; prendre 1 tasse 1 fois par jour.

Recette 8

Trèfle d'eau 25 g
Bourdaine 15 g
Genévrier 10 g
Thym 10 g
Pissenlit 35 g
Petite centaurée 25 g
1 c. à soupe pour 1 tasse d'eau; prendre 1 tasse 3 fois par jour par petites gorgées.

Recette 9

Nerprun 35 g
Sureau 25 g
Bourdaine 40 g
1 c. à soupe pour 1 tasse d'eau; prendre 1 tasse 3 fois par jour.

Recette 10

Anis 25 g
Menthe poivrée 45 g
Bourdaine 40 g
1 c. à thé pour 1 tasse d'eau; prendre 1 tasse le soir.

Recette 11

Prunellier 25 g
Lamier 15 g
Cumin 15 g
Coquelicot 10 g
Bourdaine 25 g
Camomille 20 g
Préparer et employer comme dans la recette 10.

Recette 12

Feuilles de séné 25 g
Pensée 20 g
Achillée 25 g
Bourdaine 20 g
1 tasse 2 fois par jour.

Recette 13

Fenouil 15 g
Anis 10 g
Réglisse 15 g
Feuilles de séné 15 g
1 tasse 1 fois le soir.

Recette 14

Achillée 20 g
Bourdaine 20 g
Ail 15 g
Camomille 25 g
1 tasse 2 fois le soir.

Recette 15

Cumin 25 g
Bourdaine 20 g
Camomille 25 g
1 tasse 1 fois le matin.

Recette 16

Achillée 25 g
Bourdaine 25 g
Anis 25 g
Feuilles de séné 25 g
1 tasse 1 fois le soir.

Recette 17

Pied-de-loup 15 g
Rhubarbe 15 g
Bourdaine 25 g
Aloès 40 g
Trigonelle 25 g
Pissenlit 15 g
Mettre dans 1 litre de cidre pendant 2 semaines, filtrer; prendre 1 c. à thé 3 fois par jour.

Recette 18

Prunellier 25 g
Bourdaine 25 g
Acacia 20 g
Prune 20 g
Fenouil 20 g
Préparer et employer comme dans la recette 17.

Recette 19

Séné 20 g
Pissenlit 25 g
Camomille 25 g
Prunellier 20 g
Anis 20 g
1 c. à thé pour 1 tasse d'eau; prendre 1 c. à thé 4 à 5 fois par jour.

Recette 20

Bourdaine 100 g
Anis 35 g
Fenouil 35 g
Cumin 30 g
Réglisse 80 g
2 c. à thé pour 500 ml d'eau; boire le soir par petites gorgées.

Recette 21

Achillée 15 g
Camomille 20 g
Bourse-à-pasteur 15 g
Aigremoine 15 g

Lamier	15 g

1 c. à thé pour 250 ml d'eau; prendre 1 tasse 2 fois par jour.

Recette 22

Pissenlit	35 g
Chicorée sauvage	30 g
Fenouil	15 g
Chiendent rampant	30 g

1 tasse 2 fois par jour.

Recette 23

Pissenlit	30 g
Anis	10 g
Saule	20 g
Acore	30 g
Fenouil	10 g
Chicorée sauvage	30 g

2 c. à soupe pour 250 ml d'eau; boire en 2 fois.

Recette 24

Gentiane	5 g
Petite centaurée	5 g
Fenouil	5 g

Faire bouillir avec 500 ml d'eau; boire tous les jours.

Les maladies causées par les vers intestinaux

Symptômes et causes

Il y a trente ans à peine, les maladies causées par les vers intestinaux étaient encore très répandues. Elles ont régressé grâce à un contrôle alimentaire plus sévère et à une meilleure hygiène. Pourtant, on trouve encore en Occident des cas de ver solitaire, d'ascarides ou d'autres vers intestinaux. Les remèdes contre les vers sont en général efficaces, mais ils ont l'inconvénient d'être dangereux pour l'organisme. Par contre, les plantes peuvent être employées aussi efficacement que les médicaments et sans inconvénients.

Le ver solitaire: Si un patient a le ver solitaire, il oscille constamment entre le manque d'appétit et une faim de loup, la diarrhée et la constipation. Mais le seul moyen d'en confirmer la présence est un examen approfondi des selles pour y trouver des œufs. L'infection se produit surtout après consommation de viande avariée de bœuf ou de porc. Parfois l'eau ou les légumes du jardin contiennent aussi des œufs de vers. Ils sont toutefois rarement transmis d'une personne à l'autre.

Les ascarides: Les ascarides dans l'organisme provoquent de vives démangeaisons au niveau de l'anus, surtout la nuit. Ce n'est que dans les cas extrêmes de très forte concentration d'ascarides que le malade se sent mal et reste alité.

Les lombricoïdes: En très grand nombre, ils provoquent une toux, une bronchite, une pneumonie, une fièvre des foins, une jaunisse, un enroulement de l'intestin et une perte de poids. Ces parasites, analogues à des vers de terre, peuvent être éliminés par les selles. Les œufs sont transportés dans les légumes mal lavés ou dans les salades.

Le cas

Irene L., de Augsbourg, devenait de plus en plus pâle et elle ne pouvait presque plus assumer son travail de secrétaire. Les médecins se trouvaient devant une énigme, car tous les résultats d'analyse étaient normaux. Par hasard, elle évacua un jour un ver et ce n'est qu'à partir de ce moment qu'on lui prescrivit des vermifuges. Mais ceux-ci eurent de sérieux effets secondaires. Aussi les associa-t-on aux infusions de plantes, pour ne conserver par la suite que celles-ci. En une semaine, Mme L. élimina cinq vers. Depuis, elle est de nouveau en pleine santé.

Les infusions en général

Recette 1

Camomille	30 g
Fleurs de tanaisie	30 g
Absinthe	30 g
Semen-contra Tanaceti	30 g

1 tasse 3 fois par jour.

Recette 2

Camomille	15 g
Écorce de bourdaine	15 g
Tanaisie	25 g
Absinthe	45 g

1 tasse matin et soir.

Recette 3

Anis	25 g
Menthe poivrée	15 g
Tanaisie	25 g
Thym	15 g

1 c. à soupe pour 250 ml d'eau; prendre 1 tasse matin et soir.

Recette 4

Petite centaurée	25 g
Absinthe (plante)	25 g
Racine de valériane	25 g
Carline	25 g
Racine de gentiane	25 g

1 c à soupe pour 250 ml d'eau; boire par petites gorgées durant la journée.

Recette 5

Armoise	25 g
Tanaisie	25 g

1 tasse 2 fois par jour.

Recette 6

Fougère mâle	25 g
Feuilles de myrtilles	25 g
Écorce de bourdaine	25 g
Prunellier	25 g
Feuilles de fraisier	20 g
Tanaisie	15 g

1 tasse pendant 3 à 4 jours, matin et soir.

Recette 7

Fleurs de camomille	15 g
Fleurs de tanaisie	25 g
Feuilles de séné	15 g
Absinthe (plante)	55 g

1 c. à soupe par tasse d'eau; prendre 1 tasse matin et soir.

Recette 8

Tanaisie (plante)	25 g
Graines de courge	75 g

Recette 9

Écorce de bouraine	25 g
Absinthe	15 g
Ail	15 g
Valériane	25 g
Fleurs de tanaisie	45 g

Pour 500 ml d'esprit-de-vin, 100 g de ce mélange macérera pendant 2 semaines, filtrer; prendre 10 à 15 gouttes toutes les heures.

Recette 10

Verveine	20 g
Bourdaine	25 g
Rue de jardin	20 g
Millepertuis	15 g
Racine d'aspérule	15 g
Tanaisie	35 g

Préparer et employer comme dans la recette 9.

Recette 11

Tanaisie	30 g
Écorce de bourdaine	30 g

1 tasse matin et soir.

Recette 12

Camomille	35 g
Absinthe	25 g
Tanaisie	40 g

Préparer et employer comme dans la recette 11.

Recette 13

Graines de courge	20 g
Tanaisie	20 g
Bourdaine	30 g

Préparer et employer comme dans la recette 11.

Recette 14

Racine de valériane	25 g
Chardon argenté	25 g
Racine de valériane	25 g
Petite centaurée	25 g
Feuilles d'absinthe	25 g

1 c. à soupe pour 1 tasse d'eau; boire par petites gorgées durant la journée.

Recette 15

Gratiole	40 g
Camomille	30 g
Thym (plante)	30 g
Absinthe	20 g
Tanaisie	30 g
Eleusine indica	25 g

Ne pas prendre pendant la grossesse!

Recette 16

Fleurs de tanaisie	30 g
Cresson de fontaine	30 g
Thym	20 g
Tormentille	25 g
Centipeda minima	30 g

Recette 17

Feuilles de séné	30 g
Chicorée sauvage	30 g
Inula	25 g
Absinthe	30 g
Cajanus cajan	30 g

Recette 18

Tanaisie	30 g
Argousier	30 g
Chardon argenté	30 g
Petite centaurée	25 g
Cassia alata	20 g

Recette 19

Tanaisie	35 g
Camomille	40 g
Calotropis gigantea	40 g
Cassia alata	30 g
Celosia argentea	30 g

Recette 20

Gloriosa superba	30 g
Tanaisie	50 g
Camomille	20 g
Melia dubia	20 g

Le ver solitaire

Recette 21

Argousier	40 g
Chardon argenté	30 g
Tanaisie	40 g
Brassica capitata	20 g

Les ascarides

Recette 22

Racine de valériane	30 g
Écorce de bourdaine	20 g
Gratiole	20 g
Absinthe	40 g
Clitorea ternata	25 g

Ébouillanter 1 c. à thé pour 1 tasse, laisser reposer 15 minutes; boire immédiatement avant les repas.

Les vers intestinaux et les ascarides

Recette 23

Baies de genévrier	30 g
Cresson de fontaine	30 g
Bourdaine	30 g
Serpolet	30 g
Petite centaurée	40 g
Digenea simplex	20 g

Recette 24

Fleurs de camomille	35 g
Feuilles de séné	30 g
Absinthe (plante)	50 g
Fleurs de tanaisie	40 g
Melaleuca melodendron	30 g

Les maladies des voies biliaires

Symptômes et causes

Les maladies des voies biliaires, comme celles de la vessie, ont des causes très diverses: inflammations, maladies du métabolisme, infection, néoplasmes et infections parasitaires. Cette multiplicité d'agents provocateurs suscite en même temps un problème de diagnostic. Les procédés pour reconnaître les maladies de la vésicule ont été améliorés depuis peu, ce qui augmente les possibilités de thérapie.

Les patients qui ont de petits calculs biliaires ne souffrent généralement pas et se plaignent rarement de pression du côté droit dans le haut de l'abdomen. Ils ont souvent la sensation d'avoir trop mangé, d'être gavés, ils ont des éructations et l'impression de mal digérer le gras. Les complications de voies biliaires, provoquées par les calculs biliaires, sont les fissures de la vésicule biliaire et le carcinome de la vésicule tant appréhendé. Une femme sur cinq et un homme sur huit souffrent de calculs biliaires et de coliques. Les causes sont l'accumulation de gras dans le sang, ainsi qu'une hypofonction de la glande thyroïde, le diabète et une alimentation trop riche. La formation des calculs biliaires provient de facteurs inflammatoires. Lorsqu'on suppose une maladie de la vésicule, on devrait aussi envisager la possibilité d'une maladie de l'estomac, d'un infarctus, d'une embolie pulmonaire, d'une pleurésie ou d'une maladie du pancréas. Les symptômes de presque toutes les maladies des voies biliaires sont identiques: nausées, pression du côté droit du haut de l'abdomen, fièvre, forte tension musculaire et coloration jaunâtre de la conjonctive de l'œil. L'inflammation des voies biliaires présente un danger de perforation de la vésicule, ce qui peut être fatal.

Le cas

Suzanne L., de Munser, avait des douleurs dans le haut de l'abdomen, du côté droit, après chaque repas. Tous les mois, elle souffrait de coliques terribles qu'aucun médicament ne pouvait calmer. Les radiographies ne montraient cependant pas de calculs biliaires. La diète ne réussissait pas non plus à enrayer les douleurs. Une amie de Suzanne lui parla des recettes de plantes, et elle tenta sa chance. Son état s'améliora petit à petit. Trois mois plus tard, ses coliques avaient complètement disparu.

L'inflammation de la vésicule biliaire

Recette 1

Petite centaurée	15 g
Menthe poivrée	15 g
Achillée	10 g
Camomille	10 g

1 tasse 2 à 3 fois par jour.

Recette 2

Petite centaurée	15 g
Menthe poivrée	15 g
Camomille	15 g
Fruits du cumin	5 g
Fruits du fenouil	5 g

Employer comme dans la recette 1.

Recette 3

Fleurs de camomille	15 g
Menthe poivrée	15 g
Feuilles de mélisse	10 g
Feuilles de pétasite	10 g
Racine de chélidoine	5 g
Fumeterre (plante)	5 g

Employer comme dans la recette 1.

Recette 4

Racine de gentiane	10 g
Menthe poivrée	15 g
Fleurs de camomille	15 g
Racine de pissenlit	10 g
Feuilles d'ortie	10 g
Millepertuis	15 g

Employer comme dans la recette 1.

Recette 5

Pimprenelle	25 g
Racine de pissenlit	40 g
Absinthe	5 g
Fleurs de prunellier	25 g
Petite centaurée	25 g
Rhizoma graminis	40 g

3 c.à soupe dans 1 litre de cidre froid, faire bouillir, laisser infuser 10 minutes, filtrer; prendre 1 c. à soupe chaude plusieurs fois par jour.

Les douleurs biliaires

Recette 6

Pied-de-loup	25 g
Pissenlit	15 g
Pimprenelle	25 g
Absinthe	5 g
Petite centaurée	15 g
Lierre	40 g
Rhizoma graminis	45 g

Préparer et employer comme dans la recette 5.

Recette 7

Pied-de-loup	5 g
Lierre	5 g
Souci	5 g
Petite centaurée	5 g
Menthe poivrée	5 g
Pissenlit	15 g
Chiendent rampant	10 g
Curcuma	10 g
Absinthe	10 g
Houblon	20 g
Chélidoine	15 g

Préparer et employer comme dans la recette 5, mais remplacer le cidre par du vin blanc.

Recette 8

Racine de chicorée sauvage	25 g
Prèle	30 g
Achillée	30 g
Millepertuis	25 g

1 c. à thé pour 1 tasse d'eau; prendre 1 tasse 3 fois par jour.

Recette 9

Chélidoine	50 g
Menthe poivrée	50 g

Préparer et employer comme dans la recette 8.

Recette 10

Potentille (plante)	55 g

Préparer et employer comme dans la recette 8.

Recette 11

Rhubarbe	20 g
Chélidoine	20 g
Trèfle d'eau	15 g
Racine de gentiane	15 g
Racine de pissenlit	20 g
Menthe poivrée	25 g

1 tasse avant les repas, 2 fois par jour.

Recette 12

Potentille (plante)	35 g
Chélidoine	35 g
Mélisse	30 g
Menthe poivrée	25 g

Préparer et employer comme dans la recette 8.

Recette 13

Fumeterre	35 g
Achillée	35 g
Racine de chiendent	30 g
Écorce de bourdaine	10 g

1 tasse 2 à 3 fois par jour.

Recette 14

Racine de chicorée sauvage	45 g
Baies de genévrier	20 g
Racine de pissenlit	20 g
Fumeterre	25 g

1 tasse 2 fois par jour avant les repas.

Recette 15

Menthe poivrée	25 g
Absinthe	10 g
Anaphalide	15 g
Écorce de bourdaine	15 g
Racine de curcuma	45 g

Racine de pissenlit 15 g
1 tasse 2 fois par jour.

Les calculs biliaires et les coliques

Recette 16

Anis 15 g
Écorce de bourdaine 20 g
Renouée des oiseaux 25 g
Feuille de saule 45 g
1 c. à soupe pour 1 tasse, faire bouillir 10 minutes, filtrer; prendre très chaud, 1 c. à soupe toutes les 15 minutes pendant les coliques.

Recette 17

Racine de gentiane 25 g
Bourse-à-pasteur 25 g
Camomille 25 g
Racine de violette 25 g
Racine de chicorée sauvage 25 g
Préparer et employer comme dans la recette 16.

Recette 18

Racine d'arnica 25 g
Racine de valériane 45 g
Camomille 25 g
Racine de pissenlit 25 g
Menthe poivrée 25 g
Préparer et employer comme dans la recette 16.

Recette 19

Bourse-à-pasteur (plante) 30 g
Aigremoine 30 g
Racine de violette 30 g
Renouée des oiseaux 30 g
Préparer et employer comme dans la recette 16.

Recette 20

Racine de pissenlit 35 g
Graines de chardon Marie 35 g
Racine de chicorée sauvage 35 g
1 c.à soupe par 1 litre d'eau; prendre 1 tasse 2 fois par jour 1/2 heure avant les repas.

Recette 21

Écorce de bourdaine 25 g
Fenouil 25 g
Fleurs de pied-de-chat 25 g
Menthe poivrée 30 g
Achillée 25 g
Absinthe 25 g
Préparer comme dans la recette 20; prendre 1 tasse 3 fois par jour 1/2 heure après les repas (jamais durant la grossesse).

Recette 22

Menthe poivrée 50 g
Chélidoine 50 g
Préparer comme dans la recette 20; prendre 1 tasse 1 fois matin et soir.

Recette 23

Écorce de bourdaine 35 g
Cumin 15 g
Menthe poivrée 35 g
Sauge 25 g
Feuilles de séné 10 g
Préparer comme dans la recette 20; prendre 1 tasse par petites gorgées le soir.

Recette 24

Cumin 15 g
Fruits du chardon Marie 25 g
Menthe poivrée 30 g
Racine de rhubarbe 15 g
Absinthe 30 g
Préparer comme dans la recette 20; prendre 1 tasse 3 fois par jour.

Recette 25

Trèfle d'eau 20 g
Millepertuis 20 g
Racine de curcuma 20 g
Racine de pissenlit 20 g
Graines de chardon Marie 20 g
Menthe poivrée 20 g
Achillée 20 g
Préparer comme dans la recette 20, prendre 2 à 3 tasses durant la journée par petites gorgées.

Recette 26

Chardon à foulon (plante) 20 g
Racine de curcuma 20 g

Graines de chardon Marie	20 g
Menthe poivrée	20 g
Feuilles de séné	20 g
Pensée	20 g
Petite centaurée	20 g

Préparer et employer comme dans la recette 25.

Recette 27

Marrube	25 g
Berbéris	25 g
Racine d'acore	15 g
Cumin	15 g
Achillée	5 g

Préparer et employer comme dans la recette 25.

Recette 28

Berbéris	20 g
Écorce de bourdaine	20 g
Millepertuis	20 g
Acore	15 g
Camomille	25 g
Pissenlit (plante)	10 g
Racine de pissentlit	10 g
Aigremoine	20 g
Menthe poivrée	20 g

Préparer et employer comme dans la recette 25.

Recette 29

Mouron des champs	10 g
Marrube	15 g
Fumeterre	10 g
Acore	15 g
Racine de pissenlit	20 g
Aigremoine	15 g
Menthe poivrée	20 g
Achillée	20 g

Préparer et employer comme dans la recette 25.

Recette 30

Rhubarbe	15 g
Écorce de bourdaine	15 g
Racine de pissenlit	25 g
Écorce de racine de berbéris	25 g
Racine de curcuma	45 g

1 c. à thé pour 1 tasse d'eau, laisser infuser plusieurs heures, filtrer; 1 tasse 1 fois le soir.

Recette 31

Fleurs d'arnica	15 g
Racine de violette	15 g
Trèfle d'eau	25 g
Racine de pissenlit	25 g
Feuilles de menthe poivrée	25 g
Racine de chicorée	25 g

1 tasse 2 à 3 fois par jour.

Recette 32

Mouron des champs	5 g
Fumeterre	10 g
Aigremoine	25 g
Marrube	25 g
Racine de pissenlit	25 g
Acore	25 g
Achillée	25 g

1 tasse 3 fois par jour.

Recette 33

Rhubarbe	25 g
Trèfle d'eau	20 g
Racine de gentiane	20 g
Chélidoine	25 g
Menthe poivrée	25 g

1 tasse 2 fois par jour, 1/2 heure avant les repas.

Recette 34

Fenouil	15 g
Cumin	15 g
Écorce de bourdaine	25 g
Menthe poivrée	25 g
Achillée	25 g
Petite centaurée	25 g

1 tasse 1 fois par jour après le repas.

Recette 35

Rhubarbe	15 g
Marrube	15 g
Aigremoine	25 g
Menthe poivrée	55 g

1 tasse 1 fois par jour 1/2 heure avant le repas.

Recette 36

Saxifrage (plante)	25 g
Menthe poivrée	25 g
Chélidoine	15 g
Achillée (plante)	15 g

Chardon Marie (plante)	20 g

1 c. à soupe pour 500 ml d'eau, plusieurs tasses par jour.

Recette 37

Chélidoine	30 g
Anis	30 g
Menthe poivrée	30 g
Achillée	30 g
Immortelle	30 g
Graines de séné	30 g

1 c. à soupe pour 250 ml d'eau; prendre 3 fois par jour avant le repas.

Recette 38

Anis	30 g
Absinthe	30 g
Immortelle de sable	30 g
Graines de séné	30 g

Préparer et employer comme dans la recette 37.

Recette 39

Germandrée sélecte	25 g
Bourdaine	20 g
Germandrée de montagne	20 g
Camomille	25 g

Comme cholagogue

Recette 40

Rhubarbe	15 g
Cumin	10 g
Chardon bénit	25 g
Absinthe	20 g
Menthe poivrée	25 g
Chardon Marie (plante)	25 g

1 c. à thé pour 1 tasse d'eau; laisser infuser 20 minutes, filtrer; prendre 1 tasse 3 fois par jour.

Recette 41

Aspérule odorante	50 g

2 c. à thé pour 1 tasse d'eau, laisser infuser durant la nuit; boire par petites gorgées durant la journée.

Recette 42

Racine de chicorée sauvage	50 g

1 c. à thé pour 1 tasse d'eau, laisser infuser 10 minutes, boire par petites gorgées durant la journée.

Recette 43

Menthe poivrée	50 g

Préparer et employer comme dans la recette 42.

Recette 44

Pissenlit	30 g
Bugrane	25 g
Écorce de bourdaine	30 g
Menthe poivrée	30 g

Préparer et employer comme dans la recette 42.

Recette 45

Pimprenelle	25 g
Aigremoine	25 g
Menthe poivrée	25 g
Acacia farnesiana	25 g

1 tasse 2 à 3 fois par jour.

Recette 46

Renouée	15 g
Lierre	15 g
Souci	5 g
Chiendent rampant	10 g
Premma odorata	25 g
Lycopodium clavatum	15 g

Employer comme dans la recette 45.

Recette 47

Rhizoma graminis	25 g
Houblon	20 g
Pissenlit	30 g
Lactca sativa	15 g

Employer comme dans la recette 45.

Recette 48

Petite centaurée	15 g
Camomille	25 g
Berbéris	25 g
Lierre	10 g
Datura arborea	5 g

Employer comme dans la recette 45.

Recette 49

Trèfle d'eau	15 g
Racine de gentiane	25 g
Menthe poivrée	25 g
Racine de chiendent	25 g
Mentha arvensis	15 g
Solanum tuberosum	15 g

Les maladies du foie et la jaunisse

Symptômes et causes

Les maladies du foie sont provoquées par des toxines qui atteignent le foie par le sang et le système lymphatique; elles sont en général absorbées par la nourriture, mais elles peuvent aussi être produites par le corps. L'alcool représente le premier danger, ainsi que les épices très fortes. Tous ces produits ne nuisent pas immédiatement à la fonction de l'organe, mais seulement après avoir agi longuement et régulièrement sur le foie.

La jaunisse est un symptôme de différentes maladies du foie et des voies biliaires. Elle est considérée comme une maladie indépendante. L'une des causes est l'inflammation du foie; les pigments ne sont plus transformés par les cellules malades des organes. La bile s'accumule dans le sang et colore tous les tissus en jaune, y compris le blanc de l'œil. Un blocage du canal cholédoque, qui détourne la bile de son itinéraire normal, peut en être la cause. Il peut aussi s'agir d'une inflamation du duodénum, d'une tumeur d'un organe voisin, le pancréas ou l'estomac. Dans un autre cas, il peut s'agir simplement d'un excès de pigments sanguins que le foie n'arrive pas à éliminer. Une maladie particulièrement grave est la jaunisse infectieuse, qui est transmise par des aiguilles sales.

Le cas

Gisèle L., de Francfort, se plaignait depuis longtemps de fatigue, de faiblesse et d'ennuis digestifs. Son foie ne fonctionnait plus normalement. Elle essaya toutes sortes de médicaments, de tablettes, de pilules, mais le tout sans succès. Son état ne s'est amélioré qu'au moment où elle a commencé une cure de plantes spécialement préparées pour elle. La digestion redevint normale et la fatigue disparut, tout comme ses accès de faiblesse.

Les maladies du foie en général

Recette 1

Souci	35 g
Camomille	15 g
Petite centaurée	15 g
Pimprenelle	25 g
Aigremoine	35 g

Mélanger et moudre fin; prendre, 3 à 4 fois par jour, 1/2 c. à thé avec une gorgée de vin blanc.

Recette 2

Pimprenelle	25 g
Petite centaurée	15 g
Chélidoine	15 g
Sanguinaire	25 g
Berbéris	25 g
Absinthe	25 g

Préparer et employer comme dans la recette 1.

Recette 3

Sanguinaire	25 g
Pimprenelle	25 g
Absinthe	20 g
Anaphalide	20 g
Pissenlit	20 g

Préparer et employer comme dans la recette 1.

Recette 4

Chicorée sauvage	25 g
Gentiane	15 g
Chélidoine	15 g
Petite centaurée	25 g
Aigremoine	40 g

Préparer et employer comme dans la recette 1.

Recette 5

Oseille	15 g
Pissenlit	35 g
Aigremoine	35 g
Lierre	15 g
Anaphalide	15 g
Petite centaurée	15 g

Préparer et employer comme dans la recette 1.

Recette 6

Sanguinaire	25 g
Pimprenelle	35 g
Houx	15 g
Pissenlit	25 g
Anaphalide	15 g
Absinthe	15 g

Préparer et employer comme dans la recette 1.

Recette 7

Lierre	15 g
Pimprenelle	25 g
Souci	15 g
Valériane	15 g
Eucalyptus	25 g
Pissenlit	20 g
Chélidoine	10 g
Menthe poivrée	15 g

Préparer et employer comme dans la recette 1.

Recette 8

Aigremoine	20 g
Pissenlit	35 g
Chélidoine	25 g
Trèfle d'eau	20 g
Petite centaurée	35 g

Préparer et employer comme dans la recette 1.

Recette 9

Marrube	25 g
Rue	20 g

Souci	25 g
Pissenlit	25 g
Verveine	20 g

Préparer et employer comme dans la recette 1.

Recette 10

Ancolie	35 g
Marrube	20 g
Houblon	15 g
Pissenlit	20 g
Souci	20 g

Préparer et employer comme dans la recette 1.

Recette 11

Gentiane	25 g
Écorce de bourdaine	25 g
Achillée	25 g
Menthe poivrée	30 g
Bugrane	20 g

1 tasse 1 fois avant les repas.

Recette 12

Marrube	25 g
Berbéris	25 g
Feuilles de séné	15 g
Millepertuis	25 g

1 tasse 2 fois par jour.

Recette 13

Pensée	25 g
Achillée	25 g
Souci	25 g
Écorce de bourdaine	25 g
Chardon bénit (plante)	20 g

1 tasse 1 à 2 fois par jour.

Recette 14

Rhubarbe	25 g
Marrube	25 g
Aigremoine	15 g
Achillée	15 g
Menthe poivrée	25 g
Écorce de bourdaine	25 g

1/2 tasse avant les repas.

Recette 15

Berbéris	35 g
Mélisse	25 g
Baies de genévrier	25 g
Prunellier	15 g
Millepertuis	20 g

1 tasse 1 à 2 fois par jour.

Recette 16

Achillée	25 g
Racine d'œillet	20 g
Ortie	25 g
Chardon bénit (plante)	20 g
Mélisse	20 g

1 tasse 2 fois par jour.

Recette 17

Oseille	20 g
Asperge	20 g
Chiendent rampant	20 g

Faire bouillir dans 1 litre d'eau, laisser infuser 15 minutes, filtrer; boire 1 tasse le matin à jeun.

Recette 18

Millepertuis	35 g
Prunellier	35 g
Achillée	30 g

1 c. à soupe pour 500 ml d'eau, le matin à jeun, 1 tasse tous les jours.

Recette 19

Gentiane	10 g
Souci	5 g
Camomille	10 g
Pissenlit	35 g
Fenouil	10 g
Cumin	10 g
Menthe poivrée	25 g
Chélidoine	15 g
Bugrane	10 g
Bourdaine	15 g

1 c.à soupe pour 250 ml d'eau; prendre 1 tasse 2 fois par jour avant le repas.

L'hépatite

Recette 20

Écorce de bourdaine	35 g
Cheveu-de-Vénus	35 g
Berbéris	35 g
Bouleau	35 g

1 c. à thé pour 1 tasse d'eau, infuser 15 minutes, filtrer; prendre 1 tasse matin et soir.

Recette 21

Liseron des champs	15 g
Angélique	15 g
Berbéris	15 g
Marrube	15 g
Trèfle d'eau	15 g
Menthe poivrée	15 g
Écorce de bourdaine	15 g
Achillée	15 g

1 c. à thé pour 1 tasse d'eau; prendre 1 tasse 1 fois par jour.

Recette 22

Écorce de bourdaine	35 g
Réglisse	35 g
Chiendent rampant	35 g
Artichaut	40 g

Préparer et employer comme dans la recette 21.

Recette 23

Acore	15 g
Bardane	15 g
Chardon à foulon (plante)	15 g
Pissenlit	15 g
Aigremoine	15 g
Menthe poivrée	15 g
Achillée	15 g
Feuilles de noyer	15 g
Chicorée sauvage	15 g
Petite centaurée	15 g

Préparer et employer comme dans la recette 21.

Recette 24

Écorce de bourdaine	15 g
Bugrane	35 g
Ratoncule	35 g
Rhubarbe	45 g
Racine de persil	35 g

Préparer et employer comme dans la recette 21.

Recette 25

Pimprenelle	35 g
Pied-de-loup	15 g
Pissenlit	25 g
Sanguinaire	35 g
Absinthe	15 g

Mélanger et moudre fin, 1 c. à thé 4 fois par jour avec une gorgée de vin blanc.

Le mauvais fonctionnement du foie

Recette 26

Potentille (plante)	35 g
Mélisse	25 g
Chélidoine	35 g
Menthe poivrée	25 g

1 c. à thé pour 1 tasse d'eau, infuser 10 minutes, filtrer; prendre 1 tasse 3 fois par jour.

Recette 27

Marrube	15 g
Berbéris	10 g
Trèfle d'eau	10 g
Chardon bénit	10 g
Lierre terrestre	10 g
Angélique	10 g
Écorce de bourdaine	20 g
Bardane	15 g
Chicorée sauvage	15 g
Millepertuis	15 g
Acore	15 g
Aigremoine	20 g
Menthe poivrée	20 g
Achillée	15 g
Petite centaurée	15 g
Pissenlit	15 g

Préparer et employer comme dans la recette 26.

Recette 28

Millepertuis	20 g
Trèfle d'eau	20 g
Graines de chardon Marie	20 g
Pissenlit	15 g
Sauge	20 g
Absinthe	15 g
Achillée	20 g
Menthe poivrée	15 g

Préparer et employer comme dans la recette 26.

Recette 29

Prunellier des champs	35 g
Aubépine	25 g
Bourse-à-pasteur (plante)	25 g

Préparer et employer comme dans la recette 26.

Recette 30

Bourse-à-pasteur (plante)	20 g
Ratoncule	25 g
Gui	25 g
Angélique	15 g
Fumeterre	15 g
Lavande	15 g

Préparer et employer comme dans la recette 26.

Recette 31

Menthe frisée	45 g
Chélidoine	25 g
Menthe poivrée	45 g

Préparer comme dans la recette 26, 1 tasse seulement par jour.

Recette 32

Bugrane	25 g
Marrube	35 g
Rhubarbe	25 g
Aigremoine	35 g

Préparer comme dans la recette 26; prendre 1 tasse 2 fois par jour.

Recette 33

Feuilles d'artichaut	25 g
Rhubarbe	25 g
Fleurs de marjolaine	25 g
Véronique	25 g

Préparer comme dans la recette 26; prendre 1 tasse par jour avant les repas.

Recette 34

Camomille	25 g
Anis	25 g
Mélisse	25 g
Thym	25 g
Menthe poivrée	25 g

Préparer comme dans la recette 26.

La colique biliaire

Recette 35

Violette	35 g
Chicorée sauvage	15 g
Arnica	15 g
Pissenlit	25 g
Menthe poivrée	35 g

Mélanger et moudre fin, 1 c à thé 4 fois par jour avec une gorgée de vin blanc.

Recette 36

Trèfle d'eau	35 g
Aigremoine	15 g
Houblon	25 g
Absinthe	25 g
Garance	15 g
Mélisse	15 g

Préparer et employer comme dans la recette 26.

Recette 37

Violette	25 g
Pissenlit	25 g
Pimprenelle	25 g
Renouée	25 g
Aigremoine	25 g
Bourse-à-pasteur	25 g

Mélanger et moudre fin. 1 c. à thé 4 fois par jour avec une gorgée de vin blanc.

Recette 38

Petite centaurée	25 g
Lierre	35 g
Trèfle d'eau	25 g
Menthe poivrée	15 g
Pissenlit	25 g

Préparer et employer comme dans la recette 37.

Les calculs biliaires

Recette 39

Renouée	15 g
Pissenlit	35 g
Lierre	35 g
Chicorée sauvage	20 g
Violette	20 g
Anis étoilé	15 g

Préparer et employer comme dans la recette 37.

Recette 40

Violette	35 g
Herba succisae	25 g

Souci	15 g
Lierre	35 g
Menthe poivrée	15 g
Pissenlit	25 g
Absinthe	15 g

Préparer et employer comme dans la recette 37.

Recette 41

Gentiane	15 g
Lierre	25 g
Pimprenelle	25 g
Violette	35 g
Chicorée sauvage	15 g
Camomille	15 g
Bourse-à-pasteur (plante)	35 g
Inula	15 g

Préparer et employer comme dans la recette 37.

Recette 42

Petite centaurée	25 g
Lierre	35 g
Pied-de-loup	30 g
Oseille	20 g
Pimprenelle	25 g
Verveine	20 g

Préparer et employer comme dans la recette 37.

Recette 43

Bourse-à-pasteur	45 g
Camomille	20 g
Lierre	25 g
Aigremoine	25 g
Arnica	15 g
Chicorée sauvage	20 g
Pimprenelle	25 g

Préparer et employer comme dans la recette 37.

Recette 44

Lierre	25 g
Ancolie	25 g
Herba succisae	25 g
Verveine	25 g
Absinthe	45 g

Mélanger et moudre fin; prendre tous les jours 3 à 4 fois 1/2 c. à thé avec une gorgée de vin blanc.

Recette 45

Trèfle d'eau	25 g
Inula	15 g
Herba succisae	25 g
Absinthe	35 g

Préparer et employer comme dans la recette 44.

Recette 46

Pissenlit	35 g
Berbéris	35 g
Absinthe	35 g
Houblon	25 g
Verveine	15 g
Souci	15 g

Préparer et employer comme dans la recette 44.

Les douleurs du foie avec insuffisance cardiaque

Recette 47

Menthe poivrée	35 g
Berbéris	35 g
Aubépine	25 g
Valériane	25 g

1 c. à thé pour 1 tasse d'eau, 1 tasse 2 fois par jour.

Le douleurs du foie avec paresse intestinale

Recette 48

Chardon à foulon (plante)	25 g
Marrube	30 g
Écorce de bourdaine	30 g
Achillée	30 g
Pensée	25 g

1 tasse 2 fois par jour.

Les maladies de l'estomac

Symptômes et causes

Les douleurs d'estomac sont dues, entre autres, à des facteurs génétiques, au stress, à l'énervement, à la cigarette, à l'alcool, à une nourriture trop grasse ainsi qu'à des problèmes psychiques. La gastrite aiguë ou chronique est une des maladies les plus courantes. Dans le cas de coliques de l'estomac, il ne s'agit pas d'une maladie à proprement parler, mais d'un symptôme dont les causes peuvent être diverses. Les coliques sont déclenchées la plupart du temps par des ballonnements. Les inflammations de la muqueuse de l'estomac peuvent atteindre l'ensemble de l'estomac. Les causes sont aussi diverses: produits chimiques, expectorants ou facteurs psychogènes irritants. Parmi les toxiques chimiques, il faut surtout mentionner l'alcool, divers analgésiques ou des condiments comme le poivre. Les médecins supposent que ces produits neutralisent le facteur de protection de la muqueuse de l'estomac, ce qui amène une irritation, qui conduit à l'ulcère de l'estomac.

Un stress continu peut, en très peu de temps, provoquer des saignements. Il faut croire qu'il bloque la circulation sanguine normale; il permet ainsi à l'acide chlorhydrique d'attaquer les parois de l'estomac. Les patients qui souffrent de gastrite aiguë vomissent souvent du sang, ont du sang dans les selles et une douleur lancinante à l'estomac. Il est intéressant de constater que les gastrites aiguës apparaissent la plupart du temps en automne et au printemps. Si la maladie n'est pas soignée à temps, il peut en résulter des conséquences graves comme la perforation de l'estomac ou une anémie aiguë.

Le cas

Ricardo T., de Turin, était fonctionnaire et travaillait dans un bureau très mal aéré. Lorsqu'il eut soudain des maux d'estomac, on n'y trouva aucune explication. Les examens cliniques et radiologiques n'aidèrent pas davantage. Aucun spécialiste ne put faire quelque chose pour Ricardo. Finalement, il prit des infusions de plantes médicinales. Les douleurs d'estomac disparurent complètement en l'espace de quelques jours et ne réapparurent plus, même lors de périodes de très grand stress.

Les maux d'estomac en général

Recette 1
Racine d'angélique 100 g
1 c. à thé pour 1 tasse, laisser infuser 10 minutes; prendre 1 tasse avant et après chaque repas.

Recette 2
Trèfle d'eau 100 g
Préparer et employer comme dans la recette 1.

Recette 3
Racine d'inula 100 g
Préparer et employer comme dans la recette 1.

Recette 4
Menthe poivrée 50 g
Camomille 50 g
Préparer et employer comme dans la recette 1.

Recette 5
Fenouil 100 g
Préparer et employer comme dans la recette 1.

Recette 6
Cumin 100 g
Préparer et employer comme dans la recette 1.

Recette 7
Aigremoine 100 g
Préparer et employer comme dans la recette 1.

Recette 8
Pétasite 100 g
Préparer et employer comme dans la recette 1.

Recette 9
Petite centaurée 100 g
Préparer et employer comme dans la recette 1.

Recette 10
Absinthe 10 g
Menthe poivrée 10 g
Millepertuis 10 g
Achillée 20 g
1 c. à soupe pour 250 ml d'eau; prendre 1 tasse 3 fois par jour.

Recette 11
Romarin 50 g
Gentiane 50 g
Préparer et employer comme dans la recette 10.

Recette 12
Angélique 55 g
Écorce d'orange 30 g
Absinthe 15 g
Véronique 30 g
Valériane 45 g
3 c. à soupe pour 500 ml d'eau; boire durant la journée par petites gorgées.

Recette 13
Absinthe 5 g
Angélique 45 g
Pimprenelle 15 g
Acore 45 g
Petite centaurée 20 g
Préparer et employer comme dans la recette 12.

Recette 14
Angélique 55 g
Absinthe 10 g
Trèfle d'eau 30 g

Gentiane	30 g
Menthe poivrée	35 g

Préparer et employer comme dans la recette 12.

Recette 15

Angélique	25 g
Romarin	35 g
Ortie	15 g
Genévrier	50 g

Préparer et employer comme dans la recette 12.

Recette 16

Anis	25 g
Acore	15 g
Livèche	15 g
Angélique	55 g
Valériane	40 g

Préparer et employer comme dans la recette 12.

Recette 17

Camomille	35 g
Mélisse	35 g
Prunellier	25 g
Pelures d'orange	35 g
Absinthe	10 g

Mettre 50 g du mélange dans 500 ml d'alcool à 64 p. 100 pendant 2 semaines, filtrer, extraire; prendre 15 gouttes après chaque repas.

Recette 18

Galanga	45 g
Menthe poivrée	35 g
Véronique	15 g
Pissenlit	25 g
Semen gnercus tostum	20 g

Préparer et employer comme dans la recette 17.

Recette 19

Petite centaurée	16 g
Millepertuis	45 g
Alchémille	45 g
Arum	5 g
Angélique	25 g
Lierre terrestre	25 g

Préparer et employer comme dans la recette 17.

Recette 20

Romarin	45 g
Véronique	45 g
Pimprenelle	15 g
Alchémille	25 g
Gentiane	20 g

Préparer et employer comme dans la recette 17.

Recette 21

Menthe poivrée	15 g
Camomille	15 g
Cumin	15 g
Mélisse	15 g

Mettre 50 g du mélange dans 1 litre de vin blanc froid, faire bouillir, laisser infuser 10 minutes, extraire, 1 c. à soupe 5 fois par jour.

Recette 22

Racine de gentiane	25 g
Véronique	25 g
Menthe poivrée	25 g
Tanaisie	25 g

Préparer et employer comme dans la recette 21.

Recette 23

Pimprenelle	15 g
Carline	15 g
Racine d'aspérule	15 g
Inula	15 g
Angélique	10 g

Préparer et employer comme dans la recette 21.

Recette 24

Sanguinaire	25 g
Thym	35 g
Racine d'aspérule	15 g

Préparer et employer comme dans la recette 21.

Recette 25

Menthe poivrée	15 g
Sanguinaire	15 g
Angélique	35 g
Valériane	35 g
Camomille	15 g
Ansérine	15 g

3 c. à thé pour 500 ml; boire par petites gorgées.

Recette 26

Angélique 35 g
Valériane 25 g
Inula 25 g
Racine de dictame 10 g
Préparer et employer comme dans la recette 25.

Recette 27

Absinthe 5 g
Racine de chardon bénit 25 g
Petite centaurée 25 g
Valériane 25 g
Trèfle d'eau 20 g
Préparer et employer comme dans la recette 25.

Recette 28

Fenouil 25 g
Bourdaine 25 g
Petite centaurée 25 g
Absinthe 20 g
Menthe poivrée 25 g
1 tasse par jour avant le repas.

Recette 29

Absinthe 20 g
Cumin 15 g
Fenouil 25 g
Gentiane 15 g
Anis 15 g
Employer comme dans la recette 28.

Recette 30

Mauve 25 g
Absinthe 2 g
Alchémille 10 g
Millepertuis 10 g
Camomille 10 g
Achillée 25 g
Menthe poivrée 15 g
Petite centaurée 10 g
Employer comme dans la recette 28.

Recette 31

Petite centaurée 20 g
Chardon bénit (plante) 20 g
Pensée 20 g
Camomille 15 g
Feuilles de séné 20 g
Écorce de bourdaine 15 g
Employer comme dans la recette 28.

Recette 32

Achillée 25 g
Mélisse 20 g
Sureau 25 g
Prunellier 20 g
Camomille 20 g
Menthe poivrée 25 g
Employer comme dans la recette 28.

Recette 33

Petite centaurée 100 g
1 tasse 3 fois par jour.

Recette 34

Menthe poivrée 15 g
Camomille 25 g
Sanguinaire 25 g
Achyranthes aspera 10 g
Employer comme dans la recette 33.

Recette 35

Racine de chardon bénit 25 g
Valériane 5 g
Trèfle d'eau 10 g
Brucea amarissima 15 g
1 tasse 2 à 3 fois par jour.

Recette 36

Angélique 25 g
Inula 15 g
Pimprenelle 25 g
Camomille 25 g
Callicarpa caudata 15 g
Employer comme dans la recette 35.

Recette 37

Sauge 25 g
Sanicle 25 g
Petite centaurée 25 g
Racine de chardon bénit 25 g
Trèfle d'eau 15 g
Desmodium triflorum 15 g
Hibiscus syriacus 15 g
Employer comme dans la recette 35.

Recette 38

Thym	25 g
Sanicle	25 g
Écorce de chêne	10 g
Lanusia amara	15 g

Employer comme dans la recette 35.

Les saignements

Recette 39

Anaphalide	15 g
Alchémille	5 g
Sanguinaire	35 g
Aigremoine	25 g
Racine de chardon bénit	20 g

3 c. à thé pour 500 ml d'eau; boire par petites gorgées durant la journée.

Recette 40

Racine de chardon bénit	25 g
Sauge	20 g
Feuilles de noyer	15 g
Consoude	25 g
Gui	25 g
Sanicle	20 g

Préparer et employer comme dans la recette 39.

Recette 41

Sanicle	25 g
Sauge	15 g
Écorce de chêne	35 g
Alchémille	35 g
Souci	20 g

Préparer et employer comme dans la recette 39.

Recette 42

Plantain lancéolé	15 g
Anaphalide	15 g
Gui	15 g
Ortie	15 g
Sauge	15 g
Consoude	15 g
Sanicle	10 g

Préparer et employer comme dans la recette 39.

Recette 43

Écorce de chêne	30 g
Ortie	30 g
Camomille	30 g
Plantain	25 g
Bourse-à-pasteur (plante)	25 g
Achillée	30 g

Préparer et employer comme dans la recette 39.

Les ulcères d'estomac

Recette 44

Alchémille	35 g
Raisin d'ours	35 g
Racine de réglisse	45 g
Prèle	25 g
Souci	40 g

1 c. à soupe pour 1 tasse; prendre 1 tasse 3 fois par jour.

Recette 45

Réglisse	35 g
Cumin	15 g
Camomille	60 g

Préparer et employer comme dans la recette 44.

Recette 46

Tormentille	25 g
Sauge	25 g
Camomille	25 g
Souci	25 g
Graines de lin	20 g

Préparer et employer comme dans la recette 44.

Recette 47

Joubarbe	45 g
Racine d'œillet	35 g
Myrte	25 g
Réglisse	85 g

5 c. à soupe pour 1 litre; boire durant la journée par petites gorgées.

Recette 48

Tagète	25 g
Alchémille	15 g
Feuilles de chêne	25 g
Sanicle	25 g
Ortie	30 g

Préparer et employer comme dans la recette 47.

Recette 49

Cumin	15 g
Rhubarbe	15 g
Bourdaine	15 g
Chélidoine	20 g
Camomille	25 g
Menthe poivrée	25 g

1 c.à thé pour 1 tasse; prendre 1 tasse 3 à 4 fois par jour.

Recette 50

Sanicle	30 g
Trigonelle	20 g
Renouée	20 g
Souci	30 g

2 c. à soupe pour 500 ml; prendre 1 tasse 3 à 4 fois par jour.

Recette 51

Valériane	25 g
Houblon	25 g
Serpolet	30 g
Tormentille	25 g
Écorce de chêne	25 g

2 c. à thé pour 1 tasse; prendre 3 fois par jour 1 tasse par petites gorgées.

Recette 52

Souci	25 g
Absinthe	25 g
Sauge	25 g
Plantain lancéolé	25 g

1 c. à soupe pour 1 litre, filtrer; prendre 1 tasse 2 fois par jour.

Recette 53

Valériane	10 g
Prèle des champs	15 g
Basilic	10 g
Renouée	20 g
Racine de chardon bénit	15 g
Consoude	35 g
Souci	20 g
Camomille	15 g

1 c. à thé pour 1 tasse; prendre 1 tasse 4 à 5 fois par jour.

Recette 54

Consoude	35 g
Romarin	25 g
Potentille (plante)	25 g
Souci	15 g
Renouée	15 g
Camomille	35 g
Trèfle d'eau	10 g

Préparer et employer comme dans la recette 53.

Le catarrhe de l'estomac

Recette 55

Trèfle d'eau	25 g
Romarin	25 g
Fenouil	30 g
Sauge	30 g
Renouée	20 g

1 c. à soupe pour 250 ml; prendre 1 tasse 2 fois par jour 1/2 heure avant les repas.

Recette 56

Mélisse	35 g
Réglisse	25 g
Camomille	30 g
Potentille (plante)	30 g

2 c. à thé pour 1 tasse; 1 tasse 3 fois par jour.

Recette 57

Réglisse	15 g
Fenouil	25 g
Mélisse	60 g

1 tasse 3 fois par jour.

Recette 58

Serpolet	20 g
Feuilles de noyer	20 g
Chicorée sauvage	25 g
Achillée	25 g
Germandrée	10 g

3 c. à soupe pour 500 ml; boire par gorgées durant la journée.

Recette 59

Achillée	35 g
Aigremoine	15 g
Camomille	15 g

Germandrée 25 g
Préparer et employer comme dans la recette 58.

Recette 60

Fenouil 55 g
Anis 45 g
Cumin 55 g
Bourdaine 145 g
Réglisse 100 g
Préparer et employer comme dans la recette 58.

Recette 61

Camomille 35 g
Réglisse 15 g
Thym 35 g
Achillée 35 g
Aigremoine 15 g
Germandrée 15 g
Préparer et employer comme dans la recette 58.

Recette 62

Anis 30 g
Flores stoechados 25 g
Séné 25 g
Menthe poivrée 30 g
Achillée 30 g
Absinthe 10 g
Préparer et employer comme dans la recette 58.

Recette 63

Gingembre 35 g
Pimprenelle 25 g
Millepertuis 15 g
Acore 35 g
Anis 10 g
Préparer et employer comme dans la recette 58.

Recette 64

Racine d'aspérule 25 g
Véronique 25 g
Consoude 20 g
Plantain lancéolé 25 g
Thym 25 g
Préparer et employer comme dans la recette 58.

Recette 65

Tanaisie 25 g
Camomille 25 g
Genévrier 20 g
Alchémille 25 g
Achillée 25 g

Recette 66

Camomille 25 g
Véronique 25 g
Sanicle 20 g
Racine de chardon bénit 25 g
Pimprenelle 25 g
Préparer et employer comme dans la recette 58.

Recette 67

Pied-de-loup 35 g
Gentiane 20 g
Cumin 25 g
Thym 25 g
Menthe de montagne 15 g
Préparer et employer comme dans la recette 58.

Recette 68

Gentiane 35 g
Véronique 25 g
Anis 20 g
Angélique 25 g
Camomille 25 g
Préparer et employer comme dans la recette 58.

Recette 69

Petite centaurée 25 g
Menthe poivrée 25 g
Gentiane 15 g
Genévrier 15 g
Acore 15 g
Valériane 25 g
Préparer et employer comme dans la recette 58.

Les coliques

Recette 70

Fenouil 15 g
Valériane 25 g
Camomille 35 g

Menthe poivrée	35 g
Acore	10 g

1 c. à thé pour 1 tasse, laisser infuser 10 minutes, filtrer; prendre 1 tasse après chaque repas.

Recette 71

Camomille	55 g
Valériane	15 g
Chélidoine	15 g
Cumin	15 g
Petite centaurée (plante)	20 g

Préparer et employer comme dans la recette 70.

Recette 72

Feuilles de pétasite	100 g

Préparer et employer comme dans la recette 70.

Recette 73

Gingembre	15 g
Camomille	35 g
Valériane	15 g
Thym	10 g
Menthe poivrée	45 g

Préparer et employer comme dans la recette 70.

Recette 74

Marjolaine	15 g
Menthe poivrée	15 g
Fruit de l'aneth	20 g
Feuilles de framboisier	35 g
Fenouil	15 g
Bourse-à-pasteur (plante)	15 g

Préparer et employer comme dans la recette 70.

Recette 75

Camomille	20 g
Cumin	35 g
Valériane	15 g
Menthe poivrée	20 g
Absinthe	25 g
Serpolet	35 g

Préparer et employer comme dans la recette 70.

Recette 76

Baies de genévrier	35 g
Acore	35 g
Absinthe	25 g
Trèfle d'eau	25 g

1 c. à thé pour 250 ml, mélanger avec 1 c. à thé de citron.

Recette 77

Angélique	30 g
Camomille	30 g
Thym	20 g
Acore	20 g

Préparer et employer comme dans la recette 76.

Recette 78

Cumin	15 g
Fenouil	15 g
Anis	15 g
Menthe poivrée	15 g

1 c. à thé pour 1 tasse, laisser infuser pendant 3 à 4 heures, filtrer; prendre 1 tasse 3 fois par jour.

Recette 79

Camomille	35 g
Menthe poivrée	35 g
Chélidone	30 g
Fenouil	15 g
Cumin	15 g

Préparer et employer comme dans la recette 78.

Recette 80

Pied-de-loup	25 g
Acore	20 g
Mélisse	30 g
Angélique	25 g

3 c.à thé pour 500 ml d'eau; boire par petites gorgées durant la journée.

Recette 81

Rhubarbe	15 g
Cumin	35 g
Rue	20 g
Acore	35 g
Anis	25 g

Préparer et employer comme dans la recette 80.

Recette 82

Menthe poivrée	25 g
Trèfle d'eau	5 g

Coriandre	15 g
Ansérine	35 g
Anis	10 g

Préparer et employer comme dans la recette 80.

Recette 83

Pimprenelle	15 g
Inula	25 g
Mélisse	45 g
Dictame (plante)	25 g
Carline	10 g

Préparer et employer comme dans la recette 80.

Recette 84

Gentiane	10 g
Fenouil	30 g
Pelure de citron	30 g
Pissenlit	25 g
Achillée	25 g

Préparer et employer comme dans la recette 80.

Recette 85

Gentiane	15 g
Carline	15 g
Coriandre	35 g
Camomille	35 g
Pelure d'orange	20 g

Préparer et employer comme dans la recette 80.

Recette 86

Sauge	50 g
Frène	50 g

1 c. à soupe pour 250 ml; prendre 1 tasse 3 fois par jour.

Pour la formation de suc gastrique

Recette 87

Absinthe	25 g
Trèfle d'eau	25 g
Pelure d'orange	25 g
Petite centaurée	25 g
Chardon bénit (plante)	30 g

1 c. à thé pour 1 tasse; prendre 1 tasse 3 à 4 fois par jour.

Recette 88

Trèfle d'eau	15 g
Absinthe	25 g
Cannelle	5 g
Petite centaurée	25 g
Acore	15 g
Pelure d'orange	20 g

Préparer et employer comme dans la recette 87.

Recette 89

Absinthe	45 g
Petite centaurée	40 g
Chardon bénit (plante)	45 g

Préparer et employer comme dans la recette 87.

Recette 90

Pelures d'orange	20 g
Absinthe	25 g
Petite centaurée	25 g
Gentiane	15 g
Trèfle d'eau	20 g
Acore	15 g

Préparer et employer comme dans la recette 87.

Recette 91

Prunellier	30 g
Trèfle d'eau	39 g
Angélique	30 g
Écorce de quinquina	30 g

Mettre dans 2 litres de vin blanc environ 2 semaines, filtrer; prendre 1 c. à soupe 5 fois par jour.

Recette 92

Fenouil	25 g
Camomille	30 g
Gentiane	25 g
Écorce de surinam	25 g
Plantain lancéolé	25 g

Préparer et employer comme dans la recette 91.

Recette 93

Fenouil	25 g
Anis	25 g
Véronique	15 g
Absinthe	5 g
Acore	30 g

Préparer et employer comme dans la recette 91.

Recette 94

Trèfle d'eau 35 g
Prunellier 40 g
Hibiscus 25 g

Mettre dans 500 ml d'alcool à 64 p. 100 pendant 2 semaines, extraire; boire environ 20 gouttes après chaque repas.

Recette 95

Camomille 35 g
Menthe poivrée 3 g
Petite centaurée (plante) 30 g

1 c. à soupe pour 1 tasse, laisser infuser 10 minutes, filtrer; prendre 1 tasse avant chaque repas.

L'inflammation de la muqueuse

Recette 96

Absinthe 15 g
Fenouil 35 g

Préparer et employer comme dans la recette 95.

Recette 97

Ortie 35 g
Bourdaine 35 g
Thym 35 g
Lichen d'Irlande 45 g
Réglisse 25 g

Préparer et employer comme dans la recette 95.

Recette 98

Ménianthe 35 g
Mauve 35 g
Cheveu-de-Vénus 35 g
Guimauve 35 g

Préparer et employer comme dans la recette 95.

Recette 99

Camomille 55 g
Marjolaine 25 g
Cumin 15 g
Lichen d'Irlande 35 g

Recette 100

Trèfle d'eau 15 g
Gentiane 15 g
Absinthe 25 g
Acore 15 g
Menthe poivrée 15 g
Chardon bénit (plante) 15 g
Petite centaurée (plante) 15 g

Préparer et employer comme dans la recette 95.

Recette 101

Anis 25 g
Mélisse 45 g
Camomille 45 g
Cumin 15 g

Préparer et employer comme dans la recette 95.

Recette 102

Fenouil 15 g
Guimauve 5 g
Camomille 30 g

Préparer et employer comme dans la recette 95.

Recette 103

Menthe poivrée 15 g
Petite centaurée (plante) 25 g
Cumin 15 g
Camomille 45 g

Préparer et employer comme dans la recette 95.

Recette 104

Camomille 15 g
Sanguinaire 25 g
Consoude 35 g
Anaphalide 15 g
Alchémille 25 g
Plantain lancéolé 35 g

3 c. à thé pour 500 ml, laisser infuser 10 minutes, filtrer; boire par petites gorgées durant la journée.

Recette 105

Arum 25 g
Alchémille 25 g
Petite centaurée 20 g
Absinthe 20 g
Pimprenelle 35 g
Trèfle d'eau 25 g

Préparer et employer comme dans la recette 104.

Recette 106

Alchémille	25 g
Racine d'aspérule	15 g
Sanicle	35 g
Feuilles de chêne	20 g
Ortie	35 g
Graines de lin	20 g

Préparer et employer comme dans la recette 104.

Recette 107

Camomille	25 g
Achillée	25 g
Menthe poivrée	20 g
Mélisse	15 g
Acore	20 g
Petite centaurée	20 g

Préparer et employer comme dans la recette 104.

Recette 108

Absinthe	25 g
Molène	25 g
Mauve	5 g
Petite centaurée	15 g

Préparer et employer comme dans la recette 104.

Recette 109

Camomille	25 g
Achillée	20 g
Genévrier	25 g
Racine d'œillet	20 g
Gentiane	15 g
Pissenlit	25 g

1 tasse 1 fois par jour.

Recette 110

Souci	25 g
Ortie	25 g
Écorce de chêne	25 g
Véronique	30 g
Chélidoine	25 g

Employer comme dans la recette 109.

Recette 111

Potentille (plante)	15 g
Achillée	15 g
Sureau	15 g
Menthe poivrée	10 g
Camomille	15 g

Employer comme dans la recette 109.

Recette 112

Consoude	50 g
Renouée	20 g
Souci	30 g

Employer comme dans la recette 109.

Recette 113

Lichen d'Irlande	25 g
Fenouil	25 g
Guimauve	25 g
Caragène	25 g

Employer comme dans la recette 109.

Recette 114

Valériane	10 g
Gentiane	10 g
Pied-de-chat	5 g
Acore	5 g
Petite centaurée	15 g
Cumin	15 g
Anis	15 g
Achillée	25 g
Camomille	15 g
Menthe poivrée	20 g
Fenouil	15 g

1 c. à soupe pour 250 ml, laisser infuser 10 minutes, filtrer; prendre 1 tasse après chaque repas.

L'embarras gastrique

Recette 115

Trèfle d'eau	15 g
Pimprenelle	35 g
Véronique	35 g
Gentiane	15 g

2 c. à soupe pour 1/2 tasse d'eau; prendre 1 tasse 2 fois par jour.

Recette 116

Romarin	45 g
Thym	35 g
Sanicle	10 g
Acore	5 g

Sanguinaire 5 g
Coriandre 10 g
Plantain lancéolé 20 g
Préparer et employer comme dans la recette 115.

Recette 117
Myrte 15 g
Camomille 15 g
Sauge 25 g
Racine d'aspérule 25 g
Romarin 50 g
Préparer et employer comme dans la recette 115.

Recette 118
Genévrier 35 g
Anis 15 g
Fenouil 15 g
Menthe poivrée 35 g
Racine de chardon bénit 25 g
Préparer et employer comme dans la recette 115.

Recette 119
Polygala 15 g
Germandrée 35 g
Romarin 35 g
Réglisse 15 g
Lierre terrestre 15 g
Pissenlit 15 g
Préparer et employer comme dans la recette 115.

Recette 120
Pimprenelle 25 g
Véronique 25 g
Thym 25 g
Racine d'aspérule 25 g
Violette 20 g
Mettre 50 g dans 1 litre de vin blanc, laisser infuser 10 minutes, faire bouillir, filtrer, extraire, 1 c. à soupe 5 fois par jour.

Les brûlures d'estomac

Symptômes et causes

La production de salive acide résulte généralement d'une aigreur d'estomac. Mais ces brûlures peuvent aussi être dues à une inflammation chronique ou aiguë dans la région de l'estomac. Ces brûlures, particulièrement désagréables, ne sont pas seulement provoquées par un excès de suc gastrique, mais aussi par toute une série d'acides produits dans l'estomac pendant la fermentation. Parmi ceux-ci, il faut d'abord nommer l'acide acétique et l'acide lactique. Ils se forment à partir des sucreries ou des aliments gras, surtout dans les estomacs pauvres en acide chlorhydrique. Les brûlures d'estomac sont généralement ressenties au creux de l'estomac; elles passent parfois par l'œsophage pour aboutir à la cavité buccale.

Le cas

Gustave I., de Bochum, ressentait souvent de terribles brûlures d'estomac. Ces douleurs se produisaient surtout le matin à jeun, mais aussi après avoir mangé des sucreries ou un repas un peu gras. Il avait déjà avalé toute une gamme d'antiacides, sans obtenir de résultat durable. Lorsqu'il commença à prendre les infusions, il le fit d'une façon consciencieuse. Mais même là, il ne ressentit qu'un effet bénéfique passager. Ce n'est qu'au moment où il prit des infusions faites avec des plantes médicinales spéciales que ses brûlures d'estomac diminuèrent peu à peu. Pendant toute une année, il n'eut plus de douleurs, jusqu'au jour où il avala une portion de pommes de terre frites sans doute préparée dans une graisse douteuse. Immédiatement, ses vieilles douleurs réapparurent. Cette fois-ci, le traitement avec les plantes prit trois semaines pour donner un résultat positif. M. I. n'a plus eu de brûlures d'estomac depuis, mais il fait toutefois très attention à ce qu'il mange.

Les brûlures d'estomac

Recette 1

Millepertuis 25 g
Fleurs d'oranger 25 g
Camomille 25 g
Tilleul 25 g
2 c. à soupe pour 1 litre d'eau; prendre 1 tasse 1 fois par jour.

Recette 2

Écorce de chêne 15 g
Petite centaurée 25 g
Millepertuis 35 g
Gentiane 15 g
Chardon bénit 15 g
Pulsatille 25 g
Mettre 100 g dans 1 litre d'alcool à 54 p. 100 pendant 2 semaines, filtrer, extraire; prendre 20 gouttes 3 fois par jour.

Recette 3

Pissenlit 25 g
Pimprenelle 25 g
Genévrier 20 g
Carline 20 g
Romarin 20 g
Préparer et employer comme dans la recette 2.

Recette 4

Gentiane 25 g
Menthe poivrée 15 g
Inula 15 g
Acore 15 g
Petite centaurée 35 g
Achillée 15 g
Préparer et employer comme dans la recette 2.

Recette 5

Réglisse 25 g
Coriandre 25 g
Genévrier 20 g
Anis 25 g
Mélisse 15 g
Préparer et employer comme dans la recette 2.

Les troubles d'acide chlorhydrique

Symptômes et causes

On distingue le manque d'acide chlorhydrique de l'estomac et l'excédent d'acide chlorhydrique. Dans le cas d'insuffisance, le premier symptôme est une langue chargée; de temps à autre, il peut y avoir des douleurs dans le haut de l'abdomen. De plus le malade se plaint d'être abattu, d'être peu enclin à travailler et à manger. Il peut aussi avoir de fréquentes diarrhées et des vomissements. Les causes remontent à une alimentation incomplète, à une irritation chronique ou à des maladies pernicieuses de l'estomac, à une inflammation de la vésicule biliaire et à des maladies du sang.

Dans le cas d'excès d'acide chlorhydrique, les éructations, brûlures d'estomac, sensation d'avoir trop mangé, constipation tenace, perte d'appétit et faiblesse constituent les symptômes de la maladie. Les causes se trouvent dans une série d'inflammations du duodénum et de l'intestin grêle. Une alimentation trop riche et trop copieuse, l'abus d'alcool et de nicotine, une sensibilité excessive au café et au thé noir peuvent aussi provoquer ces douleurs.

Le cas

Gerlinde W., de Munich, subissait beaucoup de stress au travail et supportait mal la nourriture. Elle avait un véritable dégoût pour certains aliments. Finalement, il lui fut pratiquement impossible d'avaler une seule bouchée, car le plus petit repas lui causait de vives douleurs. Les médicaments réussirent à bloquer l'excès d'acide chlorhydrique mais pas pour longtemps. Elle eut des renvois acides, des envies de vomir et des malaises. La maladie de Mme W. était particulièrement compliquée, car certains jours, elle souffrait aussi d'un manque d'acide chlorhydrique: elle avait alors l'impression d'avoir trop mangé, une inappétence, des maux de tête et des problèmes d'équilibre. Les remèdes qui devaient provoquer la formation d'acide chlorhydrique étaient trop violents et ceux qui devaient en freiner l'excès n'eurent qu'un effet passager. La seule issue pour elle fut un mélange de plantes adaptées à son mal. Après bien des recherches, Mme W. trouva les recettes et trois semaines plus tard, elle se sentait déjà nettement mieux.

L'absence de suc gastrique

Recette 1

Racine de valériane	30 g
Anis	25 g
Lichen d'Irlande	30 g
Absinthe	40 g
Fenouil	30 g
Camomille	20 g
Calicapa canna	20 g

Recette 2

Camomille	30 g
Angélique	20 g
Chardon à foulon (plante)	30 g
Absinthe	20 g
Racine d'acore	20 g
Canscora diffusa	20 g

Recette 3

Camomille	30 g
Angélique	20 g
Feuilles de mûre	30 g
Baies de genévrier	20 g
Lunasia amara	20 g

Recette 4

Baies de genévrier	30 g
Racine de pimprenelle	20 g
Racine de câpres	20 g
Prèle des champs	30 g
Petite centaurée	40 g
Vitex negundo	30 g

Recette 5

Camomille	30 g
Fenouil	20 g
Mélisse	30 g
Acore	25 g
Murica rubra	20 g

Recette 6

Camomille	50 g
Menthe frisée	40 g
Angélique	25 g
Absinthe	10 g
Cassia fistula	25 g

Recette 7

Camomille	30 g
Carline	30 g
Fenouil	30 g
Petite centaurée	25 g
Mélisse	20 g
Capparis horrida	25 g

Recette 8

Camomille	50 g
Prèle des champs	35 g
Baies de genévrier	20 g
Absinthe (plante)	5 g
Racine d'acore	40 g
Pandanus tectorius	20 g

Recette 9

Pimprenelle	20 g
Fenouil	40 g
Camomille	50 g
Lichen d'Irlande	30 g
Absinthe	5 g
Scoparia dulcis	20 g

Recette 10

Racine de condurango	20 g
Camomille	30 g
Petite centaurée	30 g
Genévrier	30 g
Racine de réglisse	20 g
Cansora diffusa	30 g

L'excès de sécrétion gastrique

Recette 11

Racine de valériane	20 g
Camomille	50 g

Menthe poivrée	30 g
Acore	40 g
Vanieria cochinchinensis	35 g

Recette 12

Fleurs de lavande	30 g
Camomille	45 g
Alchémille des Alpes	20 g
Racine de rhubarbe	30 g
Callicarpa cana	25 g

Recette 13

Absinthe	20 g
Baie de genévrier	30 g
Camomille	50 g
Euphrasia	30 g
Rourea erecta	20 g

Recette 14

Camomille	50 g
Menthe poivrée	20 g
Feuille de rue	30 g
Absinthe	20 g
Feuilles d'artichaut	30 g
Raphanus ativus	25 g

Recette 15

Petite centaurée	30 g
Camomille	45 g
Acore	40 g
Absinthe	20 g
Angélique	35 g
Cansora diffusa	25 g

Recette 16

Acore	40 g
Pointes de genévrier	29 g
Millepertuis	35 g
Camomille	50 g
Menthe poivrée	40 g
Absinthe	10 g
Oldenlandia biflora	30 g

Recette 17

Baies de genévrier	30 g
Acore	30 g
Camomille	50 g
Achillée	20 g
Menthe poivrée	30 g
Feuilles d'oranger	30 g
Aristolochia sericea	20 g

Recette 18

Camomille	50 g
Petite centaurée	30 g
Menthe poivrée	30 g
Achillée	35 g
Lavande	30 g
Luekosyle capitellata	30 g

Les nausées et les vomissements

Symptômes et causes

Le vomissement est un réflexe de protection provoqué surtout par des irritants chimiques. C'est un rejet brusque du contenu de l'estomac. Le diaphragme descend, et la paroi de l'abdomen est tirée automatiquement vers l'estomac, sur lequel elle appuie. On s'en rend facilement compte par la douleur musculaire qui succède au vomissement. Dans la plupart des cas, le malade a au préalable des nausées, une respiration plus lente et des excès de salive. Une profonde respiration peut éventuellement arriver à bloquer l'envie de vomir.

Le vomissement peut être déclenché par des facteurs émotionnels ou par des processus vasomoteurs comme une migraine. Des odeurs ainsi que des irritations du palais peuvent produire le même effet. Un vomissement prolongé peut entraîner un excédent d'alcali dans le sang et les maladies afférentes.

Le cas

Clément B., un garçon de neuf ans, de Vienne, rentrait un soir à la maison après avoir passé la journée à jouer; il se plaignit de fortes nausées. La mère ne se fit pas trop de mauvais sang car les enfants à cet âge mangent souvent des choses difficiles à digérer. Elle lui fit une infusion de camomille et le coucha. Mais vers minuit, l'enfant eut encore de fortes nausées, puis il vomit plusieurs fois jusqu'au lendemain soir. L'effort et l'élimination de bile affaiblirent tant le garçon que la mère dut appeler le médecin de famille. Il prescrivit un mélange spécial de plantes qui ne manqua pas de faire son effet. Après quelques heures, le garçon était remis et il put prendre un repas léger.

Les nausées et les vomissements

Recette 1

Camomille	30 g
Gentiane	25 g
Genévrier	25 g
Menthe poivrée	30 g

Mettre dans 500 ml d'alcool à 64 p. 100 pendant 2 semaines, filtrer, extraire; prendre 20 gouttes toutes les heures.

Recette 2

Racine d'œillet	15 g
Menthe poivrée	25 g
Camomille	30 g

1 tasse par petites gorgées au besoin.

Recette 3

Épiaire	40 g
Menthe poivrée	60 g

Employer comme dans la recette 2.

Recette 4

Peuplier	30 g
Chélidoine	25 g
Chêne	25 g
Menthe poivrée	30 g

1 tasse 3 fois par jour.

Les maladies de la rate

Symptômes et causes

Dans la plupart des cas, les maladies de la rate proviennent d'autres maladies. Il existe des défauts de formation de la rate qui peuvent être congénitaux comme une position anormale dans le corps. Les inflammations arrivent souvent après le passage d'un caillot de sang dans la rate qui obstrue les vaisseaux. Si, en plus, des agents infectieux y sont introduits, cela peut provoquer un abcès de la rate. Les causes de ces inflammations et des abcès de la rate sont généralement des infections du cœur ou un défaut de la valvule du cœur ou des maladies infectieuses dans lesquelles il y a des foyers de pus. Un accident peut avoir comme cause une blessure de la rate. Par la cicatrisation, les tissus conjonctifs peuvent durcir.

Le cas

Hermann S., de Linz, avait eu une fissure de la rate et une enflure à la suite d'un accident de moto. À l'hôpital, cette blessure n'a pas été remarquée tout de suite. Trois à quatre mois après avoir quitté l'hôpital, Monsieur S. souffrait de douleurs, de constantes pressions sous les côtes gauches. Il réagit cependant très mal aux différents médicaments qu'on lui administra. Ce n'est qu'après avoir pris des infusions de plantes que l'enflure de la rate régressa.

Les infusions en général

Recette 1

Absinthe	20 g
Gingembre	15 g
Tamaris	35 g
Genêt	40 g

Mettre 3 à 4 c. à soupe dans 1 litre de cidre, faire bouillir, laisser infuser 10 minutes, filtrer; boire 500 ml par jour par petites gorgées.

Recette 2

Inula	15 g
Angélique	20 g
Romarin	20 g
Aigremoine	35 g
Petite centaurée	30 g

Préparer et employer comme dans la recette 1.

L'inflammation de la rate

Recette 3

Raifort	15 g
Inula	25 g
Tamaris	25 g
Véronique	25 g
Cochléaria	30 g

Préparer et employer comme dans la recette 1.

Recette 4

Petite centaurée	25 g
Chicorée sauvage	55 g
Aigremoine	45 g

Préparer et employer comme dans la recette 1.

Liste des affections traitées par les tisanes

Table des matières

Ouvrages parus chez les éditeurs du groupe Sogides

* Pour l'Amérique du Nord seulement

AFFAIRES

* **Acheter une franchise,** Levasseur, Pierre
* **Bourse, La,** Brown, Mark
* **Comprendre le marketing,** Levasseur, Pierre
* **Devenir exportateur,** Levasseur, Pierre
Étiquette des affaires, L', Jankovic, Elena
* **Faire son testament soi-même,** Poirier, Me Gérald et Lescault-Nadeau, Martine
Finances, Les, Hutzler, Laurie H.
Gérer ses ressources humaines, Levasseur, Pierre
Gestionnaire, Le, Colwell, Marian
Informatique, L', Cone, E. Paul
* **Lancer son entreprise,** Levasseur, Pierre
Leadership, Le, Cribbin, James
Meeting, Le, Holland, Gary
Mémo, Le, Reinold, Cheryl
* **Ouvrir et gérer un commerce de détail,** Roberge, C.-D. et Charbonneau, A.
Patron, Le, Reinold, Cheryl
* **Stratégies de placements,** Nadeau, Nicole

ANIMAUX

Art du dressage, L', Chartier, Gilles
Cheval, Le, Leblanc, Michel
Chien dans votre vie, Le, Margolis, M. et Swan, C.
Éducation du chien de 0 à 6 mois, L', DeBuyser, Dr Colette et Dehasse, Dr Joël
* **Encyclopédie des oiseaux,** Godfrey, W. Earl
Guide de l'oiseau de compagnie, Le, Dr R. Dean Axelson
Guide des oiseaux, Le, T.1, Stokes, W. Donald
Guide des oiseaux, Le, T.2, Stokes, W. Donald et Stokes, Q. Lilian
* **Mon chat, le soigner, le guérir,** D'Orangeville, Christian
Observations sur les mammifères, Provencher, Paul
* **Papillons du Québec, Les,** Veilleux, Christian et Prévost, Bernard
Petite ferme, T.1, Les animaux, Trait, Jean-Claude
Vous et vos oiseaux de compagnie, Huard-Viau, Jacqueline
Vous et vos poissons d'aquarium, Ganiel, Sonia
Vous et votre beagle, Eylat, Martin
Vous et votre berger allemand, Eylat, Martin

ANIMAUX

Vous et votre boxer, Herriot, Sylvain
Vous et votre braque allemand, Eylat, Martin
Vous et votre caniche, Shira, Sav
Vous et votre chat de gouttière, Mamzer, Annie
Vous et votre chat tigré, Eylat, Odette
Vous et votre chihuahua, Eylat, Martin
Vous et votre chow-chow, Pierre Boistel
Vous et votre cocker américain, Eylat, Martin
Vous et votre collie, Éthier, Léon
Vous et votre dalmatien, Eylat, Martin
Vous et votre danois, Eylat, Martin
Vous et votre doberman, Denis, Paula
Vous et votre fox-terrier, Eylat, Martin
Vous et votre golden retriever, Denis, Paula
Vous et votre husky, Eylat, Martin
Vous et votre labrador, Van Der Heyden, Pierre
Vous et votre lévrier afghan, Eylat, Martin
Vous et votre lhassa apso, Van Der Heyden, Pierre
Vous et votre persan, Gadi, Sol
Vous et votre petit rongeur, Eylat, Martin
Vous et votre schnauzer, Eylat, Martin
Vous et votre serpent, Deland, Guy
Vous et votre setter anglais, Eylat, Martin
Vous et votre shih-tzu, Eylat, Martin
Vous et votre siamois, Eylat, Odette
Vous et votre teckel, Boistel, Pierre
Vous et votre terre-neuve, Pacreau, Marie-Edmée
Vous et votre yorkshire, Larochelle, Sandra

ARTISANAT/BRICOLAGE

Art du pliage du papier, L', Harbin, Robert
* **Artisanat québécois, T.1**, Simard, Cyril
* **Artisanat québécois, T.2**, Simard, Cyril
* **Artisanat québécois, T.3**, Simard, Cyril
* **Artisanat québécois, T.4**, Simard, Cyril et Bouchard, Jean-Louis
* **Construire des cabanes d'oiseaux,** Dion, André
* **Encyclopédie de la maison québécoise,** Lessard, Michel et Villandré, Gilles
* **Encyclopédie des antiquités,** Lessard, Michel et Marquis, Huguette
* **J'apprends à dessiner,** Nassh, Joanna
Taxidermie moderne, La, Labrie, Jean
* **Tissage, Le,** Grisé-Allard, Jeanne et Galarneau, Germaine
Vitrail, Le, Bettinger, Claude

BIOGRAPHIES

* **Brian Orser - Maître du triple axel,** Orser, Brian et Milton, Steve
* **Dans la fosse aux lions,** Chrétien, Jean
* **Dans la tempête,** Lachance, Micheline
* **Duplessis, T.1 - L'ascension,** Black, Conrad
* **Duplessis, T.2 - Le pouvoir,** Black, Conrad
* **Ed Broadbent - La conquête obstinée du pouvoir,** Steed, Judy
* **Establishment canadien, L',** Newman, Peter C.
* **Larry Robinson,** Robinson, Larry et Goyens, Chrystian
* **Michel Robichaud - Monsieur Mode,** Charest, Nicole
* **Monopole, Le,** Francis, Diane
* **Nouveaux riches, Les,** Newman, Peter C.
* **Paul Desmarais - Un homme et son empire,** Greber, Dave
* **Plamondon - Un cœur de rockeur,** Godbout, Jacques
* **Prince de l'Église, Le,** Lachance, Micheline
* **Québec Inc.,** Fraser, M.
* **Rick Hansen - Vivre sans frontières,** Hansen, Rick et Taylor, Jim
* **Saga des Molson, La,** Woods, Shirley
* **Sous les arches de McDonald's,** Love, John F.
* **Trétiak, entre Moscou et Montréal,** Trétiak, Vladislav

BIOGRAPHIES

* **Une femme au sommet - Son excellence Jeanne Sauvé,** Woods, Shirley E.

CARRIÈRE/VIE PROFESSIONNELLE

* **Choix de carrières, T.1,** Milot, Guy
* **Choix de carrières, T.2,** Milot, Guy
* **Choix de carrières, T.3,** Milot, Guy

Comment rédiger son curriculum vitae, Brazeau, Julie
Guide du succès, Le, Hopkins, Tom
* **Je cherche un emploi,** Brazeau, Julie

Parlez pour qu'on vous écoute, Brien, Michèle
Relations publiques, Les, Doin, Richard et Lamarre, Daniel
Techniques de vente par téléphone, Porterfield, J.-D.
* **Test d'aptitude pour choisir sa carrière,** Barry, Linda et Gale

Une carrière sur mesure, Lemyre-Desautels, Denise
Vente, La, Hopkins, Tom

CUISINE

* **À table avec Sœur Angèle,** Sœur Angèle
* **Art d'apprêter les restes, L',** Lapointe, Suzanne

Barbecue, Le, Dard, Patrice
* **Biscuits, brioches et beignes,** Saint-Pierre, A.
* **Boîte à lunch, La,** Lambert-Lagacé, Louise

Brunches et petits déjeuners en fête, Bergeron, Yolande
100 recettes de pain faciles à réaliser, Saint-Pierre, Angéline
* **Confitures, Les,** Godard, Misette

Congélation de A à Z, La, Hood, Joan
Congélation des aliments, La, Lapointe, Suzanne
Conserves, Les, Sœur Berthe
Crème glacée et sorbets, Lebuis, Yves et Pauzé, Gilbert
Crêpes, Les, Letellier, Julien
Cuisine au wok, Solomon, Charmaine
Cuisine aux micro-ondes 1 et 2 portions, Marchand, Marie-Paul
* **Cuisine chinoise traditionnelle, La,** Chen, Jean
* **Cuisine créative Campbell, La,** Cie Campbell

Cuisine facile aux micro-ondes, Saint-Amour, Pauline
* **Cuisine joyeuse de Sœur Angèle, La,** Sœur Angèle

Cuisine micro-ondes, La, Benoît, Jehane
* **Cuisine santé pour les aînés,** Hunter, Denyse

Cuisiner avec le four à convection, Benoît, Jehane
* **Cuisiner avec les champignons sauvages du Québec,** Leclerc, Claire L.

Faire son pain soi-même, Murray Gill, Janice
* **Faire son vin soi-même,** Beaucage, André

Fine cuisine aux micro-ondes, La, Dard, Patrice
Fondues et flambées de maman Lapointe, Lapointe, Suzanne
Fondues, Les, Dard, Patrice
Je me débrouille en cuisine, Richard, Diane
Livre du café, Le, Letellier, Julien
Menus pour recevoir, Letellier, Julien
Muffins, Les, Clubb, Angela
Nouvelle cuisine micro-ondes I, La, Marchand, Marie-Paul et Grenier, Nicole
Nouvelles cuisine micro-ondes II, La, Marchand, Marie-Paul et Grenier, Nicole
Omelettes, Les, Letellier, Julien
Pâtes, Les, Letellier, Julien
* **Pâtisserie, La,** Bellot, Maurice-Marie
* **Recettes au blender,** Huot, Juliette
* **Recettes de gibier,** Lapointe, Suzanne
* **Robot culinaire, Le,** Martin, Pol

DIÉTÉTIQUE

Combler ses besoins en calcium, Hunter, Denyse
* **Compte-calories, Le,** Brault-Dubuc, M. et Caron Lahaie, L.
* **Cuisine du monde entier avec Weight Watchers,** Weight Watchers
Cuisine sage, Une, Lambert-Lagacé, Louise
Défi alimentaire de la femme, Le, Lambert-Lagacé, Louise
* **Diète Rotation, La,** Katahn, Dr Martin
* **Diététique dans la vie quotidienne,** Lambert-Lagacé, Louise
Livre des vitamines, Le, Mervyn, Leonard
Menu de santé, Lambert-Lagacé, Louise
Oubliez vos allergies, et... bon appétit, Association de l'information sur les allergies
* **Petite et grande cuisine végétarienne,** Bédard, Manon
* **Plan d'attaque Weight Watchers, Le,** Nidetch, Jean
* **Plan d'attaque Plus Weight Watchers, Le,** Nidetch, Jean
* **Régimes pour maigrir,** Beaudoin, Marie-Josée
Sage bouffe de 2 à 6 ans, La, Lambert-Lagacé, Louise
* **Weight Watchers - Cuisine rapide et savoureuse,** Weight Watchers
* **Weight Watchers - Agenda 85 - Français,** Weight Watchers
* **Weight Watchers - Agenda 85 - Anglais,** Weight Watchers
* **Weight Watchers - Programme - Succès Rapide,** Weight Watchers

ENFANCE

* **Aider son enfant en maternelle,** Pedneault-Pontbriand, Louise
Années clés de mon enfant, Les, Caplan, Frank et Thérèsa
Art de l'allaitement maternel, L', Ligue internationale La Leche
Avoir un enfant après 35 ans, Robert, Isabelle
Bientôt maman, Whalley, J., Simkin, P. et Keppler, A.
Comment nourrir son enfant, Lambert-Lagacé, Louise
Deuxième année de mon enfant, La, Caplan, Frank et Thérèsa
Développement psychomoteur du bébé, Calvet, Didier
Douze premiers mois de mon enfant, Les, Caplan, Frank
* **En attendant notre enfant,** Pratte-Marchessault, Yvette
* **Enfant unique, L',** Peck, Ellen
Évoluer avec ses enfants, Gagné, Pierre-Paul
Exercices aquatiques pour les futures mamans, Dussault, J. et Demers, C.
* **Femme enceinte, La,** Bradley, Robert A.
* **Futur père,** Pratte-Marchessault, Yvette
Jouons avec les lettres, Doyon-Richard, Louise
Langage de votre enfant, Le, Langevin, Claude
Mal des mots, Le, Thériault, Denise
Manuel Johnson et Johnson des premiers soins, Le, Rosenberg, Dr Stephen N.
Massage des bébés, Le, Auckette, Amédia D.
Mon enfant naîtra-t-il en bonne santé? Scher, Jonathan et Dix, Carol
* **Pour bébé, le sein ou le biberon?** Pratte-Marchessault, Yvette
* **Pour vous future maman,** Sekely, Trude
Préparez votre enfant à l'école, Doyon-Richard, Louise
Psychologie de l'enfant de 0 à 10 ans, Cholette-Pérusse, Françoise
Respirations et positions d'accouchement, Dussault, Joanne
Soins de la première année de bébé, Les, Kelly, Paula
Tout se joue avant la maternelle, Ibuka, Masaru

ÉSOTÉRISME

Avenir dans les feuilles de thé, L, Fenton, Sasha
Graphologie, La, Santoy, Claude
Interprétez vos rêves, Stanké, Louis
Lignes de la main, Stanké, Louis
Lire dans les lignes de la main, Morin, Michel
Vos rêves sont des miroirs, Cayla, Henri
Votre avenir par les cartes, Stanké, Louis

HISTOIRE

* **Arrivants, Les,** Collectif
* **Civilisation chinoise, La,** Guay, Michel
* **Or des cavaliers thraces, L',** Palais de la civilisation
* **Samuel de Champlain,** Armstrong, Joe C.W.

JARDINAGE

* **Chasse-insectes pour jardins, Le,** Michaud, O.
* **Comment cultiver un jardin potager,** Trait, J.-C.
* **Encyclopédie du jardinier,** Perron, W. H.
* **Guide complet du jardinage,** Wilson, Charles
J'aime les azalées, Deschênes, Josée
J'aime les cactées, Lamarche, Claude
J'aime les rosiers, Pronovost, René
J'aime les tomates, Berti, Victor
J'aime les violettes africaines, Davidson, Robert
Jardin d'herbes, Le, Prenis, John
* **Je me débrouille en aménagement extérieur,** Bouillon, Daniel et Boisvert, Claude
* **Petite ferme, T.2- Jardin potager,** Trait, Jean-Claude
* **Plantes d'intérieur, Les,** Pouliot, Paul
* **Techniques de jardinage, Les,** Pouliot, Paul
Terrariums, Les, Kayatta, Ken

JEUX/DIVERTISSEMENTS

* **Améliorons notre bridge,** Durand, Charles
* **Bridge, Le,** Beaulieu, Viviane
* **Clés du scrabble, Les,** Sigal, Pierre A.
Dictionnaire des mots croisés, noms communs, Lasnier, Paul
Dictionnaire des mots croisés, noms propres, Piquette, Robert
Dictionnaire raisonné des mots croisés, Charron, Jacqueline
* **Jouons ensemble,** Provost, Pierre
Livre des patiences, Le, Bezanovska, M. et Kitchevats, P.
Monopoly, Orbanes, Philip
* **Ouverture aux échecs,** Coudari, Camille
* **Scrabble, Le,** Gallez, Daniel
Techniques du billard, Morin, Pierre

LINGUISTIQUE

Anglais par la méthode choc, L', Morgan, Jean-Louis
J'apprends l'anglais, Sillicani, Gino et Grisé-Allard, Jeanne
* **Secrétaire bilingue, La,** Lebel, Wilfrid

LIVRES PRATIQUES

- * **Acheter ou vendre sa maison,** Brisebois, Lucille
- * **Assemblées délibérantes, Les,** Girard, Francine
- **Chasse-insectes dans la maison, Le,** Michaud, O.
- **Chasse-taches, Le,** Cassimatis, Jack
- * **Comment réduire votre impôt,** Leduc-Dallaire, Johanne
- * **Guide de la haute-fidélité, Le,** Prin, Michel
- **Je me débrouille en aménagement intérieur,** Bouillon, Daniel et Boisvert, Claude
- **Livre de l'étiquette, Le,** du Coffre, Marguerite
- * **Loi et vos droits, La,** Marchand, Me Paul-Émile
- * **Maîtriser son doigté sur un clavier,** Lemire, Jean-Paul
- * **Mécanique de mon auto, La,** Time-Life
- * **Mon automobile,** Collège Marie-Victorin et Gouv. du Québec
- **Notre mariage (étiquette et planification),** du Coffre, Marguerite
- * **Petits appareils électriques,** Collaboration
- **Petit guide des grands vins, Le,** Orhon, Jacques
- * **Piscines, barbecues et patio,** Collaboration
- * **Roulez sans vous faire rouler, T.3,** Edmonston, Philippe
- **Séjour dans les auberges du Québec,** Cazelais, Normand et Coulon, Jacques
- **Se protéger contre le vol,** Kabundi, Marcel et Normandeau, André
- * **Tout ce que vous devez savoir sur le condominium,** Dubois, Robert
- **Univers de l'astronomie, L',** Tocquet, Robert
- **Week-end à New York,** Tavernier-Cartier, Lise

MUSIQUE

- **Chant sans professeur, Le,** Hewitt, Graham
- **Guitare, La,** Collins, Peter
- **Guitare sans professeur, La,** Evans, Roger
- **Piano sans professeur, Le,** Evans, Roger
- **Solfège sans professeur, Le,** Evans, Roger

NOTRE TRADITION

- * **Encyclopédie du Québec, T.2,** Landry, Louis
- **Généalogie, La,** Faribeault-Beauregard, M. et Beauregard Malak, E.
- * **Maison traditionnelle au Québec, La,** Lessard, Michel
- * **Moulins à eau de la vallée du Saint-Laurent, Les,** Villeneuve, Adam
- * **Sculpture ancienne au Québec, La,** Porter, John R. et Bélisle, Jean
- * **Temps des fêtes au Québec, Le,** Montpetit, Raymond

PHOTOGRAPHIE

- **Apprenez la photographie avec Antoine Désilets,** Désilets, Antoine
- **8/Super 8/16,** Lafrance, André
- **Fabuleuse lumière canadienne,** Hines, Sherman
- * **Initiation à la photographie,** London, Barbara
- * **Initiation à la photographie-Canon,** London, Barbara
- * **Initiation à la photographie-Minolta,** London, Barbara
- * **Initiation à la photographie-Nikon,** London, Barbara

PHOTOGRAPHIE

* **Initiation à la photographie-Olympus,** London, Barbara
* **Initiation à la photographie-Pentax,** London, Barbara

Photo à la portée de tous, La, Désilets, Antoine

PSYCHOLOGIE

Aider mon patron à m'aider, Houde, Eugène
* **Amour de l'exigence à la préférence, L',** Auger, Lucien

Apprivoiser l'ennemi intérieur, Bach, Dr G. et Torbet, L.
Art d'aider, L', Carkhuff, Robert R.
Auto-développement, L', Garneau, Jean
* **Bonheur au travail, Le,** Houde, Eugène

Bonheur possible, Le, Blondin, Robert
Ces hommes qui méprisent les femmes... et les femmes qui les aiment, Forward, Dr S. et Torres, J.
Changer ensemble, les étapes du couple, Campbell, Suzan M.
Chimie de l'amour, La, Liebowitz, Michael
Comment animer un groupe, Office Catéchèse
Comment déborder d'énergie, Simard, Jean-Paul
Communication dans le couple, La, Granger, Luc
Communication et épanouissement personnel, Auger, Lucien
Contact, Zunin, L. et N.
Découvrir un sens à sa vie avec la logothérapie, Frankl, Dr V.
* **Dynamique des groupes,** Aubry, J.-M. et Saint-Arnaud, Y.

Élever des enfants sans perdre la boule, Auger, Lucien
Enfants de l'autre, Les, Paris, Erna
Être soi-même, Corkille Briggs, D.
Facteur chance, Le, Gunther, Max
Infidélité, L', Leigh, Wendy
Intuition, L', Goldberg, Philip
* **J'aime,** Saint-Arnaud, Yves

Journal intime intensif, Le, Progoff, Ira
Mensonge amoureux, Le, Blondin, Robert
Parce que je crois aux enfants, Ruffo, Andrée
Parle-moi... j'ai des choses à te dire, Salomé, Jacques
Perdant / Gagnant - Réussissez vos échecs, Hyatt, Carole et Gottlieb, Linda
* **Personne humaine, La ,** Saint-Arnaud, Yves
* **Plaisirs du stress, Les,** Hanson, Dr Peter, G.

Pourquoi l'autre et pas moi? - Le droit à la jalousie, Auger, Dr Louise
Prévenir et surmonter la déprime, Auger, Lucien
* **Prévoir les belles années de la retraite,** D. Gordon, Michael
* **Psychologie de l'amour romantique,** Branden, Dr N.

Puissance de l'intention, La, Leider, R.-J.
S'affirmer et communiquer, Beaudry, Madeleine et Boisvert, J.R.
S'aider soi-même, Auger, Lucien
S'aider soi-même d'avantage, Auger, Lucien
* **S'aimer pour la vie,** Wanderer, Dr Zev

Savoir organiser, savoir décider, Lefebvre, Gérald
Savoir relaxer pour combattre le stress, Jacobson, Dr Edmund
Se changer, Mahoney, Michael
Se comprendre soi-même par les tests, Collectif
Se connaître soi-même, Artaud, Gérard
Se créer par la Gestalt, Zinker, Joseph
* **Se guérir de la sottise,** Auger, Lucien

Si seulement je pouvais changer! Lynes, P.
Tendresse, La, Wolfl, N.
Vaincre ses peurs, Auger, Lucien
Vivre avec sa tête ou avec son cœur, Auger, Lucien

ROMANS/ESSAIS/DOCUMENTS

- * **Baie d'Hudson, La,** Newman, Peter, C.
- * **Conquérants des grands espaces, Les,** Newman, Peter, C.
- * **Des Canadiens dans l'espace,** Dotto, Lydia
- * **Dieu ne joue pas aux dés,** Laborit, Henri
- * **Frères divorcés, Les,** Godin, Pierre
- * **Insolences du Frère Untel, Les,** Desbiens, Jean-Paul
- * **J'parle tout seul,** Coderre, Émile
- **Option Québec,** Lévesque, René
- * **Oui,** Lévesque, René
- * **Provigo,** Provost, René et Chartrand, Maurice
- **Sur les ailes du temps (Air Canada),** Smith, Philip
- * **Telle est ma position,** Mulroney, Brian
- * **Trois semaines dans le hall du Sénat,** Hébert, Jacques
- * **Un second souffle,** Hébert, Diane

SANTÉ/BEAUTÉ

- * **Ablation de la vésicule biliaire, L',** Paquet, Jean-Claude
- * **Ablation des calculs urinaires, L',** Paquet, Jean-Claude
- * **Ablation du sein, L',** Paquet, Jean-claude
- * **Allergies, Les,** Delorme, Dr Pierre
- **Bien vivre sa ménopause,** Gendron, Dr Lionel
- **Charme et sex-appeal au masculin,** Lemelin, Mireille
- **Chasse-rides,** Leprince, C.
- * **Chirurgie vasculaire, La,** Paquet, Jean-Claude
- **Comment devenir et rester mince,** Mirkin, Dr Gabe
- **De belles jambes à tout âge,** Lanctôt, Dr G.
- * **Dialyse et la greffe du rein, La,** Paquet, Jean-Claude
- **Être belle pour la vie,** Bronwen, Meredith
- **Glaucomes et les cataractes, Les,** Paquet, Jean-Claude
- * **Grandir en 100 exercices,** Berthelet, Pierre
- * **Hernies discales, Les,** Paquet, Jean-Claude
- **Hystérectomie, L',** Alix, Suzanne
- **Maigrir: La fin de l'obsession,** Orbach, Susie
- * **Malformations cardiaques congénitales, Les,** Paquet, Jean-Claude
- **Maux de tête et migraines,** Meloche, Dr J. , Dorion, J.
- **Perdre son ventre en 30 jours H-F,** Burstein, Nancy et Roy, Matthews
- * **Pontage coronarien, Le,** Paquet, Jean-Claude
- * **Prothèses d'articulation,** Paquet, Jean-Claude
- * **Redressements de la colonne,** Paquet, Jean-Claude
- * **Remplacements valvulaires, Les,** Paquet, Jean-Claude
- **Ronfleurs, réveillez-vous,** Piché, Dr J. et Delage, J.
- **Syndrome prémenstruel, Le,** Shreeve, Dr Caroline
- **Travailler devant un écran,** Feeley, Dr Helen
- **30 jours pour avoir de beaux cheveux,** Davis, Julie
- **30 jours pour avoir de beaux ongles,** Bozic, Patricia
- **30 jours pour avoir de beaux seins,** Larkin, Régina
- **30 jours pour avoir de belles fesses,** Cox, D. et Davis, Julie
- **30 jours pour avoir un beau teint,** Zizmon, Dr Jonathan
- **30 jours pour cesser de fumer,** Holland, Gary et Weiss, Herman
- **30 jours pour mieux s'organiser,** Holland, Gary
- **30 jours pour redevenir un couple amoureux,** Nida, Patricia et Cooney, Kevin
- **30 jours pour un plus grand épanouissement sexuel,** Schneider, A.
- **Vos dents,** Kandelman, Dr Daniel
- **Vos yeux,** Chartrand, Marie et Lepage-Durand, Micheline

SEXUALITÉ

Contacts sexuels sans risques, I.A.S.H.S.
* **Guide illustré du plaisir sexuel,** Corey, Dr Robert et Helg, E.
Ma sexualité de 0 à 6 ans, Robert, Jocelyne
Ma sexualité de 6 à 9 ans, Robert, Jocelyne
Ma sexualité de 9 à 12 ans, Robert, Jocelyne
Mille et une bonnes raisons pour le convaincre d'enfiler un condom et pourquoi c'est important pour vous..., Bretman, Patti, Knutson, Kim et Reed, Paul
* **Nous on en parle,** Lamarche, M. et Danheux, P.
Pour jeunes seulement, photoroman d'éducation à la sexualité, Robert, Jocelyne
Sexe au féminin, Le, Kerr, Carmen
Sexualité du jeune adolescent, La, Gendron, Lionel
Shiatsu et sensualité, Rioux, Yuki
* **100 trucs de billard,** Morin, Pierre

SPORTS

Apprenez à patiner, Marcotte, Gaston
Arc et la chasse, L', Guardo, Greg
Armes de chasse, Les, Petit-Martinon, Charles
Badminton, Le, Corbeil, Jean
* **Canadiens de 1910 à nos jours, Les,** Turowetz, Allan et Goyens, C.
Carte et boussole, Kjellstrom, Bjorn
Comment se sortir du trou au golf, Brien, Luc
Comment vivre dans la nature, Rivière, Bill
Corrigez vos défauts au golf, Bergeron, Yves
* **Curling, Le,** Lukowich, E.
De la hanche aux doigts de pieds, Schneider, Myles J. et Sussman, Mark D.
Devenir gardien de but au hockey, Allaire, François
Golf au féminin, Le, Bergeron, Yves
Grand livre des sports, Le, Groupe Diagram
Guide complet de la pêche à la mouche, Le, Blais, J.-Y.
Guide complet du judo, Le, Arpin, Louis
Guide complet du self-defense, Le, Arpin, Louis
Guide de l'alpinisme, Le, Cappon, Massimo
Guide de la survie de l'armée américaine, Le, Collectif
Guide des jeux scouts, Association des scouts
Guide du trappeur, Le, Provencher, Paul
Initiation à la planche à voile, Wulff, D. et Morch, K.
J'apprends à nager, Lacoursière, Réjean
Je me débrouille à la chasse, Richard, Gilles et Vincent, Serge
Je me débrouille à la pêche, Vincent, Serge
Je me débrouille à vélo, Labrecque, Michel et Boivin, Robert
Je me débrouille dans une embarcation, Choquette, Robert
Jogging, Le, Chevalier, Richard
* **Jouez gagnant au golf,** Brien, Luc
* **Larry Robinson, le jeu défensif,** Robinson, Larry
Manuel de pilotage, Transport Canada
Marathon pour tous, Le, Anctil, Pierre
Maxi-performance, Garfield, Charles A. et Bennett, Hal Zina
Mon coup de patin, Wild, John
Musculation pour tous, La, Laferrière, Serge
* **Partons en camping,** Satterfield, Archie et Bauer, Eddie
Partons sac au dos, Satterfield, Archie et Bauer, Eddie
Passes au hockey, Chapleau, Claude
Pêche à la mouche, La, Marleau, Serge
Pêche à la mouche, Vincent, Serge
Planche à voile, La, Maillefer, Gérard
Programme XBX, Aviation Royale du Canada
Racquetball, Corbeil, Jean
Racquetball plus, Corbeil, Jean
Rivières et lacs canotables, Fédération québécoise du canot-camping
S'améliorer au tennis, Chevalier Richard
Saumon, Le, Dubé, J.-P.

SPORTS

Secrets du baseball, Les, Raymond, Claude
Ski de randonnée, Le, Corbeil, Jean
Taxidermie, La, Labrie, Jean
Taxidermie moderne, La, Labrie, Jean
Techniques du billard, Morin, Pierre
Techniques du golf, Brien, Luc
Techniques du hockey en URSS, Dyotte, Guy
Techniques du ski alpin, Campbell, S., Lundberg, M.
Techniques du tennis, Ellwanger
Tennis, Le, Roch, Denis
* **Viens jouer**, Villeneuve, Michel José
Vivre en forêt, Provencher, Paul
Volley-ball, Le, Fédération de volley-ball

ANIMAUX

* **Poissons de nos eaux,** Melançon, Claude

ACTUALISATION

Agressivité créatrice, L' - La nécessité de s'affirmer, Bach, Dr G.-R., Goldberg, Dr H.
Aimer, c'est choisir d'être heureux, Kaufman, B.-N.
Arrête! tu m'exaspères - Protéger son territoire, Bach, Dr G., Deutsch, R.
Ennemis intimes, Bach, Dr G., Wyden, P.
Enseignants efficaces - Enseigner et être soi-même, Gordon, Dr T.
États d'esprit, Glasser, W.
Focusing - Au centre de soi, Gendlin, Dr E.T.
Jouer le tout pour le tout, le jeu de la vie, Frederick, C.
Manifester son affection -De la solitude à l'amour, Bach, Dr G., Torbet, L.
Miracle de l'amour, Kaufman, B.-N.
Nouvelles relations entre hommes et femmes, Goldberg, Dr H.
* **Parents efficaces,** Gordon, Dr T.
Se vider dans la vie et au travail - Burnout, Pines, A. , Aronson, E.
Secrets de la communication, Les, Bandler, R., Grinder, J.

DIVERS

* **Coopératives d'habitation, Les,** Leduc, Murielle
* **Hiérarchie ethnique dans la grande entreprise,** Rainville, Jean
* **Initiation au coopératisme,** Bédard, Claude
* **Lune de trop, Une,** Gagnon, Alphonse

ÉSOTÉRISME

Astrologie pratique, L', Reinicke, Wolfgang
Grand livre de la cartomancie, Le, Von Lentner, G.
Grand livre des horoscopes chinois, Le, Lau, Theodora
* **Horoscope chinois,** Del Sol, Paula
Lu dans les cartes, Jones, Marthy
Synastrie, La, Thornton, Penny
Traité d'astrologie, Hirsig, H.

GUIDES PRATIQUES/JEUX/LOISIRS

* **1,500 prénoms et significations,** Grisé-Allard, J.
* **Backgammon,** Lesage, D.

NOTRE TRADITION

* **Lettre à un Français qui veut émigrer au Québec,** Dubuc, Carl

PSYCHOLOGIE/VIE AFFECTIVE ET PROFESSIONNELLE

Adieu, Halpern, Dr Howard
Adieu Tarzan, Franks, Helen
Aimer son prochain comme soi-même, Murphy, Dr Joseph
* **Anti-stress, L',** Eylat, Odette
Apprendre à vivre et à aimer, Buscaglia, L.
Art d'engager la conversation et de se faire des amis, L', Gabor, Don
Art de convaincre, L', Heinz, Ryborz
* **Art d'être égoïste, L',** Kirschner, Joseph
Autre femme, L', Sévigny, Hélène
Bains flottants, Les, Hutchison, Michael
Ces hommes qui ne communiquent pas, Naifeh S. et White, S.G.
Ces vérités vont changer votre vie, Murphy, Dr Joseph
Comment aimer vivre seul, Shanon, Lynn
Comment dominer et influencer les autres, Gabriel, H.W.
Comment faire l'amour à la même personne pour le reste de votre vie!, O'Connor, D.
Comment faire l'amour à une femme, Morgenstern, M.
Comment faire l'amour à un homme, Penney, A.
Comment faire l'amour ensemble, Penney, A.
Contacts en or avec votre clientèle, Sapin Gold, Carol
Contrôle de soi par la relaxation, Le, Marcotte, Claude
Dire oui à l'amour, Buscaglia, Léo
* **Famille moderne et son avenir, La,** Richards, Lyn
Femme de demain, Keeton, K.
Gestalt, La, Polster, Erving
Homme au dessert, Un, Friedman, Sonya
Homme nouveau, L', Bodymind, Dychtwald Ken
Influence de la couleur, L', Wood, Betty
Jeux de nuit, Bruchez, C.
Maigrir sans obsession, Orbach, Susie
Maîtriser son destin, Kirschner, Joseph
Massage en profondeur, Le, Painter, J., Bélair, M.
Mémoire, La, Loftus, Élizabeth
* **Mémoire à tout âge, La,** Dereskey, Ladislaus
Miracle de votre esprit, Le, Murphy, Dr Joseph
Négocier entre vaincre et convaincre, Warschaw, Dr Tessa
On n'a rien pour rien, Vincent, Raymond
Oracle de votre subconscient, L', Murphy, Dr Joseph

PSYCHOLOGIE/VIE AFFECTIVE ET PROFESSIONNELLE

Passion du succès, La, Vincent, R.
Pensée constructive et bon sens, La, Vincent, Raymond
* **Personnalité, La,** Buscaglia, Léo
Petit répertoire des excuses, Le, Charbonneau, C., Caron, N.
Pourquoi remettre à plus tard?, Burka, Jane B., Yuen, L.M.
Pouvoir de votre cerveau, Le, Brown, Barbara
Puissance de votre subconscient, La, Murphy, Dr Joseph
Réfléchissez et devenez riche, Hill, Napoleon
S'aimer ou le défi des relations humaines, Buscaglia, Léo
Sexualité expliquée aux adolescents, La, Boudreau, Y.
Succès par la pensée constructive, Le, Hill, Napoleon et Stone, W.-C.
Transformez vos faiblesses en force, Bloomfield, Dr Harold
Triomphez de vous-même et des autres, Murphy, Dr Joseph
Univers de mon subconscient, L', Vincent, Raymond
Vaincre la dépression par la volonté et l'action, Marcotte, Claude
Vieillir en beauté, Oberleder, Muriel
Vivre avec les imperfections de l'autre, Janda, Dr Louis H.
Vivre c'est vendre, Chaput, Jean-Marc

ROMANS/ESSAIS

* **Affrontement, L',** Lamoureux, Henri
* **C't'a ton tour Laura Cadieux,** Tremblay, Michel
* **Cœur de la baleine bleue, Le,** Poulin, Jacques
* **Coffret petit jour,** Martucci, Abbé Jean
* **Contes pour buveurs attardés,** Tremblay, Michel
* **De Z à A,** Losique, Serge
* **Femmes et politique,** Cohen, Yolande
* **Il est par là le soleil,** Carrier, Roch
* **Jean-Paul ou les hasards de la vie,** Bellier, Marcel
* **Neige et le feu, La,** Baillargeon, Pierre
* **Objectif camouflé,** Porter, Anna
* **Oslovik fait la bombe,** Oslovik
* **Train de Maxwell, Le,** Hyde, Christopher
* **Vatican -Le trésor de St-Pierre,** Malachi, Martin

SANTÉ

Tao de longue vie, Le, Soo, Chee
Vaincre l'insomnie, Filion, Michel et Boisvert, Jean-Marie

SPORT

* **Guide des rivières du Québec,** Fédération cano-kayac
* **Ski nordique de randonnée,** Brady, Michael

TÉMOIGNAGES

Merci pour mon cancer, De Villemarie, Michelle

COLLECTIFS DE NOUVELLES

* **Aimer,** Beaulieu, V.-L., Berthiaume, A., Carpentier, A., Daviau, D.-M., Major, A., Provencher, M., Proulx, M., Robert, S. et Vonarburg, E.
* **Crever l'écran,** Baillargeon, P., Éthier-Blais, J., Blouin, C.-R., Jacob, S., Jean, M., Laberge, M., Lanctôt, M., Lefebvre, J.-P., Petrowski, N. et Poupart, J.-M.
* **Dix contes et nouvelles fantastiques,** April, J.-P., Barcelo, F., Bélil, M., Belleau, A., Brossard, J., Brulotte, G., Carpentier, A., Major, A., Soucy, J.-Y. et Thériault, M.-J.
* **Dix nouvelles de science-fiction québécoise,** April, J.-P., Barbe, J., Provencher, M., Côté, D., Dion, J., Pettigrew, J., Pelletier, F., Rochon, E., Sernine, D., Sévigny, M. et Vonarburg, E.
* **Dix nouvelles humoristiques,** Audet, N., Barcelo, F., Beaulieu, V.-L., Belleau, A., Carpentier, A., Ferron, M., Harvey, P., Pellerin, G., Poupart, J.-M. et Villemaire, Y.
* **Fuites et poursuites,** Archambault, G., Beauchemin, Y., Bouyoucas, P., Brouillet,C., Carpentier, A., Hébert, F., Jasmin, C., Major, A., Monette, M. et Poupart, J.-M.
* **L'aventure, la mésaventure,** Andrès, B., Beaumier, J.-P., Bergeron, B., Brulotte, G., Gagnon, D., Karch, P., LaRue, M., Monette, M. et Rochon, E.

DIVERS

* **Beauté tragique,** Robertson, Heat
* **Canada — Les débuts héroïques,** Creighton, Donald
* **Défi québécois, Le,** Monnet, François-Marie
* **Difficiles lettres d'amour,** Garneau, Jacques
* **Esprit libre, L',** Powell, Robert
* **Grand branle-bas, Le,** Hébert, Jacques et Strong, Maurice F.
* **Histoire des femmes au Québec, L',** Collectif, CLIO
* **Mémoires de J. E. Bernier, Les,** Therrien, Paul

DIVERS

* **Mythe de Nelligan, Le,** Larose, Jean
* **Nouveau Canada à notre mesure,** Matte, René
* **Papineau,** De Lamirande, Claire
* **Personne ne voudrait savoir,** Schirm, François
* **Philosophe chat, Le,** Savoie, Roger
* **Pour une économie du bon sens,** Bailey, Arthur
* **Québec sans le Canada, Le,** Harbron, John D.
* **Qui a tué Blanche Garneau?,** Bertrand, Réal
* **Réformiste, Le,** Godbout, Jacques
* **Relations du travail,** Centre des dirigeants d'entreprise
* **Sauver le monde,** Sanger, Clyde
* **Silences à voix haute,** Harel, Jean-Pierre

LIVRES DE POCHES 10 /10

* **37 1/2 AA,** Leblanc, Louise
* **Aaron,** Thériault, Yves
* **Agaguk,** Thériault, Yves
* **Blocs erratiques,** Aquin, Hubert
* **Bousille et les justes,** Gélinas, Gratien
* **Chère voisine,** Brouillet, Chrystine
* **Cul-de-sac,** Thériault, Yves
* **Demi-civilisés, Les,** Harvey, Jean-Charles
* **Dernier havre, Le,** Thériault, Yves
* **Double suspect, Le,** Monette, Madeleine
* **Faire sa mort comme faire l'amour,** Turgeon, Pierre
* **Fille laide, La,** Thériault, Yves
* **Fuites et poursuites,** Collectif
* **Première personne, La,** Turgeon, Pierre
* **Scouine, La,** Laberge, Albert
* **Simple soldat, Un,** Dubé, Marcel
* **Souffle de l'Harmattan, Le,** Trudel, Sylvain
* **Tayaout,** Thériault, Yves

LIVRES JEUNESSE

* **Marcus, fils de la louve,** Guay, Michel et Bernier, Jean

MÉMOIRES D'HOMME

* **À diable-vent,** Gauthier Chassé, Hélène
* **Barbes-bleues, Les,** Bergeron, Bertrand
* **C'était la plus jolie des filles,** Deschênes, Donald
* **Bête à sept têtes et autres contes de la Mauricie, La,** Legaré, Clément
* **Contes de bûcherons,** Dupont, Jean-Claude
* **Corbeau du Mont-de-la-Jeunesse, Le,** Desjardins, Philémon et Lamontagne, Gilles
* **Guide raisonné des jurons,** Pichette, Jean
* **Menteries drôles et merveilleuses,** Laforte, Conrad
* **Oiseau de la vérité, L',** Aucoin, Gérard
* **Pierre La Fève et autres contes de la Mauricie,** Legaré, Clément

ROMANS/THÉÂTRE

* **1, place du Québec, Paris VIe,** Saint-Georges, Gérard
* **7° de solitude ouest,** Blondin, Robert
* **37 1/2 AA,** Leblanc, Louise
* **Ah! l'amour l'amour,** Audet, Noël
* **Amantes,** Brossard, Nicole
* **Amour venin, L',** Schallingher, Sophie
* **Aube de Suse, L',** Forest, Jean
* **Aventure de Blanche Morti, L',** Beaudin-Beaupré, Aline
* **Baby-boomers,** Vigneault, Réjean
* **Belle épouvante, La,** Lalonde, Robert
* **Black Magic,** Fontaine, Rachel
* **Cœur sur les lèvres, Le,** Beaudin-Beaupré, Aline
* **Confessions d'un enfant d'un demi-siècle,** Lamarche, Claude
* **Coup de foudre,** Brouillet, Chrystine
* **Couvade, La,** Baillie, Robert
* **Danseuses et autres nouvelles, Les,** Atwood, Margaret
* **Double suspect, Le,** Monette, Madeleine
* **Entre temps,** Marteau, Robert
* **Et puis tout est silence,** Jasmin, Claude
* **Été sans retour, L',** Gevry, Gérard
* **Filles de beauté, Des,** Baillie, Robert
* **Fleur aux dents, La,** Archambault, Gilles
* **French Kiss,** Brossard, Nicole
* **Fridolinades, T. 1, (1945-1946),** Gélinas, Gratien
* **Fridolinades, T. 2, (1943-1944),** Gélinas, Gratien
* **Fridolinades, T. 3, (1941-1942),** Gélinas, Gratien
* **Fridolinades, T. 4, (1938-39-40),** Gélinas, Gratien
* **Grand rêve de Madame Wagner, Le,** Lavigne, Nicole
* **Héritiers, Les,** Doyon, Louise
* **Hier, les enfants dansaient,** Gélinas, Gratien
* **Holyoke,** Hébert, François
* **IXE-13,** Saurel, Pierre
* **Jérémie ou le Bal des pupilles,** Gendron, Marc
* **Livre, Un,** Brossard, Nicole
* **Loft Story,** Sansfaçon, Jean-Robert
* **Maîtresse d'école, La,** Dessureault, Guy
* **Marquée au corps,** Atwood, Margaret
* **Mensonge de Maillard, Le,** Lavoie, Gaétan
* **Mémoire de femme, De,** Andersen, Marguerite
* **Mère des herbes, La,** Marchessault, Jovette
* **Mrs Craddock,** Maugham, W. Somerset
* **Nouvelle Alliance, La,** Fortier, Jacques
* **Nuit en solo,** Pollak, Véra
* **Ours, L',** Engel, Marian
* **Passeport pour la liberté,** Beaudet, Raymond
* **Petites violences,** Monette, Madeleine
* **Père de Lisa, Le,** Fréchette, José
* **Plaisirs de la mélancolie,** Archambault, Gilles
* **Pop Corn,** Leblanc, Louise
* **Printemps peut attendre, Le,** Dahan, Andrée
* **Rose-Rouge,** Pollak, Véra
* **Sang de l'or, Le,** Leblanc, Louise
* **Sold Out,** Brossard, Nicole
* **Souffle de l'Harmattan, Le,** Trudel, Sylvain
* **So Uk,** Larche, Marcel
* **Triangle brisé, Le,** Latour, Christine
* **Vaincre sans armes,** Descarries, Michel et Thérèse
* **Y'a pas de métro à Gélude-la-Roche,** Martel, Pierre